战争事典

WAR STORY 033

指文烽火工作室 著

台海出版社

图书在版编目（CIP）数据

战争事典 . 033 / 指文烽火工作室著 . -- 北京：台海出版社，2017.7
ISBN 978-7-5168-1455-0

Ⅰ . ①战… Ⅱ . ①指… Ⅲ . ①战争史－史料－世界
Ⅳ . ① E19

中国版本图书馆 CIP 数据核字 (2017) 第 205263 号

战争事典 . 033

著　　者：指文烽火工作室

责任编辑：阴　鹏　　　策划制作：指文文化
视觉设计：舒正序　　　责任印制：蔡　旭

出版发行：台海出版社
地　　址：北京市东城区景山东街 20 号　　　邮政编码：100009
电　　话：010 － 64041652（发行，邮购）
传　　真：010 － 84045799（总编室）
网　　址：www.taimeng.org.cn/thcbs/default.htm
E － mail：thcbs@126.com

经　　销：全国各地新华书店
印　　刷：重庆大美印刷有限公司
本书如有破损、缺页、装订错误，请与本社联系调换

开　　本：787mm × 1092mm　　　1/16
字　　数：247 千　　　印　　张：14
版　　次：2020 年 1 月第 3 版　　　印　　次：2020 年 1 月第 1 次印刷
书　　号：ISBN 978-7-5168-1455-0

定　　价：79.80 元

目录

CONTENTS

前言 / 1

打开潘多拉魔盒
一战早期毒气战的装备和战术（1914—1916） / 2

钳制巨熊的英日联盟
沙皇尼古拉二世的远东惨败 / 58

荡然无存的“天朝”颜面
第二次鸦片战争始末 / 87

大厦将倾，独臂难支
明末军事危局与卢象升传略 / 151

前言

PREFACE

在超级英雄电影《神奇女侠》中，新式毒气被影片中的反派认为是能扭转战局的秘密武器。那么，在第一次世界大战里被大量使用的毒气，真的能起到扭转战局的作用吗？是否确如影片描述的那样，只有德国才是挑起毒气战的反派，而协约国却未曾沾染呢？《打开潘多拉魔盒——一战早期毒气战的装备和战术（1914—1916）》将揭开这一谜团。

日俄战争是发生在20世纪初的一场影响东亚乃至世界格局的列强之争。在这场战争中，末代沙皇尼古拉二世的远东扩张计划宣告破产，而日本这个新兴列强则依靠英国这一得力盟友击败了俄国这个老牌强国。这就是《钳制巨熊的英日联盟——沙皇尼古拉二世的远东惨败》一文所要描述的。

1856年，英法联军以“亚罗”号事件与马神甫事件为借口，悍然发动第二次鸦片战争。面对列强的坚船利炮，清政府虽然在第二次大沽口之战中奇袭成功，但更多的却是在咸丰帝的绥抚政策下，被英法联军一路横扫。期间，还出现了“不战不和不守，不死不降不走”的叶名琛闹剧，以及宁愿割地赔款也不让外国使臣驻京的外交奇闻。《荡然无存的“天朝”颜面——第二次鸦片战争始末》所要讲述的就是这样一段屈辱历史。

崇祯十一年（1638年）十二月十三日，明兵部尚书卢象升遭遇清军合围，身中四矢三刃而死。清代文人方苞评述道：“明之亡，始于孙高阳之退休，成于卢忠烈之死败。”那么，这位大明末期兼具能力、忠诚与品德的兵部尚书，为何会孤军战死？《大厦将倾，独臂难支——明末军事危局与卢象升传略》将细数卢象升所面对的明末危局。

指文烽火工作室主编：原廊

2017年7月

打开潘多拉魔盒

一战早期毒气战的装备和战术（1914—1916）

作者 / 刘萌

……

毒气！毒气！孩子们，赶快！
一阵慌乱地摸索后，
正好及时戴上那笨重的防毒面具；
但还是有人在呼喊、跌倒和挣扎，
就像正被火海与烟雾吞噬一样。
透过玻璃片和深绿色的光，
朦胧地看见他淹溺在绿色的大海之下。
似在梦中，我束手无策地看着，
他在火中燃烧、喘息，在水中淹溺，
他向我扑来！

或许你也做过这样的噩梦：
跟在马车后随行，
车里装着你那中毒的伙伴，
他的双眼因痛苦而翻向一边，
他耷拉着脸，像害了邪症。
伴随着马车的震颤，
你都能听见血液在他那腐烂的肺里涌流的声音，
像不治的癌症一样令人厌恶，
像反胃的食物一样令人恶心。
对那些爱听勇士故事的孩子们，
我的朋友，你不可以告诉他们会使舌头长满恶疮的传说，
也不要再兴致勃勃地去讲述那个古老的谎言：
“为国捐躯，虽死犹荣。”

——威尔弗雷斯·欧文

在前段时间热映的以一战为背景的超级英雄电影《神奇女侠》中，新式毒气被影片中的反派——鲁登道夫将军认为是能扭转战局的秘密武器。整部影片的剧情主线也是围绕着如何摧毁这种新式毒气而展开的。那么，在第一次世界大战中被大量使用的毒气，真的能起到扭转战局的作用吗？毒气确如影片所塑造的那样是德国人的专利，而协约国则未曾沾染吗？

这一切都请听笔者慢慢道来。

毒气，在军事学上一般指的是用于作战的、除炸药以外的化学物质的总称，它在数千年前就已经被人发现，并作为武器使用了。不过，古代的“毒气”，只存在于历史的零星记载中，并不能认定它和现代的毒气是同一种武器。

历史上，斯巴达人在第二次伯罗奔尼撒战争（公元前431年—公元前404年）中，就曾用燃烧剂——如将硫黄、树脂及焦油等物混合——攻击敌人。公元前1世纪，罗马共和国将领赛多留亦曾派人在疏松的土地上扬起沙尘，使蛮族敌人无法睁眼，并因为发生剧烈的咳喘而不得不投降。到了12世纪，萨拉森人也用此类天然材料制作的燃烧剂抗衡过十字军。

1604—1668年间，正值土耳其人威胁欧洲，大化学家格劳柏极力推崇制造烟雾弹和燃烧弹退敌，但由于当时的化学工业非常原始，并没有获得成功。不过在1700年的埃斯特兰战争中，瑞典国王查理四世便以烟雾扰乱敌人，这是历史上有明确记载的事迹。

到了拿破仑战争时期，英国化学家曾提议将氰化钾装填于炮弹之内，而法国将军佩利舍则曾在北非用烟雾去攻击卡拜尔人。在1855年的克里米亚战争中，英法联军攻打塞瓦斯托波尔要塞的时候，英军的邓唐纳德将军曾力推过一种毒气弹：这种毒气弹装填了恶臭的四甲二砷以及氧化四甲二砷，这种混合物质呈液状，流出弹体后遇空气可以自燃，因此有燃烧弹的效果，同时还会放出含砷的有毒气体。受到这种武器试用成功的鼓舞，邓唐纳德将军还想用三氧化硫作为毒气弹装填物，但并没有实现。在1870—1871年的普法战争期间，德国的一位药剂师还曾建议将喷嚏药装入子弹，以增强其杀伤力。

尽管1899年的海牙会议禁止了化学武器的使用，但在日俄战争（1904—1905年）后，法国、德国和英国都相继尝试了催泪瓦斯，而且认为这不算违反了《海牙公约》。一战爆发后，协约国的奋力抵抗使德军打速决战的计划破灭，于是从1914年9月第一次马恩河战役结束以后，如何打破堑壕战的僵局就成为一大难题。在试验了各种武器都无法破局之后，各参战国军方把目光重新投向了化学武器。

法国率先将战前巴黎警察使用的催泪瓦斯弹进行改进并投入实战。1915 年 1 月初，法国陆军工兵技术部门的负责人寇姆（Gen Curmer）将军命令巴斯德研究院和巴黎大学的加布里埃·伯特兰（Prof Gabriel Bertrand）教授设计一种新型的催泪瓦斯手榴弹。

在英国，1914 年底，伦敦南肯辛顿帝国理工学院的赫伯特·贝克（Profs Herbert Baker ）和乔斯林·索普（Jocelyn Thorpe）教授在校内的一条模拟战壕内试验了大约 50 种可能的化学物质。1915 年 1 月，他们终于发现碘代醋酸乙酯可以作为一种有效的催泪瓦斯，而且不会腐蚀金属容器；但英国最高统帅部仍然不确定这种物质是否有效，直到他们派了一个人去帝国理工学院的模拟战壕中亲身体会，才打消了怀疑。通过考察后，这种物质被命名为“SK”（South Kensington，即“南肯辛顿”首字母的缩写）。此外，一种以高爆手榴弹为原型改装而成的毒气手榴弹（因外形而得名“果酱罐” ）在查塔姆（Chatham）进行了测试。1915 年 3 月，一种用于榴弹炮的 4.5 英寸毒气炮弹也在舒伯里内斯（Shoeburyness）进行了测试。

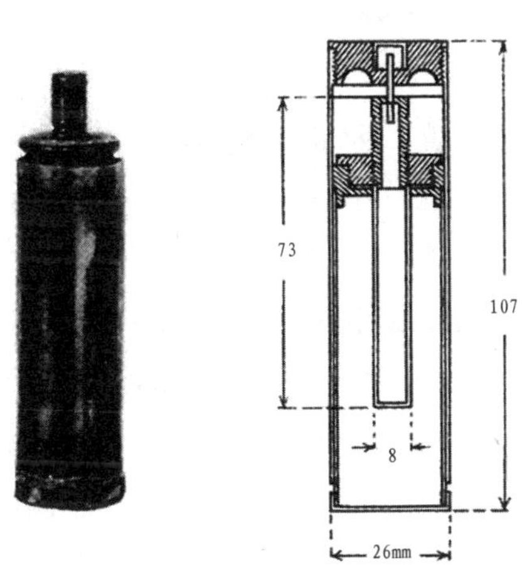

▲ *战争中的第一种化学武器——法国26毫米窒息性毒气枪榴弹，可以使用发射照明弹的卡宾枪发射。这种枪榴弹内部装填了35克溴乙酸乙酯，具有催泪效果，于1914年秋投入战场，但对德军没有产生什么威胁。1915年2月之后，法军开始使用一种尺寸更大的枪榴弹*

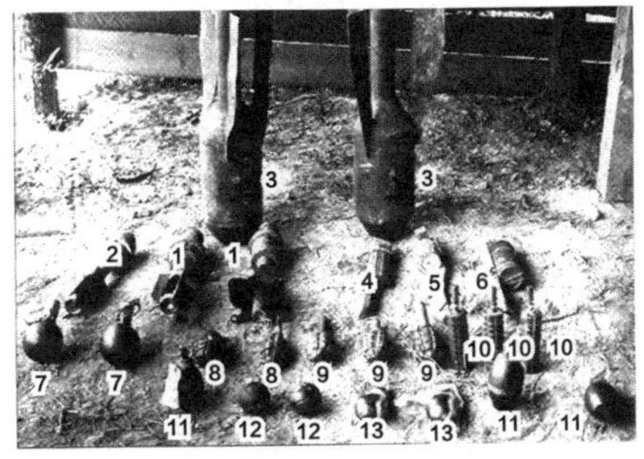

▲ *1915年，法军装备的各种毒气弹。其中，右下角标号11的是窒息性毒气手榴弹，它于1913年7月装备部队，使用黄铜（后来改为铅）制作，外面覆盖一层铁皮，采用一个摩擦点火装置引爆，内部装有少量炸药和160克溴乙酸乙酯；照片底部中心位置标号12的是伯特兰手榴弹，于1915年4月24日首次在战场上使用，这种手榴弹由铸铁锻造，包裹着一个玻璃球，投掷出去的时候玻璃球会发生破裂，将内部装填的25克氯丙酮释放出去；照片上部标号1和4的是57毫米战壕迫击炮炮弹，内部充满了光气*

一战前禁止使用化学武器的国际条例

早在 1874 年召开的布鲁塞尔会议上，人们就提出了一个非常有远见的提议：禁止在战争中使用毒物以及施放毒气。1899 年，第一次海牙会议在《禁止使用专用于散布窒息性或有毒气体的投射物的宣言》中规定：禁止在战争中使用各种毒剂。1907 年，第二次海牙会议决议：禁止在战争中使用有害人体健康的毒物；禁止在食物和饮料中投毒；禁止使用土著人的有毒武器；而且还颇有前瞻性地规定，各国皆不可将化学武器用于空中战争。此次决议还特别强调：禁止使用以刺激和中毒作为唯一用途的子弹。第二次海牙会议的决议遂成为当时国际社会的焦点。一开始英美两国拒绝在决议上签字，但就在当年，美国率先签了字，英国无可奈何，只能随后也签了字。除了英美两国外，其他与会的各国陆军专家，对于在未来战争中禁止使用毒气这种威力巨大的武器的意愿，倒是颇为一致的。

德国人则试着在他们的 105 毫米榴霰弹中装填一种刺激性物质——氯磺化邻联茴香胺以增强威力，并于 1914 年 10 月在新沙佩勒（ Neuve Chapelle）进行了实战测试，但并未引起对面英军的重视。汉斯·塔彭（Hans Tappen）是一位供职于德国陆军部重型火炮部门的化学家，他建议自己担任德军最高统帅部执行分部负责人的哥哥，将溴化苄和甲苄基溴（xylyl bromide）制成的催泪瓦斯投入战争。1915 年 1 月 9 日，装填这两种物质的 150 毫米榴弹炮炮弹在科隆附近的瓦恩炮兵射击场试射成功，并以塔彭名字的首字母命名为“T 炮弹”。1915 年 1 月 31 日，德军在博利姆（Bolimov）战役中，首次将 T 炮弹投入到攻击俄军的行动中，但数量的短缺限制了这种炮弹发挥更大的威力；此外，寒冷的天气也阻碍了这两种液体毒剂的气化。因此，德军的尝试又一次被协约国忽视了。随后，德军在炮弹中装填了溴丙酮，并在 3 月发生于比利时海岸的战斗中，用这种炮弹攻击了法军。

炮弹的不足促使德国威廉皇帝物理化学研究所的主任、大化学家弗里茨·哈

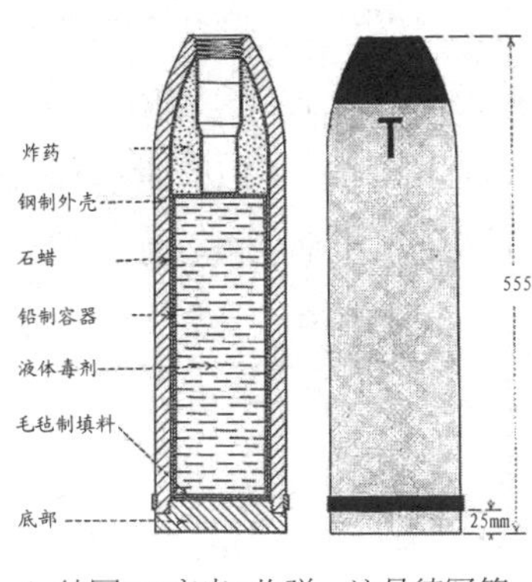

▲ 德国150毫米T炮弹，这是德军第一种投入实战的毒气弹。其铅制的弹体内容纳了大约2.3升催泪毒剂，还在弹头部位装填了少量炸药

▲ 弗里茨 · 哈伯（1868—1934年），德国著名化学家，1918年诺贝尔化学奖获得者，被后人称为“毒气之父”

伯（ Fritz Haber）教授研究新的毒气攻击手段。最终，他建议军方使用工业气瓶施放氯气。氯气在常温下为气体，加 6 个大气压就会开始液化。氯气与空气的比重为 2.5 ∶ 1,比空气要重,所以在施放后冷却、体积增大的过程中可以长时间沉降在地表，适于用作攻击手段。其他战斗武器不能侵入的掩体内部，氯气也能渗透进去。而且，氯气还能在施放后逐渐与气流混合，随之流动，扩大杀伤范围。不过，因其易扩散、易溶于水的特性，故而在水网密布的地区效果不佳。利用其流动性，攻击方的步兵可以随风向紧跟在毒气云之后前进，且可以利用浓密的毒气云遮蔽敌军双眼，达到突然袭击的效果。

德国人认为，法军早已在战场上使用了窒息性毒气（cariouches suffocantes），这让他们有了使用催泪瓦斯炮弹和氯气瓶的合理借口，而且德国人还辩称，使用这两种武器并不违反《海牙公约》的某条具体规定。

1915 年 1 月，德军总参谋长冯 · 法金汉将军（von Falkenhayn）批准了施放氯气的试验，并下令让哈伯教授负责代号为“消毒”的整个行动。1 月 25 日，德国军方决定在比利时佛兰德斯战线以南形成的突出部——伊普尔镇（ Ypres）对协约国发动毒气攻击。

为执行这次行动，德军专门组建了一支 500 人的毒气工兵部队，指挥官是奥托 · 彼得森（ Otto Peterson）上校。该部队最初被称作“彼得森工兵指挥部”（Pionierkommando），不久后就扩充到 1600 人，被指定为第 35 工兵团。德军总部征用了 6000 个大型商用气瓶，每个可以装 88 磅液氯，还订购了 24000 个小型气瓶，每个可装 44 磅液氯。2 月，在步兵的帮助下，彼得森的人开始了布置氯气钢瓶的危险工作。每个钢瓶有 4—5 英尺（1 英尺 =30.48 厘米）高，约 187 磅（1 磅 =0.4535924 千克）重，一开始都被部署在伊普尔战线的南部。发动攻击之前，一些钢瓶被盟军炮火击毁，泄漏的氯气毒死了 2 名德军士兵，另有 50 人受伤。3 月 10 日，布置工作终于完成了，但风向一直不对，工兵们不得不耐心地等待风向好转。然而风向总是不利于攻击，直到意识到选择了错误的地点之后，他们才更换了阵地，这次选在了面向伊普尔镇的北部某处。截至 4 月 11 日，第 35 工兵团已经布置好 1600 个大气瓶和 4130 个小气瓶，共计装罐了 340 吨液氯，对准了由法军第 87 本土师和第 45 阿尔及利亚师据守的阵地。但行动前，德军就因风向不对而连续两次推迟攻击。雪上加霜的是，预计伴随毒气云突破敌军阵地的步兵部队被调往东线，参加对戈尔利采—塔尔诺夫的攻势。如此这般，第 35 工兵团的攻击一共推迟了 4 次。这期间，步兵突击队员一直隐藏在战壕中待命。

德国化学工业与毒气战

强大的化学工业是发动毒气战的基础。

一战前，即使将所有协约国的化学工业生产量加在一起，也远远不能与德国八大化学联合企业的生产能力相匹敌。这八大化学联合企业均集中在被称为“法本工业托拉斯”的鲁尔区。打一场毒气战需要高效率的大规模生产。据估计，法本工业托拉斯当时拥有 4 亿美元的资金，完全能够满足战争需要；此外，它还能用生产染料的普通机器和制法大批量生产一战中所需的大部分毒气。截止到一战爆发，德国实际上已经垄断了全世界染料的生产，而英国当时只能生产自身所需的十分之一。

生产能力的这种不平衡状况成了协约国进行化学战的一个严重障碍，甚至到战争结束时，英国的化学战能力还落后于德国。事实上，正是由于德国在化工生产上拥有的绝对优势，加之英国海军当时封锁了一条海上通路，断绝了德国制造高效炸药的原料——硝酸钾的供应，才促成德国最高统帅部产生了使用毒气的念头。化学工业是德国战争机器的基础，如果没有法本工业托拉斯的建立和大规模合成硝酸盐的生产，

1915 年德皇就不得不乞求和平了。可以说，毒气战的发动，既加强了法本工业托拉斯在德国的地位，又复兴了濒临破产的染料工业，要知道战争爆发前，德国的染料工业实际上已经停产了。

其实早在 1914 年秋德国最高统帅部的一次特别会议上，法本工业托拉斯的总裁卡尔·杜伊斯贝格（Carl Duisberg）就极力主张使用化学武器，他还亲自研究了各种战争用毒气的毒性。普鲁士人杜伊斯贝格是当时科学界和工业界的名流，但同时也是个极端自负和跋扈的人，甚至远在阿道夫·希特勒出名之前就大谈并坚信“元首原则”，是化学武器最积极的鼓吹者。

毒气瓶

无水液态氯，可以收容在铁制圆筒气瓶内（德军使用“孟涅斯曼”钢瓶贮存）。这些气瓶要留有一个阀门，施放的时候，只要打开阀门，液氯就会立刻气化。德军在 1915 年 4 月第一次发动毒气攻击的时候，使用了约 6000 个大型商用气瓶。根据使用经验，德军对商用气瓶进行了改进：缩短其长度，增大其直径。改进后的毒气瓶可以不必依赖较深的战壕，且转运也更加便利。初期，德军对毒气瓶的装填要在本土进行；其后为了降低转运成本和风险，各毒气工兵团才自行装填毒气瓶。每个毒气工兵团装备有专用贮藏车 40 辆，这些贮藏车所存的氯仍然是在本土装填的，但是在战线后方就可以使用钢制毒气瓶进行分装。德军的标准毒气瓶每个可以收容 20 公斤毒气；法军的则分为轻、中、重三种，各收容 15、27、40 公斤的毒气。

1915 年春，伊普尔战役

1915 年 4 月 22 日下午 5 点，伴随着尖锐的“嘶嘶”声，大量气瓶喷出的氯气聚集在德军阵地前，形成一堵厚重的云墙向法军阵地飘去。很快，法军战壕的守卫者们就在这种从未见过的黄绿色浓云中惊慌失措，他们本能地四散奔逃，而德军步兵则紧跟在毒气云后面。由于法军阵地上大部分官兵失去作战能力，纵深防御和野战炮兵近距离支援也陷入瘫痪，战线很快就被德军突破。不过在某些区域，德军的攻势陷入了停顿，尤其在侧翼比利时和加拿大军队的阵地上——毒气仍然停留在那儿。在法军阵地中心的扇形区域内则呈现出一片肃杀景象，用一名德军军官的话来说就是："敌人像一群受惊的绵羊一样逃跑。"受到毒气攻击的英军由混杂着苏格兰高地团的加拿大军组成，法军则由阿尔及利亚军团构成。浓密的毒气云给防守该区域的协约国军队留下了极其惨痛的印象，甚至在后方都引起了巨大的混乱。那些回到战线后方的法军官兵，很多都还来不及庆幸，就倒毙在了前往卫生所的途中。

紧跟在毒气云后方小心翼翼前进的德军士兵见到了一个前所未有的恐怖场面：协约国士兵横七竖八地躺在地上，胳膊伸得老长，像是要逃离毒气袭击的样子。在满是尸体的战场上，那些伤兵和快要死去的士兵趴在地上拼命挣扎，喘息，咳嗽，从肺里大口大口地吐出黄色黏液，然后慢慢死去。凡是和氯气接触过的金属全都生了锈：纽扣、表壳、硬币都变成了暗绿色；步枪的金属部分全都锈坏了，看上去就像在泥淖中浸泡了好几个月似的。

德军趁机夺取了英法联军的前线阵地，还夺下了他们的预备阵地，就连数月来爆发最激烈争夺战的协约国交通枢纽点——兰赫马尔克村都被德军轻松占领。一些还能走动的法军士兵都逃走了。英国人突然发现在他们扇形战区内的通路和桥梁上挤满了撤退的士兵，他们中的大多数人只能指着自己的喉咙示意。到下午 6 点前，甚至在 10 英里（1 英里 =1.609344 千米）外的地方，氯气云团仍然能使人咳嗽，刺痛人的眼睛。快到晚上 7 点时，法军所剩无几的枪炮声也沉寂下来。

▲ *1915年4月22日，德军发动史上首次大规模毒气攻击时的场景。为施放氯气，需先将钢瓶半埋入战壕中，再用铅管连接钢瓶的瓶嘴。图中的德军毒气工兵部分戴着浸渍了海波溶液的口罩（图上），还有部分佩戴着"德尔格"氧气呼吸器（图右）*

其实，氯气并不能直接使人窒息，但它能刺激人的支气管和肺的内壁，使人中毒。一旦气管和肺发炎，就会分泌出大量液体，堵住气管，使口内生出水泡，液体充满整个肺部。为了逃避被氯气毒害，有些士兵竭力把嘴巴和鼻子埋到土中，有些士兵则惊慌失措地逃走，但试图远远逃离烟云的人由于呼吸急促反而中毒更深。毒气使他们呼吸困难，憋得脸色发青，有的士兵甚至因为剧烈的咳嗽，导致肺部破裂；由于血液无法携带氧气，氯气受害者的嘴唇和面部呈现出天蓝色。后来英军的一份死亡报告称这些被害者："被淹死在自己的分泌物之中。"在这次攻击中，协约国军队共有800—1400人丧生，另有2000—3000人受伤。据德军第35工兵团的战斗日志记载：此时战斗中，德军共俘虏协约国士兵5000人，缴获大炮60门——但大部分炮的尾栓皆被锈坏不能使用了。

许多人都认为，如果德军能够正确估计他们的攻击威力，并做好充分准备的话，将会取得更大的突破。然而实战证明，大量步兵紧跟在毒气云后面进攻是不可能的，因为合适的风向无法被提前准确预知，这就导致没有足够的时间来集中大量部队。

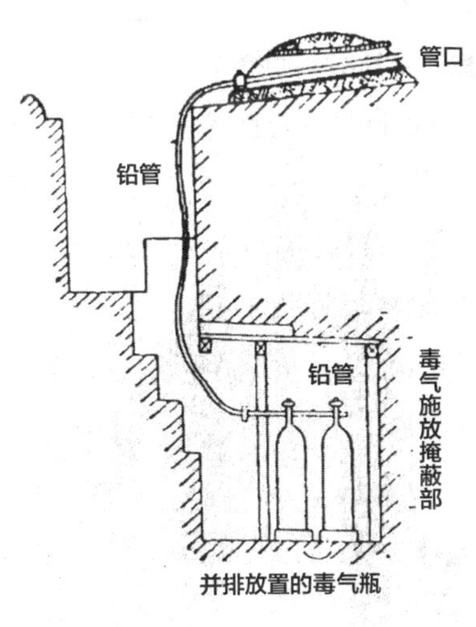

▲*1915年4月22日的德军毒气施放装置示意图*

协约国的防护措施

事实上，在遭到攻击之前，协约国已经从德军逃兵那里获得了警报——其中一名逃兵身上携带着防毒面具；并且比利时也收到了来自防毒面具制造商传来的信息。这些情报在伊普尔突出部的多国部队内部流传，但是当时并没有人理解这样的攻击究竟意味着什么，他们假定这是一次小范围的局部袭击。在4月22日之前，突出部内的协约国部队并没有进行任何相关防护。

▲*1915年4月22日，遭到毒气攻击的伊普尔地区普尔卡普勒（Poelcapelle）的一处法军战壕，德军在占领该战壕后拍下了这张照片。照片中，毒气受害者仰面倒在地上，拳头紧握，暴露在氯气中的脸和嘴唇呈现出蓝色*

4 月 23 日，法国战争部长命令巴黎市政实验室的主任安德烈·克林（Andre Kling）博士去调查这次毒气攻击事件。此外，克林博士和伯特兰教授还应寇姆将军的要求，开始研制防毒面具。他们有两种德国防毒面具可供参考，克林选择了结构相对简单的一款作为原型进行设计。设计完成后，寇姆将军组织巴黎百货商店的女裁缝们赶制生产，但由于毒气的种类还没有被最终确定，因此也就无法选择中和剂，这些防毒面具只能先用水润湿凑合使用。4 月 24 日，战争部决定先生产 10 万件这种防毒面具，并要求陆军方面做好生产相同防毒面具的准备。

4 月 25 日，克林博士抵达伊普尔，确认毒气为氯气。一份来自前线药剂师的报告称：一具缴获的德军防毒面具上浸渍了硫代硫酸钠（即“海波”，通常用于冲洗照片）和碱性水合物溶解在甘油溶液内的混合物，这些信息立即被传播至全军。28 日，寇姆将军召开了一次有化学工业界代表出席的专家会议，要求他们首先考虑如何采取报复行动。此外，会议还决定将防毒面具的订单数量增加到 100 万件，并尽快发放到士兵手中。为了保护关键人物，譬如机枪手和军官，高层特地为他们准备了矿山救援用的氧气呼吸器，这些装备会被立即送往巴黎。30 日夜间，防毒面具连同 2800 枚窒息性毒气手榴弹和 3500 枚伯特兰手榴弹率先被配发给了法国陆军第 10 军。

4 月 23 日，英国远征军总部（GHQBEF）发布了第一条关于毒气防护的指令。总部认定德军使用的毒气为氯气，并指示前线官兵将战地止血包浸泡在小苏打溶液中制成简易的防毒面具。将布片浸渍碱性溶液，例如尿液当中，也可以中和氯气，甚至白开水也有一定的效果。由于后方的防毒面具姗姗来迟，很多部队只能先自己动手制作。伊普尔突出部内，波珀灵厄修道院（Poperinghe Convent）的修女们用软麻布条捆扎成简易防毒面具，第二天晚上便将 3000 具这种防毒面具送到了英军第 27 师的战壕。

4 月 24 日凌晨 2 点，德军对法军阵地右翼的加拿大第 1 师发动了一次小规模的毒气攻击。当天晚上，由大约 15 吨氯气组成的浓厚云墙飘过荒凉的无人区袭来。加拿大第 1 师下属的温尼伯第 8 步枪团第 8 营的博特伦上尉发现“一股黄绿色的烟雾从大约 600 码以外的德军阵地前沿升起，这股烟雾以每小时 8 英里的速度沿着地面向我方战壕飘移，到达我军前沿阵地时离地面不过 7 英尺”。浓密的氯气烟雾笼罩着加拿大士兵。在之后的几个小时内，他们接二连三地遭到毒气云的袭击。毒气云十分密集，以致把太阳都给遮住了。有一两次他们透过烟雾，看见德军步兵作潜水员模样的打扮——戴着前面装有一块玻璃眼镜的大兜帽。协约国军战线后方的人们也如同前线的士兵一般，惊慌失措，狼狈逃窜。在前沿战壕到各支撑点的一小块空地上，博伦特清点出了 24 具惨遭毒气虐杀的士兵尸体，这些死者生前都曾拼命地挣扎，试图逃离毒气云覆盖的地区。博特伦本人也呕吐、腹泻、呼吸困难，身体十分虚弱，“胸中有一种十分沉重的感觉”。

当时，温尼伯第 8 步枪团只能用手帕和塞满棉花的弹药袋进行防护——由哈里·诺伯尔（ Harry Knobel ）中士首创，他们将这些东西放进盛满水的行军大锅中浸湿，再用其掩住口鼻。透过湿润的布料呼吸，可以过滤掉一部分氯气，使人不至于马上中毒，但前提是氯气在从德军阵地飘过来的途中浓度有所下降。马修斯（ Matthews ）少校描述道：“一堵黄绿色的气体云墙至少有 15 英尺高，在不到 3 分钟内就吞没了我的人。”有一些毒气继续飘向后方，但大部分都停留在战壕的胸墙之后：“人们剧烈地咳嗽、吐痰、咒骂着，匍匐在地上并试图呕吐。”（加拿大国家档案馆 CAB45/156 ）

迅速保持站姿，并且不在毒气云中乱跑，这两点极大地增加了拿大人的生存几率，因为毒气云不久后就飘过了阵地。但最终，氯气和炮击还是迫使他们撤离了战壕。

▲ *反映1915年4月24日，德军对加拿大军队发动氯气攻击的油画*

此次，德军的毒气施放和大炮袭击杀死了约 5000 名协约国士兵。加拿大温尼伯第 8 步枪团第 15 营的格林·德利中士是被从战场送到简易卫生站的数百名士兵之一，但医生对毒气中毒的病人束手无策，两天后格林·德利在喘息中死去。给他治疗的军医称这种死亡是由“空气饥饿”导致的，他用蓝铅笔在死者的尸检报告中写道：“死者的脸、颈部和双手明显变色。打开胸腔，左右肺叶皆已肿胀。移动时，肺中渗出大量淡黄色带泡沫的分泌液。显然这是一种高蛋白物质，因为轻轻敲打足以使它凝固成鸡蛋白似的东西。大脑表面的血管大量充血，所有的小血管都明显凸起。”

在这次毒气袭击中幸存下来的士兵里，有 60% 的人不得不被送回家。到战争结束时，他们中有一半人都成了残废。

4 月 26 日，英国远征军总部根据情报军官、工业化学家乔治·波利特（Genorge Pollitt，他刚刚在苏黎世组建了一个间谍网）中尉的建议，发布了一条指令：毒气来袭时，将一条用水浸湿的折叠成正方形的法兰绒或一条团成小球的手帕塞入口腔之中。

时任英国战争大臣的基钦纳（Lord Kitchener）勋爵会见了一名研究气体中毒的专家——约翰·霍尔丹（ John Haldane）教授，他同时也是潜水病成因——由潜水员上升过快所导致——的发现者。英国海军大臣温斯顿·丘吉尔曾建议将海军施放烟雾演习时使用的一种棉绒口罩作为防毒面具来使用，但霍尔丹直言这毫无用处，因为一旦棉绒被中和剂溶液浸湿，就不能透过它呼吸了。然而，陆军部已经根据丘吉尔的建议在《每日邮报》上发出了号召，要求民众制作这种棉绒口罩以及用一小块针织布料制作的另外一种防毒面具。这则启事发表在 4 月 28 日的头版头条上，标题为《妇女们忙起来——为我们的战士们赶制防毒面具，每个家庭都能起到作用》。第二天，陆军部宣布已经募集到了 3 万个防毒面具，不再需要更多的了。《每日邮报》号召制作的“防毒面具”是完全无效的，尽管当局向霍尔丹保证这些不会被送往前线，但还是有很多热心的民众通过自己的方式把自制的“防毒面具”寄给了前线官兵。

5月1日，德军以60罐氯气对伊普尔以南第60高地上的协约国军队发起了攻击，在此处，双方战壕最近的地方只隔了 20 码。傍晚，多塞特郡第 1 步兵团下属的一个连正按照波利特中尉的指令，迅速将布料浸湿；另一个连则焦急地等待着水运抵阵地。这时候毒气已经弥漫了战壕，许多人立即窒息倒下，可是战壕底部的毒气浓度更高——氯气的比重比空气大，一旦倒下很快就会被毒气包围。绝大部分官兵开始发现：干布条对抵御毒气攻击完全无效。一名军官试图用擦枪的绒布掩住口鼻，直到就快要窒息的时候，才改为用浸过水的手帕，这让他一直坚持到了傍晚 6 点。他和另外一名军官聚拢了连里所剩无几的幸存者，爬上射击台并一直开火阻击进攻的德军。往上爬的幸存者们脱离了滞留在战壕底部的毒气，湿布条终于开始发挥防护作用，让他们得以继续战斗。这时候风向发生了改变，德国人反而陷入了自己施放的毒气中，并产生伤亡。多塞特郡人顽强的防御使得德军首波毒气攻击未能拿下阵地，但协约国军的损失也十分惨重：C 连只剩下 38 人还能行动。

5 月 2 日，德军对由英军 9 个营据守的、长 3 英里的阵地施放了毒气，英军的损失极为惨重——他们只有一块绒布、羊毛腰带或没用的、《每日邮报》征集来的

▲ *在1915年5月1日的氯气攻击中受害的第60高地上的英国士兵，拍摄于第二天位于巴约勒的第8号伤员急救站。为了缓解伤员呼吸困难的问题，医护人员特地将病床设置在露天。伤员身旁的盆是为了承接从他们肺部涌出的液体。此次共有17名氯气受害者被送到这个急救站，但最终只有3人活了下来。来自多塞特郡第1步兵团B连的军士长欧内斯特·谢泼德在日记中详细记载了当时的情景："这些气体是致命的毒药……接下来的场景令人心碎……发现身边的战友不断死在烟雾中，我们想要冲出去，但上级不允许这么做……如果是在真正的战斗中伤亡惨重我们不会太在意，但亲爱的战友就像陷阱中的老鼠一样死去……多塞郡团现在的口号是'不留俘虏'。"*

▲ *1915年5月或6月初，一群来自苏格兰高地团阿盖尔郡第2营的士兵们佩戴着临时制作的简易防毒面具，当时他们的阵地位于博伊斯·格勒尼耶地区。他们手里的瓶子中装有海波溶液，用来润湿防毒面具口鼻部的衬垫。在5月3日的毒气攻击中，伊普尔以南的英军第3集团军普遍装备了无效的、《每日邮报》召集来的防毒面具，这种状况引起了在苏格兰第1步兵团服役的莱斯利·巴利中尉的忧虑，不久后他在阿尔芒蒂耶尔一所中学的科学实验室内研发了自己的防毒面具。巴利的防毒面具先将废棉絮浸泡在海波溶液中，再用一条棉布带包裹，以掩住口鼻，棉布带则可以系在佩戴者脑后。佩戴这种防毒面具，巴利成功用一个装满海波溶液的手动农药喷雾器清理了一个房间内的氯气。几天之后，共有 8万个巴利防毒面具由当地村民和修女制作出来，喷雾器也成了战壕的标准装备*

防毒面具。这些防卫者们顽强地给进攻的德军再次造成了重大伤亡，使得他们未能夺取任何一道战壕。但 5 月 5 日，德军在另外两次毒气攻击的帮助下，终于夺取了第 60 高地。

4 月 27 日，英军俘获了一名携带防毒面具的德军士兵。正在前线调查毒气攻击的贝克和霍尔丹教授如获至宝，他们把这具防毒面具带回本土进行测试，并准备改造后投入大规模生产。贝克教授的设计是：将一张浸泡过硫代硫酸钠、碳酸钠和甘油溶液的棉垫包裹在纱布内，用其掩住口鼻，可以阻挡氯气、溴、二氧化硫和一氧化二氮等气体。因为毒气通过棉纱时，棉垫中的盐溶液会与其发生化学中和反应，去除毒性。此外，贝克还设计了一种眼罩：将纱布切成 18 英寸长，再将布条从三分之一处对折，沿两侧缝合，以在其中心形成一个口袋；纱布的末端可以绑在头部，但为了调整松紧，末端并不缝合。由于贝克选择的材料是黑色的哀悼纱布（因为其最有效），因此这个设计被称为“黑面纱防毒面具”。

5 月 3 日，黑面纱防毒面具的生产被迅速批准，但两天后霍尔丹从法国回来才发现：陆军部直到不久前才刚下订单。贝尔公司和希尔思 & 卢卡斯制药公司开始赶制这种防毒面具，然而一起事故的发生又使生产被迫中断了一段时间——公司错把烧碱（氢氧化钠）当成碳酸钠使用，致使浸渍防毒面具的女工烧伤出血。

5 月初，来自英国远征军总部的一小部分专家应协约国军总司令部的要求，聚集在一所高中的科学实验室内，包括莱斯利·巴利（Leslie Barley）中尉，一名服役

▲ *德军在战争初期装备的防毒面具，由防毒口罩和眼罩组成，口罩中容纳的废棉絮浸泡过海波溶液，英军的黑面纱防毒面具就是在它的基础上设计的*

▲ *黑面纱防毒面具，这些浸渍过海波溶液的防毒面具在1915年5月24日的氯气攻击中，拯救了数以百计的生命。照片中没有陈列出与之配套的眼罩，在不使用的时候，眼罩通常被放入一个防水袋里，以防止浸渍的溶液被蒸干*

于苏格兰第1步兵团的化学家；伯纳德·莫阿特–琼斯（Bernard Mouat- Jones），他曾是贝克的助理教授，眼下在伦敦的苏格兰部队中作为列兵服役；还有一名来自纽芬兰步兵团的军医，克吕尼·麦克弗森（Cluny MacPherson）上尉。他们都很清楚黑面纱防毒面具的缺陷：匆忙之间很难戴到嘴部；毒气可能会从面具边缘漏进来；只能防护很短的时间。他们戴上这种防毒面具进行测试时，都受到了氯气的伤害。

于是，麦克弗森上尉将法兰绒袋浸渍在海波溶液内，再镶嵌一片云母作为窗口，从而制成了一种能将佩戴者的头部完全封闭的防毒面具。这种防毒面具穿戴容易，不仅解决了漏气问题，而且防护时间更长。伦敦方面认为麦克弗森的发明优于黑面纱防毒面具，但是后者已经开始大量生产，如若更换产品，将会耗费不少时间。尽管在陆军部的命令中，麦克弗森的发明被称为“防烟兜帽”，但这种防毒面具却更多地以“海波兜帽”的名字闻名于世。5月8日，海波兜帽被运抵法国，按每个师1000具的比例分配。然而在运输过程中，由于汽车排出的热气，不少海波兜帽的云母窗发生了破裂。厂方尝试以三乙酰纤维素代替云母，但并未完全解决这一问题。同时，手动的喷嘴式农药喷雾器也被下发到一线部队，里面装填了海波溶液，用于中和滞留在战壕内的氯气。

▲ *海波兜帽。最初一批产品采用标准的陆军灰色法兰绒衬衫布制作，直到这种布料短缺，才改为使用羊毛、棉绒的混合物，例如维耶勒法兰绒等。此外，卡其色染料也被加入到兜帽的浸渍溶液中。图中的海波兜帽属于戈登高地人团第10营的大卫·福根中士，他参加了英军在洛斯前线的战斗。图中右侧是存放兜帽的包，福根在上面绣了自己姓氏的首字母“F”，这种兜帽包从1915年8月5日开始装备英军部队*

对黑面纱防毒面具的真正考验是在5月24日，当天德军对伊普尔突出部发动了大规模氯气攻击。毒气的体积和密度都远远超出了英军的预计，在半英里长的阵地内，至少46个营暴露在毒气中，时间超过一个小时。在这样浓烈的毒气

▲*战壕中，佩戴海波兜帽的英印部队*

攻击下，英军的防护手段并不能帮助他们脱离危险，况且也不是人人都装备了黑面纱防毒面具，戴上海波兜帽的人则更少。当天只刮起了微风，毒气花了整整 45 分钟才通过英军战壕，而士兵的防毒面具每隔 5 分钟左右就得重新浸泡一次。皇家都柏林燧发枪团第 2 营的军官们不得不强迫手下士兵把重新浸泡过的防毒面具拧干后使用，这样他们才不会窒息死亡。严重中毒的士兵随处可见，他们脸色发青，呕吐不止。距离前线 3 英里的树木和房屋全都被毒气笼罩；6 英里外仍能闻到臭味；即使在 9 英里外的地方，氯气依然能使人呕吐，并刺痛眼睛；再往后 3 英里就是普雷城，那里的房子、树木都被毒气和硝烟遮盖住，医院的地下室"充满了烟雾"。在战壕中——距离德军毒气瓶只有几百码的地方，这次毒气攻击制造了大量惨象。威尔逊将军曾这样写道："一开始，士兵们都正确使用了这种防毒面具。可是在毒气的熏灌下，他们开始窒息，不得不一次又一次地用布置在战壕里的苏打水来浸渍防毒面具。""毒气烟雾不断涌来，士兵们焦躁不安，他们没等拧干苏打水，就把防毒面具捂在嘴上。结果，他们无法通过饱和了苏打水的防毒面具进行呼吸，却以为是受毒气影响而正在窒息，便又在较短时间里再次浸泡防毒面具。而在浸泡的间歇，他们不是屏住呼吸而是艰难地喘息，结果毒气使他们失去了知觉。"

这次攻击长达 4 个多小时。在以后的几天里，近 3500 人需要治疗毒气引起的中毒，其中一半多需送回英国治疗，死亡数字不详。德军攻占了炮弹陷阱农场（Shell Trap Farm）和环绕贝莱沃尔德湖（Bellewaarde Lake）的战壕，但进一步的推进却被英军未受毒气波及的机枪火力和炮火所阻挡。转天，第二次伊普尔战役接近尾声。这次攻击在英国本土引起了轩然大波，对毒气军事效果的夸张描述深刻影响了军方的复仇计划。

法军方面，从 4 月 22 日起便开始全面装备防毒面具，共花费了将近 3 周的时间。幸运的是，在此期间他们没有遭受毒气攻击。5 月 12 日，15 万具巴黎制造的防毒面具被配发给战线北方的部队。一天前，军方对尚未收到防毒面具的部队下达了一条指令，告诉他们将干草或其他植物纤维浸泡在水中，数小时后再用手帕包起来，可作为临时防毒口罩使用。令人欣喜的是，法国驻伦敦武官德·拉·帕努泽（de la Panouse）上校收到了一份关于防毒面具的详细报告，法国军方随即决定仿制英国的黑面纱防毒面具和海波兜帽。克林博士造访了 5 月 24 日遭受德军毒气攻击的地区，之后他在报告中称所有部队均应装备防毒棉垫或海波兜帽，而且法军的防毒棉垫应该更大一些。从 5 月 27 日开始，法军的防毒棉垫尺寸增大到 5×10.4 英寸，但由于废棉絮短缺，麻絮也被作为替代物填充了进去。

同时，法国的另一种新型防毒面具也在研制之中，它被命名为“敷料纱布（Compresse）2 号”，简称“C2”。C2 整体外形类似黑面纱防毒面具，但将布条更换为宽大的布带，末端逐渐变窄（可以系在头上），并且加入线框以保持填充物的均匀分布。一些 C2 式防毒面具的填充物中被加入了甲基橙，作用是预警——一旦吸收剂消耗殆尽就会变红。在经历了生产和运输上的一系列拖延后，到 1915 年 8 月中旬，法国已有超过 100 万具 C2 式防毒面具被配发给部队。

在伦敦，法国军方要求帕努泽上校订购 33000 码卡其色维耶勒法兰绒面料用于制作海波兜帽，并对其他织物进行了测试。首批 8000 具法制海波兜帽于 5 月 21 日被派发给战线北方的部队；第二天，另外 40000 具也被派发给各条战线上的法军部队。由于易于装备，海波兜帽在前线官兵那里十分受欢迎。然而，已经下了 200 万海波兜帽订单的英国出于对自身产量不足的担心，拒绝再向法国交付维耶勒法兰绒。法军各支部队只能就地寻找公司为他们生产海波兜帽，以致其面料和设计变得五花八门。

此时，德军毒气部队转移到了东线。从 5 月 31 日开始，德军连续发动了多次云状毒气攻击。在当日的第一次攻击中，德军抓住了俄军防备松懈的时机——俄军部队正在换防；在毒气云的袭击下，俄军的伤亡高达 5000 人，但前去探查情况的德军侦察部队同样遭到了意想不到的阻击，而且风向的改变还让德军自身伤亡了 56 人。在 6 月 12 日的第二次攻击中，毒气又被风吹了回来，造成德军 350 人伤亡。

▲ *佩戴C2式防毒面具的法军士兵*

◀ *早期的法国“敷料纱布1号”防毒面具。1915年8月，根据加布里埃·伯特兰教授的建议，士兵们开始佩戴浸渍过蓖麻油的护目镜*

最糟糕的是7月6日的第三次攻击，有接近1450名德军官兵因吸入毒气而中毒，其中有130人死亡。

自1915年5月起，德国炮兵开始采用新的毒气战术和化学武器攻击法军。他们集中使用T炮弹进行炮击，以赶走战壕中的法军，但这让德军自己也无法占领染毒的战壕。1915年6月20日，德军发动阿拉贡攻势首日，就使用了25000枚T炮弹，毒气形成的白色云墙使得C2式防毒面具都完全无效了。3天后，当克林博士勘查现场时，这片区域已经成为无人区。他发现德军战壕迫击炮发射的炮弹中含有溴，能形成一种浓密的红棕色蒸汽，对人的眼睛和呼吸道具有强烈的刺激作用。法军的C2可以防止吸入溴，但并不能对眼睛进行防护，而即便是极低浓度的溴，也能让眼睛产生强烈的刺痛感。10天后，德军继续采用T炮弹攻击法军，这次他们捕获了3000名俘虏，并迫使法军撤离阵地。

7月16日，德军首次使用了氯甲酸氯甲酯（又被称为“C液”或“K液”），这是一种比氯气毒性更强的肺毒剂，具有强烈的催泪效果。他们再次捕获了大量俘虏，但未能趁机突破法军阵地。克林博士确认了一份来自前线样本中的化学物质，并将其命名为“拜拉特”。此外，德军还尝试了其他催泪毒剂，包括在7月试用的溴丙酮（B液）和8月试用的甲基乙基甲酮（Bn液）。通过这些毒剂，德军在圣米耶尔（St Mihiel）又抓到了5000名战俘。

英国P兜帽

最令协约国的科学家们感到恐惧的是，一旦德军使用比氯气毒性更强的毒气发动攻击，他们现有的防毒面具将会毫无用处。为解决这个问题，位于伦敦米尔班克（Millbank）的皇家陆军医学院进行了相关研究，担任项目负责人的是一名陆军医学教授珀西·S.勒林（Percy S.Lelean）中校。

在德国人可能选择的毒气种类（一度超过70种）中，有两种毒气威胁最大，那就是光气和氰化氢。科学家们最青睐的解决方案是将一层层过滤不同毒气的材料装入一个盒子内，但被军方拒绝，因为此方案与现有的设计差别太大，投入生产将耗费大量时间，这是非常危险的。因此研究的重点仍旧放在了寻找可以同时过滤多种毒气的化学物质上，然后将这种物质填入海波兜帽中。

米尔班克皇家陆军医学院设计了一种防护化学武器的装备后，先用老鼠做测试；一旦老鼠能够幸存，就换用猪来做实验；最后再用人类志愿者测试新型兜帽。

所有参加过这项工作的科学家都曾在试验中中过毒。贝克一直与位于圣奥梅尔（St Omer）的英国最高统帅部的麦特·琼斯（Mouat Jones）保持着联系，他们几乎同时发现了一种至关重要的化学防护物质——苯酚钠。贝克是在自己家中做试验时发现这种物质的，当时他用浸渍了苯酚钠的布片掩住口鼻，然后吸入氯气和光气。随后，一种叫“苯酚盐兜帽”（Phenate Helmet）的防毒面具在米尔班克进行了试验，科学家们发现它能够同时阻挡光气和氰化氢。

新型兜帽由两层棉绒布制成，因为具有腐蚀性的苯酚盐会导致海波兜帽的羊

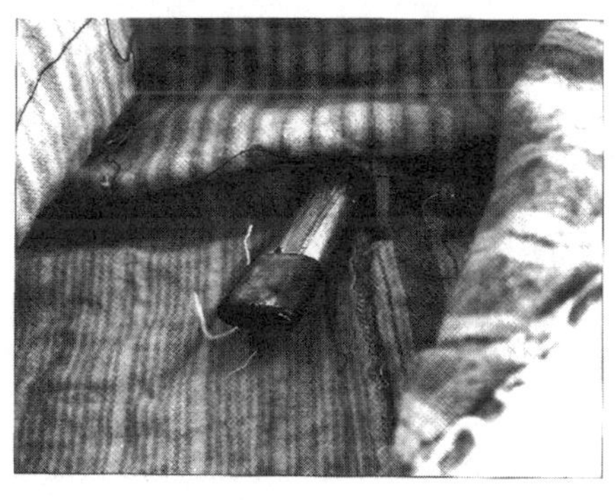

▲ *图中显示的是P兜帽内侧的呼气阀，这个呼气阀可以固定在牙齿上。当时，在兜帽上安装这种阀门或通气管是有争议的，因为需要佩戴者用鼻子吸气，用阀门呼气，这个流程在毒气进攻的压力之下被认为太复杂了，不容易记得住。图中的P兜帽来自英国皇家工兵博物馆，制作它的布料中还包括从睡衣裤上剪下来的绒布布头*

▲ *1915年，佩戴P兜帽、手持恩菲尔德长步枪的军官学校学员在位于珀弗利特的模拟战壕进行训练*

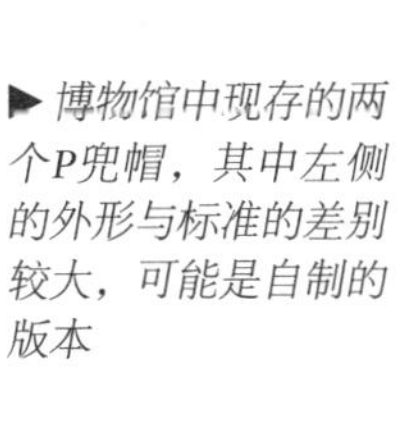

► *博物馆中现存的两个P兜帽，其中左侧的外形与标准的差别较大，可能是自制的版本*

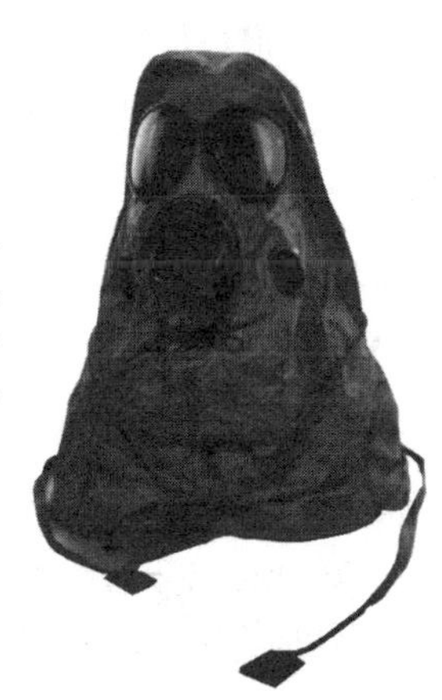

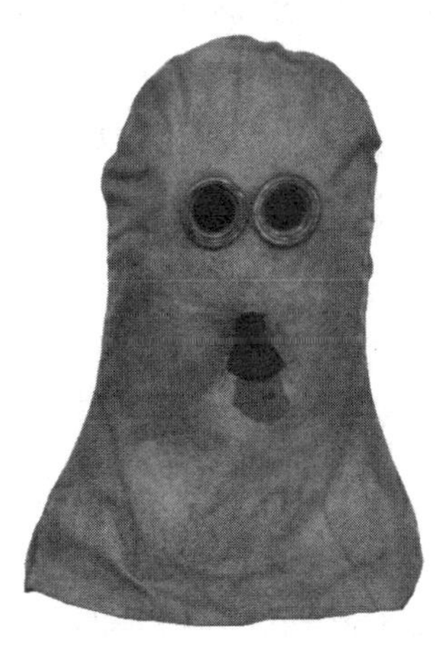

毛法兰绒腐烂；窗口被两片玻璃目镜取代，边缘用锡钢圈压紧，确保密封。由于佩戴者呼出的二氧化碳会减弱兜帽对氰化氢的防护作用，为解决这个问题，兜帽上安装了一个阀门，以将二氧化碳排出，由此在陆军命令中这种兜帽被称为“管盔”。反对“管盔”的意见十分微弱，因为有确切的情报证明德军将会使用一种更致命的毒气，而现有的协约国防毒面具在它面前是完全无效的；其中，光气是最大的怀疑对象。因此，采用简称为“P（苯酚盐的首字母）兜帽”的苯酚盐兜帽作为英军的新型防毒面具势在必行。到 1915 年 11 月中旬为止，前线英军官兵至少每个人都发放了一具 P 兜帽，而作为备用装备携带的海波兜帽不久后也被配发的第二具 P 兜帽所取代。

英军的复仇：1915 年 9 月，洛斯战役

除了配备防护装备外，英军对德军的毒气反击也拉开了序幕。不过，英军的第一次毒气攻击准备得很仓促，而且高估了毒气云对步兵突击的价值。5 月 26 日，一位皇家工兵部队中校——查尔斯 · H. 福克斯（Charles H.Foulkes）被任命为英军毒气部队司令。他观看了 6 月 4 日的一场氯气施放演习，氯气紧贴地面并渗入战壕的能力给他留下了深刻的印象。福克斯报告说：“停止施放一两分钟后，在开放区域内，未采用防护手段的步兵可以紧跟在毒气云之后。”但当时正吹着每小时 20 英里的风，这对云状毒气的攻击来说实在太快了，由于气体过快流散，对敌军的影响将会被削弱。然而，福克斯过于自信的报告仍然使英军启动了对首次毒气攻击的准备工作。当年 6 月到 9 月间，4 支“特别皇家工兵连”被组建了起来。

为了支援法军的总攻，英军第 1 军在指挥官道格拉斯 · 黑格（Douglas Haig）将军的命令下，决定在洛斯（Loos）发动一次攻势，其中就包括毒气攻击。黑格将军对这次攻势持悲观态度，但也认为如能利用毒气复制德军在 4 月 22 日的成功，并抓住机会的话，还是大有可为的。8 月 22 日，在黑格面前进行的一次演习再次坚定了他对毒气攻击的信心。黑格将军也曾被告诫：由于风向的不可预测性，不要把成功的希望完全寄托在毒气上。然而攻势发起日的清晨，他已经不可能在风向改变的时候下令取消整个行动了。参加突击的 80 个步兵营被提前告知：防毒兜帽会给他们带来凌驾于德军的决定性优势，因此要充分利用毒气，出其不意，攻其不备。实际上，正是这些步兵连夜来吃力地把毒气钢瓶扛到前线，又不得不在

施放毒气后立即发起进攻。

9月25日清晨5点40分（总攻时间为6点30分），英军毒气部队打开5900个钢瓶，开始施放毒气。英军还使用了烟雾弹（被称为“蜡烛”），从而将表面上的毒气施放时间延长到40分钟。因为军方确信：德军机枪手装备的“德尔格”氧气呼吸器只能维持30分钟。这些烟雾弹是由一种新型迫击炮发射的。早在1915年7月，福克斯就视察过这种迫击炮，并要求发明者扩大其规格以发射毒气弹。攻势发起当日，英军一共使用了29门这种4英寸“斯托克斯”迫击炮，共计发射了1万枚“蜡烛”烟雾弹；弹射器和其他型号的迫击炮也发射了不少这种烟雾弹。

▲ 1915年9月，英军在洛斯发动毒气攻击前夕，一名特别皇家工兵连的士兵在远征军总部附近的埃尔福演示毒气施放，注意他佩戴着P兜帽。图中毒气瓶连接的是活动的钢丝包皮软管，但实际上大多数英军毒气瓶采用的是刚性铅管。当毒气瓶放空之后，不论是哪种毒气管都要先拆除，再重新连接

毒气和浓烟引起了德军战线后方的恐慌，很快洛斯镇就被英军攻占。然而，在很多地方，毒气基本聚集在施放地几码外的无人区，并向北或向后飘过挤满英军部队的战壕。尽管毒气横扫了德军防线“霍亨索伦堡垒”，但同时也影响了英军第1军下辖第1师的阵地，使这些进攻者不得不在毒气和烟雾的笼罩下重新整队。本来福克斯曾下令由他的人单独负责确认风向是否合适，但被参谋人员数次否决，其中一名参谋甚至警告福克斯：如果没有按时施放毒气，他将会被立即枪毙。英军毒气部队使用了多种气瓶，这意味着拧开它们的扳手并不总是合适的，结果很多毒气管接头处发生硬化并破裂，将毒气泄漏在己

▲ 1915年9月25日，英军特别皇家工兵连在洛斯发动了毒气攻击。由于毒气管接头处发生硬化并破裂，毒气被泄漏在己方战壕内。图中右二的士兵正在用装满海波溶液的喷雾器清除己方战壕内的氯气

方战壕内。许多时候，释放毒气导致的气瓶阀门冻结[①]，就连特别皇家工兵连的下士们也无法使其恢复。于是，成千上万全副武装的步兵正准备出击，却发现自己的战壕充斥着气瓶与气管接头破裂所泄漏的氯气。

雪上加霜的是，英军装备的防毒兜帽也带来了困扰。虽然高层曾发布过指令，要求发动攻击时，优先佩戴对单纯氯气防御效果更好的海波兜帽，而不是新型的P兜帽，但实际上很多人都佩戴着后者。这些防毒兜帽平常戴在头上，随时准备拉下来盖住脸；但天气很潮湿，防毒兜帽布中的化学物质随着水分的饱和淌了出来，对皮肤和眼睛产生了强烈的刺激。戴上这两种防毒兜帽的前十分钟，会感到十分闷热，很多人忘记通过管阀向外呼气，更加剧了这一效应。有的士兵为了呼吸一些新鲜空气就摘掉了兜帽，可也吸进了氯气。不少官兵误以为戴上兜帽会感到非常不适，因为兜帽布散发着浓烈的化学药品的气味，透过它呼吸又会对喉咙产生刺激，因而不肯佩戴导致中毒。

内心陷入恐慌的患者使各营军医应接不暇，他们中既有中毒的伤员，也有仅仅觉得自己中毒的人——一名士兵称自己呼吸困难，但其实是他跑到急救站的速度太快了而已。医生也缺乏经验，无法将毒气中毒与疲劳、暴晒和爆炸震动产生的症状区分开。1918年，生理学家克劳德·道格拉斯（Claude Douglas）博士的一项研究得出结论称："因9月25日的一次毒气攻击而疏散的英军士兵共计2652人，其中1696人的症状非常轻微，有一些则根本没有中毒。"

此后，英军分别于9月26日和10月13日（洛斯战役的最后一天）再次发动了云状毒气攻击，但收效甚微。战役过后，英军无能的毒气攻击和近乎无用的防毒兜帽受到了广泛谴责。当时发给毒气部队的扳手尺寸也不合适，打不开钢瓶的阀门。"施放毒气的士兵到处乱冲乱闯，狂呼着要借用可调节的扳手。"结果最后还是只打开一两个钢瓶施放出毒气。德军发现英军的行动后，立即开火还击：德军的炮弹"直接击中了几个毒气钢瓶，毒气弥漫了战壕，毒气连溃不成军"。而且早在发起洛斯攻势的5天以前，远征军总部的众多陆军化学战顾问便已得出一致结论：P兜帽不能防御高浓度氯气。

① 气瓶在快速放气时，由于气体膨胀吸收了大量的热，致使阀口急剧降温，从而使空气中的水汽在阀口处凝结成冰霜。

1915—1916 年，防毒面具和兜帽

德国 M15 式橡胶防毒面具

虽然英军的毒气反击非常糟糕，但 1915 年秋，德军为了防患于未然和更方便地发动毒气攻击，引进了一种先进的多功能防毒面具。这种防毒面具由伯恩哈德·德尔格博士（他的公司专门生产各类呼吸器具）利用一种轻型橡胶面罩开发而来。他在面罩的口鼻部位增添了一个金属桶，桶内可以容纳过滤材料。德尔格博士设计的这种新型防毒面具可以覆盖住口鼻和眼睛，材料采用的是威廉皇帝研究院汉斯·皮克（Hans Pick）博士研发的不透气棉布①。防毒面具的目镜最初由防碎的赛璐珞制作，不久后改为防暴型赛璐珞。此外，面具上还有两个大皱褶，佩戴者可以从目镜内侧擦拭上面的污物和凝结的水雾。为确保气密性，目镜和过滤器这些附件都是用亚麻线缝合在面具上的，而且在所有的接缝处都刷上了漆。面具的两个鬓角处有两条柔韧的松紧带，可以将其牢牢固定在佩戴者头上。处于备战状态时，防毒面具由一根携行带挂在胸前。由于这种防毒面具需要对不同佩戴者的面部线条进行匹配，以形成有效密封，因此被称为“线条面罩”（Linienmaske）。

过滤材料由法本工业托拉斯的总裁卡尔·杜伊斯贝格、1915 年诺贝尔化学奖获得者理查德·威尔斯泰特（Richared Willstatter）以及威廉皇帝研究院的两位助理联合研制。杜伊斯贝格将浸泡在氢氧化钾溶液中的硅藻土颗粒（Diatomnit，一种轻质多孔矿物）投入生产，这种材料可以有效抵御氯气。为了进一步阻止有机物和光气，他们还在过滤材料中加入了打成粉末的活性炭，它是良好的吸收剂。

哈伯教授建议奥尔公司生产一种过滤器（滤毒罐），而欧司朗公司生产的用于路灯的螺旋接头正好可以将过滤器固定在防毒面具上。这种“单层过滤器”（Einschichteneinsatz）上面通常标着“26/8”，很可能表明其是在 8 月份研发成功的。凭借这样一种可迅速拆卸

▲ *持着手榴弹冲锋的德军猎兵和陆军军官，他们都佩戴着“线条面罩”*

① 也有传闻说这种材料率先在法军飞艇“阿尔萨斯”号上使用，这艘飞艇于 10 月 3 日坠毁在雷特尔附近。

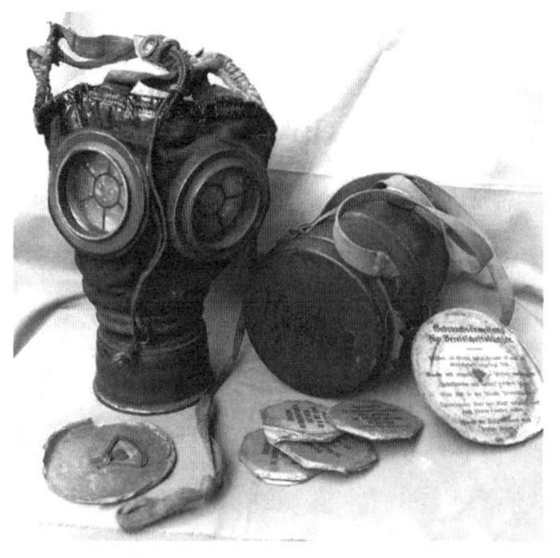

▲ *M15式防毒面具、防毒面具罐以及备用的护目镜镜片*

▲ *佩戴M15式防毒面具的德军士兵，注意他斜挎的防毒面具包*

的过滤器，德国人不仅能在滤材消耗殆尽的时候马上进行更换，还能根据新型毒气的种类立即更改滤材而不需要取消整个防毒面具的生产。但这种设计缺陷也很明显：佩戴者呼吸都要通过过滤器，这使得面罩内的二氧化碳浓度不断升高。专家们曾考虑采用呼气阀来解决这一问题，但由于在野战中使用程序太过复杂而作罢。

这种防毒面具被命名为“1915 年式橡胶防毒面具”（尽管并非全用橡胶制作），又被称为“M15 式防毒面具”，最初投入实战是在 1915 年 9 月，很可能是在佛兰德斯战场，不久后又在 10 月的香槟战役中继续投入使用。它通常被装入一个圆柱形的马口铁罐内，再放入一个帆布包中携带。此外，每名士兵还随身携带一个稍小的铁罐，里面装有 2 个备用的过滤器。

1915 年 12 月或 1916 年 1 月，德军完成了新型防毒面具的换装。

法国衬垫防毒面具

与此同时，为应对德军的催泪毒气，法国研发了唐蓬 P 型防毒面具（Tampon polyvalente，即“多功能棉条”）。在过滤材料上，法国专家用蓖麻油和蓖麻油酸钠的混合物代替了硫代硫酸钠，可以同时抵御氯气、溴和催泪毒气。为了在口鼻部位形成严格密封，该防毒面具采用了一种嵌入薄钢片的衬垫，这种衬垫在护目镜上也是必不可少的。随着光气的威胁逐渐增大，法军从 1915 年 8 月中旬开始启用了第二种防毒面具。除了在衬垫上浸渍对氨基苯磺酸钠外，这种防毒面具与P型防毒面具并无区别，最终被命名为“P1型”。由于之后还增加了第三种浸渍了醋酸镍的衬垫①，P1型防毒面具后被重新命名为“P2型”。10月下旬，防毒面具的过滤材料被简化，通过结合化学物质的方法衬垫被减少到两张。从1915年8月到1916年1月，法国共生产了450万具唐蓬P系列防毒面具。

▲三名佩戴唐蓬P2型防毒面具的法军士兵，由于这种防毒面具的密封性很差，他们都用布料将自己包裹得严严实实

1915年秋天，德军毒气部队第35工兵团重新回到西线战场，转冷的天气对发动云状毒气攻击十分有利，法军的唐蓬P2型防毒面具将面临最严峻的考验。从10月19日开始，德军对7.5英里外、兰斯（Reims）周围的协约国军战线发起了一系列毒气攻击。据德军相关人员回忆，当时他们一共布设了14000个气瓶，而且首次使用了光气，其中光气瓶和氯气瓶的比例是1∶4。10月20日，也就是德军发起毒气攻击的第二天，克林博士赶往前线进行调查，但当他沿交通壕走到著名的朋百尔防御工事（Fort de la Pompelle）正前方时，随着气体从钢瓶中喷出的呼啸声，德军突然发起了猛烈的炮击。由于情急之下没法使用气体采样设备，为了识别毒气

▲ 法国唐蓬P2型防毒面具有三种衬垫，分别阻挡氯气、溴、光气和氰化氢的侵袭，这种防毒面具于1915年9月开始配发部队。唐蓬P2型防毒面具很难调整，而且佩戴之后无法讲话。为了改善其密封性，图中的士兵用一张大手帕包住了下巴。图中的橡胶护目镜于1915年初开始装备法军，最初的设计目的是为了防御法军自身使用的催泪瓦斯手榴弹

① 该防毒面具采用的浸渍了蓖麻油和蓖麻油酸钠的混合物、对氨基苯磺酸钠、醋酸镍的三种衬垫，分别采用粉色、白色和绿色作为标记。

的种类，克林只能故意吸入一些，但他只发现了氯气。克林博士亲身体会到在实战中调整唐蓬 P2 型防毒面具是多么艰难，而且它的防御效果也是差强人意。

毒气攻击共持续了半个小时，此后伴随着间隔发射的烟雾弹，德军步兵发起了突击。他们占领了一些由法军地方部队据守的战壕，后者在极度恐慌之下放弃了阵地；但当德军步兵发现这些战壕仍然充斥着毒气之后，也不得不选择撤退。在 10 月 19 日和 20 日的攻击中，法军的损失非常惨重：750 人当场死亡；4200 人被疏散，其中半数以上严重受伤。这么高的伤亡率似乎预示着毒气中含有光气，但克林没有发现相关证据。根据自己的亲身经历，克林及其他科学家甚至认为：防毒面具没有被一线官兵正确使用，如能妥善使用，他们几乎不会中毒。

10 月 27 日，德军再次发动攻击，释放出巨量毒气，距离前线 7.5 英里远的平民都受到了影响。毒气云笼罩了天空，大地陷入一片黑暗，甚至在 18.5 英里外的沙隆（Châlons）都能闻到氯气的臭味。这次攻击的唯一目标就是要造成法军人员的伤亡，以便摧毁其士气，所以并没有德军步兵跟进。11 月 26 日，在西北方向上

▲ *1915年11月26日，在兰斯附近的贝坦库尔，毒气弥漫了法军战壕。由于唐蓬P2型防毒面具无法防御德军新型毒气，法军在这天的毒气攻击中伤亡惨重。图中，左一的士兵正因为中毒而呕吐，右一的士兵则在往防毒面具上撒尿以增强其防御力*

的凡尔登（Verdun）地区，德军又一次以氯气云攻击法军，此战中，P2 型防毒面具的缺陷再次显露无遗，且法军的反毒气训练也急需加强。由于德军在这次攻击中使用了氯甲酸甲酯（ Palite）炮弹，P2 型防毒面具对其完全无效，以致大量法军官兵中毒。

自 10 月遭受德军的毒气攻击以来，唐蓬 P2 型防毒面具始终不堪大用，法国军方遂下定决心尽快更换该防毒面具。唐蓬 P2 型防毒面具无法在高浓度或长时间的毒气云中保护佩戴者，因为这种防毒面具只在口鼻正前方的呼吸部位有衬垫，里面的化学物质很快就会被耗尽。这一事实促使克林急于研发一种能防御氯甲酸甲酯和其他催泪毒气的防毒面具，于是由巴黎药学高等师范学校毒理学教授保罗·勒博（Paul Lebeau）领导的一个团队，以及法国毒气防护委员会的主要成员进行了如下试验：他们戴好防毒面具暴露于各种毒气之中，直到自己感到无法承受为止。在整个 10 月份，他们共试验了 3 种新型防毒面具，还对其进行了更严格的测试，包括戴着它们跑动和说话。

出人意料的是，最终脱颖而出的设计是由防毒面具生产线装配工奥古斯特·唐比特（ Auguste Tambute）中士提供的。他用一种圆锥形衬垫封闭了佩戴者的鼻子和嘴，其最大的优点是浸渍过化学药品的衬垫并不紧贴在嘴上，允许佩戴者说话。同唐蓬 P2 型一样，新型防毒面具也采用了独立的橡胶护目镜以及三张不同的浸渍衬垫；但可以对面部及下巴形成更好的密封，并留出加入更多衬垫的空间，以发挥更好的毒气中和效果。11 月 3 日，勒博教授建议如此改进这种防毒面具：在头顶增加一条松紧带（可以越过头顶固定），并模仿唐蓬 P 系列防毒面具，依照佩戴者鼻子的形状嵌入薄金属条。首批 2000 具这种唐蓬 T 型（以唐比特命名）防毒面具于 1915 年 11 月 17 日被发放至第 5 军。

在调查 11 月 26 日德军毒气攻击的过程中，一名医学化学家查尔斯·弗兰丁（Charles Flandin）发现了一种比氯甲酸甲酯更令人不安的化学武器存在的证据。当天共有 300 枚毒气炮弹落在阿沃库尔（Avocourt）附近，但以往常见的中毒症状，例如眼睛和嗓子受刺激导致的发炎并未出现。摘掉防毒面具的士兵起初并没有明显的不良反应，然而很快，感到头晕目眩和胸部发紧的人越来越多。两三个小时后，他们的症状变得愈加严重：当天晚上共有 5 人死亡；75 或 80 人被迫疏散转移，其中有 6 人在接下来的几天内死亡。根据缺乏催泪毒气中毒症状以及延迟发作这两条线索，弗兰丁认为德军使用的毒气为光气，而不是氯甲酸甲酯，事后对死者进行的

▲ *1916年4月，佩戴“新型唐比特式”防毒面具的法军宪兵。这种衬垫呈锥形的防毒面具上覆盖着一层三角形的防水布，因此它在士兵中间被戏称为“猪鼻”。注意，护目镜是独立的。如图，防毒面具包的携行带通常系在士兵的腰带上，防毒面具包本身则放置于左髋部*

解剖检查也证实了这个致死原因。遭受炮击的区域并没有留下什么挥之不去的气味，这并不令人感到意外，但在一枚残存的炮弹弹片上，弗兰丁确信他闻到了光气的味道。克林博士对此持怀疑态度，因为先前，并没有在用过的防毒面具、弹坑和受害者的体内器官中检测出光气的确切痕迹。

有越来越多的迹象表明，即使德军现在没有使用光气，在不远的将来也会将这种化学武器投放到战场上。作为对11月26日毒气攻击的回应，法国政府于12月18日委托工业界生产光气，而法军防毒面具对这种新型毒气的防御能力也需再次加强。唐蓬T型防毒面具最初只有一张衬垫，后来军方增加到两张，接着又增加到三张，不过因为技术发展，最后减少到两张。其中，有一张浸渍蓖麻油和蓖麻油酸钠，这不仅可以有效应对催泪毒气，还能阻止氯气侵入长达半个小时。此外，军方还对T型防毒面具本身进行了改进，使之更易装备，并增加了一层防水材料。改进后的防毒面具被称为“新型唐比特式防毒面具”，简称“MTN型”或“TN型”，从1916年1月开始投产。

到1916年2月，据估计共有350万具T型防毒面具和TN型防毒面具被送往前线。战争期间，TN型防毒面具的总产量达到了680万具，T型防毒面具也生产了100万具。随着德军使用毒气炮弹的次数越来越多，防毒面具的复杂性也在不断增加——开始使用单独的呼吸口和护目镜，而在唐蓬T型防毒面具中，有两种型号——TNH型和LTN型采用了一体式护目镜。

光气攻击与英国PH兜帽

历史上，第一次经过证实的光气攻击落在了英军头上。1915年10月末，德军组建起第二支毒气部队——第36工兵团，并开赴伊普尔前线。在德国毒气工兵们围绕霍格（Hooge）布设毒气瓶的时候，他们突然发现风向有误，于是不得不重新布置在伊普尔运河到维尔特杰（Wieltje）以南宽3英里的战线上。实际上，英军已经从一名俘虏口中探听到德军将要使用光气的消息。负责审讯这位德军下士的包括一名情报军官和莱斯利·巴利，巴利眼下正担任第2军的化学战顾问。一开始，这位俘虏拒绝透露任何有关毒气攻击的信息，英国人便把他铐上手铐，扔在卡塞尔（Cassel）市政厅的屋顶。天气十分寒冷，这位德军下士在屋顶冻了一整晚。终于在第二天清晨5点，他说出了攻击的时间和地点——这非常及时。

1915年12月19日上午5点15分，德军打开9300个毒气瓶，放出大约177吨氯气和光气（比例为4 ： 1）。在天未亮时发起攻击可以最大限度地达成突袭，而且地面温度较低，气体不易上升。毒气在英军阵地盘桓了半个小时。所有英军部队都及时发放了P兜帽，尽管有报告说一些兜帽在佩戴时已经损坏，但大部分官兵都能得到有效防护。6点15分，德军步兵紧跟在毒气云后发起了进攻，伴随而来的是毒气炮弹的猛烈轰炸。这些炮弹爆炸时声音很沉闷，也没有碎片四溅，以致一些人在未意识到发生什么的时候就已经中毒了。此外，英军也暴露出了在毒气防护训练上的不足：一名第6惠灵顿公爵步兵团的准下士在中毒后直接开枪自杀。毒气刚刚飘过阵地，第1国王什罗浦郡轻步兵团的士兵们就对着冲上来的德国人唱起歌并大声咒骂他们。德军派出20支巡逻队前去探查情况，但只有2支成功接近英军阵地。英军共有1069人中毒，其中120人死亡。尽管这个数据反映了光气的致命性，但英军的伤亡仍然比10月份法军的损失要低。

对此次毒气攻击，英国陆军卫生队的艾迪回忆道："几乎在同一时刻，红色火箭从德军防线一齐射出……当时我正在司令部和上校喝茶。起初，我想泡茶的水或许被过分氯化了；稍过片刻，我就闻到了毒气味。"毒气云团——氯气和光气的混合物以高速向前飘移，比锣和电动喇叭报警系统的警报声还要快，打了英军一个措手不及，甚至有人在距离前沿阵地5英里的地方中毒。由于德军炮火打断了所有接通前线的电话线，恐怖笼罩了尚未破晓的隆冬之晨。艾迪到达第一条战壕时是下午3点左右，多数氯气中毒者已经死去，没死的伤员"脸色铁青，呼哧呼哧地喘着气"，口吐白沫。光气中毒者开始感到一天比一天虚弱。那些以为侥幸逃脱了毒气之害的人突然感受到，即使是最轻微的中毒反应也能令他们很不舒服。

"有30到40人去请病假。这些人必须要穿过一段大约200码长的崎岖不平的泥泞地段才能上路。他们竭尽全力，穿着沉重、汗湿的防护服，背上配备的全副器材，这些都使他们处于极为不利的情况之下。上路之后，他们精疲力竭，寸步难行。路上到处都是这样的人群，一直到第二天早晨7点他们才被全部收容完毕。那些仍在战壕中坚守岗位的人情况更加触目惊心，有一名士兵自我感觉良好，但他在填沙袋时，突然倒地死去。那晚还有两人也是这样猝死的。” 此外，一名军官在救护车中突然死去，另一名则在准备去报告病情时突然倒地不起，第三名虽然在晚上 8 点半到医疗站报告了病情，但也毫无征兆地死在那里。“他说，他觉得不太舒服，但他看上去气色并不坏。我给了他一杯茶，他喝了下去。我们刚聊了一会儿，他突然在椅子上歪倒了。我给他输氧，但无济于事，1 小时后他就死去了。”

巴利对德军使用的化学武器为光气非常肯定，一个简易测试是“烟草反应”：吸烟者会发现由于光气的存在，烟草会散发出一种古怪的味道。光气的毒性约为氯气的 18 倍。遭遇袭击时，尽管受害者会闻到一股类似干草发霉的气味，但在较低浓度（同样致命）时光气很难被察觉到，而且它被吸入后，不会像氯气那样造成人体痉挛。光气中毒还会延迟发作，受害者可能在死前几小时内都没有表现出明显症状。光气的出现大大加剧了人们对毒气的恐惧。吸入了致死量光气的受害者起初只不过觉得眼睛和喉咙处有一种很快就消失的、温和的刺激感，两天后中毒者可能还有一种舒适轻快感；但在这期间，中毒者肺中充满了液状物，身体很快就垮下来，即使是最轻微的动作，如在床上翻个身，也能使人的呼吸频率猛增到每分钟 80 次，脉搏猛增到每分钟 120 次，然后进入“窒息期”。官方报告描述说：“由于濒临死亡的中毒者失去自控力，带着血丝的、水一样稀的液状物从病人的嘴里大口大口地流出来。病人死后，这种液状物产生的泡沫可能会干燥，从而在死者嘴边凝成白色的粉末。”据说，受害者每小时咳出的淡黄液体达 4 品脱之多，有病人咳了 48 小时后才死。

尽管英军的防毒兜帽有很多局限性，但为了应急，英军还是按以往的方式在织物中加入了新的化学物质，结果衍生出了很多新问题：P 兜帽会散发出十分浓烈的化学药品的气味，尤其在接触氯气的时候；戴上 P 兜帽后能见度很低，而且它的防毒功能还容易因降雨而失效；苯酚盐具有腐蚀性，会在额头和颈部引发严重的水疱，尤其在雨后，或因天气炎热、兜帽不透气导致佩戴者大量出汗时。最重要的是，P 兜帽只能防护浓度低于万分之一的光气，一旦德军将光气提到更高的浓度，这种防毒兜帽就会失效。

1915 年 9 月中旬，一份来自俄罗斯的报告称乌洛托品（六亚甲基四胺 ）是一种可以有效吸收光气的物质。然而，米尔班克的专家们没办法将这种物质与 P 兜帽结合起来。直到 10 月底，前雷丁大学农业化学教授塞缪尔·奥尔德（ Samuel Auld）上尉才利用阿布维尔（Abbeville ，法国城市，位于英军战线后方）的设备和乌洛托品重新浸渍了 P 兜帽。从 1916 年 1 月 20 日开始，英军所有的防毒兜帽都浸渍了苯酚盐和乌洛托品混合溶液，并被重新命名为“PH 兜帽”。到 1916 年 7 月，几乎全体英军都装备了这种兜帽。

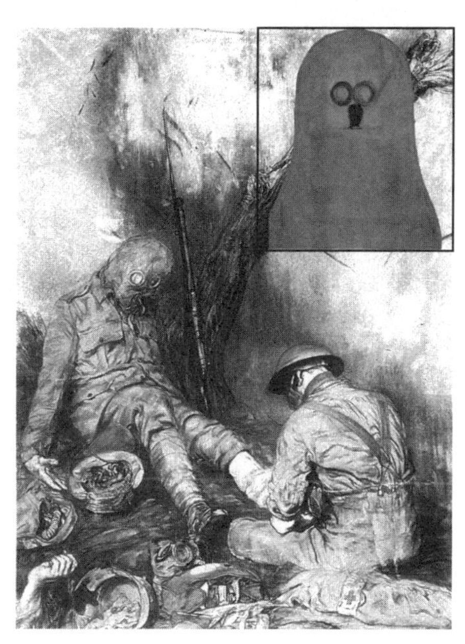

▲ *PH兜帽与佩戴者*

PH 兜帽的一种改型被称为“苯酚盐乌洛托品护目镜兜帽”，简称为“PHG 兜帽”，这种兜帽为了抵御催泪毒气，特别安装了一副海绵橡胶护目镜，由松紧带固定在佩戴者头部。PHG 兜帽从 1916 年 1 月 13 日开始装备英军炮兵，以保护其免受催泪毒气炮弹的困扰。最初，每门大炮配备 24 具 PHG 兜帽。

▲ *一名头戴PH兜帽的澳大利亚毒气哨兵与一口警钟，兜帽包挂在他的臀部后方，照片拍摄于1916年6月5日的博伊斯·格勒尼耶地区*

英国大型盒式防毒面具

如上所述，PH 兜帽的浸渍布只能阻挡少量毒气，如果德军提高光气的浓度，这种兜帽就会失去作用。而且有充分的线索表明德军会继续使用新型毒气发起攻击，到时候 PH 兜帽是招架不住的。1915 年 8 月初，英国牛津大学的化学讲师伯特伦·兰伯特（Bertram Lambert）发现用石灰和高锰酸钠颗粒可以有效抵御一系列毒气。他提出了自己的想法：把过滤颗粒分层装在一个盒子里。这种设计为米尔班克的专家们所接受。德军研发的 M15 式防毒面具也是基于同样的思路，使用木炭作为毒气吸收剂的，但这个设计对英国来说很难实现，因为英国国产的木炭质量无法达到要求。在英国，只有用来给糖脱色的骨炭数量较为充足，但它吸附毒气的效果没有德国的木炭那么有效。

兰伯特协同米尔班克的爱德华·哈里森（Edward Harrison）和约翰·萨德（John Sadd）想出了一种大量生产过滤颗粒的方法。哈里森是一名经验丰富的化学家，是设计新型有效防毒面具的关键人物，因此这种防毒面具也被称为“兰伯特式”或“哈里森之塔”。实际上，这种防毒面具的原型使用了英国陆军的水壶作为“盒子”（即过滤器），内部的过滤材料则分为三层：一层是石灰和高锰酸盐颗粒；一层是在硫酸钠溶液中浸泡过的浮石碎片；最后一层是骨炭碎片。这个“盒子”可以被装入一个背包内，再由士兵背在肩上，并通过一根波纹橡胶管与佩戴者的口鼻部相连。萨德为防毒面具设计了金属咬口，固定在佩戴者的牙齿上，其底部则连接着一个橡胶呼气阀。面罩以松紧带固定在佩戴者头部，它由多层布料制作，这些布料都曾浸泡在由哈里森研制的锌－乌洛托品溶液中；而在面罩内部，则配有一个鼻夹以防止佩戴者用鼻子呼气。此外，这种防毒面具还搭配了一副独立的海绵橡胶护目镜。

最终，这种“兰伯特式”防毒面具的官方名称被定为“大型盒式防毒面具”，也被称为“塔式防毒面具”。这是一套复杂的装备，军方将这种防毒面具的制造交给了诺丁汉博姿公司（Boots of Nottingham）。不久后，人们在实战中发现，这种防毒面具对步兵来说太笨重了！最早发现这一问题的是特别工兵连，他们在 1915—1916 年冬天就装备了大型盒式防毒面具。1916 年 2 月中旬，共有 7500 具大型盒式防毒面具被派发至西线英国远征军下辖的 3 个军，主要装备机枪手和炮兵部队。截至 1916 年 6 月，英国共计发放了 20 万具该型防毒面具。

当时，英军的主力防毒面具仍是织物兜帽，这在科学家中间引发了失望情绪。大型盒式防毒面具的装备数量非常有限，这促使他们建议当局必须立即扩大其装备

◀ 大型盒式防毒面具主要装备机枪手、炮手以及毒气部队成员，但图中所示的佩戴者是一名澳大利亚随军牧师——享有盛誉的沃尔特·德克斯特少校，照片拍摄于1916年6月5日的博伊斯·格勒尼耶地区。图中，德克斯特少校还佩戴了橡胶海绵护目镜，这种护目镜与防毒面具是分离的，用于防御催泪瓦斯

▼ 四种防毒面具的对比图，佩戴者为美军士兵，从左至右依次为：英国大型盒式防毒面具、法国唐蓬P2型防毒面具、英国PH兜帽、德国M15式防毒面具

范围。值得一提的是，英国毒气防御研究的三个关键性突破均诞生于米尔班克的皇家陆军医学院，除了之后于 1918 年发现的最后一个突破外，另两个已经发现的是：大型盒式防毒面具的发明；P 兜帽测试错误的发现——很可能导致 1915 年末皇家陆军医学院的负责人勒林（Lelean）遭到辞退。

1916 年，毒气战的发展

1916 年，德军的进攻

战争到了 1916 年这个阶段后，对参战的两方阵营来说，云状毒气攻击已经被看作消耗战的一部分，而不是突破敌军战线的利器了。实质上，其目的只是为了造成敌军伤亡并削弱敌军士气而已，因此只有小规模的进攻或突击行动还依赖毒气云。在整个 1916 年，德军共施放了约 20 次毒气，一开始按 80 ： 20 的比例混合氯气与光气，不久后就将比例改为 50 ： 50。

在协约国军不断改进防毒面具的同时，德军也在不停地调整战术，开始采用快速释放毒气的策略，这样就可以在短时间内产生密度极高的毒气云，只要吸入一口即可导致窒息，以防止受害者从震惊中恢复过来并戴好他们的防毒面具。所有的毒气攻击都选择在夜间或清晨实施，这时候毒气不易从寒冷的地表上升，而且不易被事先察觉。德军通常选择在前线比较安静的区域施放毒气，并在不同的战线之间互相转换，但准备工作总能露出破绽，给协约国军发出警告。快速释放毒气意味着攻击只能持续很短的时间，有时甚至只有 10 分钟。一旦士兵调整好防毒面具，毒气对他的伤害就十分有限，因此德军努力创造更密集的毒气云并加大光气的比重，试图使协约国军的防毒面具失效。

为了达成突然性，德军尝试了各种诡计。1916 年 4 月 27 日，在于吕什（Hulluch），尽管英军已经通过一些迹象得到了德军即将施放毒气的警告，包括一名德军逃兵的供述以及大批老鼠的反常出现，但德军还是用先施放无毒烟雾一个半小时、后施放毒气的伎俩奇袭了英军。无毒烟雾迷惑了英军，大量士兵在烟雾飘散后就丢弃了自己的 PH 兜帽，因此在接踵而至的、真正的毒气袭击下伤亡惨重。高伤亡率通常是由训练和防毒纪律太差导致的，包括士兵不堪忍受兜帽散发的强烈气味或因为太闷热而摘下了自己的兜帽；还有人在毒气云中丧失了理智，就如同在洛斯战役中一样。

总之，德军施放的毒气多次攻克了协约国军的防毒面具。在这些案例中，英军 PH 兜帽的局限性表现得非常明显。

在双方战壕接近带，因毒气产生的伤亡最为严重，一则士兵们没多少时间戴好他们的防毒面具，二则这里的毒气浓度最高。4 月 29 日，在毒气攻击过后的欣克（Kink），一条距离德军阵地只有 50 码远的协约国战壕中挤满了受害者的尸体。这条战壕中的士兵绝大部分死于中毒，即便他们都正确佩戴着防毒面具。同样在这次毒气攻击中，英军第 16 师也出现了受害者，他们都戴着 PH 兜帽。官方将损失归咎于糟糕的防毒纪律和一部分兜帽的质量问题——没有正确浸渍化学药物；但事实上，真正的原因是一旦光气达到了一定浓度，英军的防毒兜帽就无能为力了。防毒兜帽的失败清楚无误地表明：前线迫切需要正在研制的小型盒式防毒面具。1916 年 8 月 8 日，在伊普尔，德军对英军发动了本年度最后一次毒气攻击，很多英军新兵对此没有经验，而且他们在拥挤的战壕中很难戴好防毒面具。毒气云的密度是空前的，以致在距离战线 8.5 英里的波珀灵厄都不得不戴上防毒兜帽。在整个 1916 年，英军因云状毒气攻击而产生的伤亡共计 2796 人，其中有 893 人死亡。

4 月 29 日，德军针对于吕什的攻势遭受重大挫折。霍亨索伦堡垒的前线官兵对这一情况做了多次汇报，最终使毒气云攻击战术在德军指挥层心中迅速失宠。

不久后，德军又使用 3600 罐毒气发动进攻，但正在释放的时候风力突然下降，毒气慢慢飘回己方阵地，造成了不小的混乱和恐慌。第 36 工兵团的毒气工兵们没能第一时间关闭阀门，也没有命令战线最前方的步兵撤退——他们正预备发起突击。这些巴伐利亚步兵很多都只佩戴着简陋的防毒面具，其中一些还是损坏的，刚施放的毒气密度极高，足以令他们的防毒面具失效。最终，毒气造成了德国一方约 1500 人的伤亡。毒气工兵虽然刚刚装备了先进的 M15 式防毒面具，但情急之下没有时间一一戴好，导致他们自己也产生了伤亡。这次严重事故使毒气云攻击战术从此在步兵中声名狼藉，而且得到的回报也远远比不上其巨大的投入。

而对于法军率先使用的光气炮弹，德军迅速做出了反应：在凡尔登（Verdun）战场，将生产的致死性毒气炮弹投入使用，并先后于 3 月 9 日、4 月 4 日—5 日夜间在杜奥蒙（Douaumont ）进行了实弹射击。当时，德军已经决定要大力发展这种武器。作为光气的替代物，军方选择了毒性较低的变体——双光气，并将其填充到炮弹中，因为这种物质发生气化或泄漏的风险较低，而这两种状况都会干扰弹道。德国将这种炮弹称为“双光气”或者“绿十字”，后者是根据炮弹外壳上的彩色编码而得名的，其大规模生产始于 1916 年 4 月。

最初，德军试图复制毒气瓶施放时所产生的毒气云，但这需要耗费非常多的炮弹。5 月 7 日，在塔瓦讷（Tavannes）附近，德军使用了 13800 枚炮弹；5 月 19 日至 20 日，在沙唐库尔（Chattancourt），德军使用了 13000 枚炮弹。在凡尔登战役高潮期间，德军于 6 月 22 日夜间至 23 日清晨用 116000 发绿十字炮弹攻击了位于蒂欧蒙（Thiaumont）和苏维尔（Souville）的协约国军阵地，成功突破了法军的唐蓬防毒面具，并使其大部分炮兵陷入沉默。德军趁机攻下了不少阵地，但由于缺乏预备队，并未达成全面突破。不久后，德军在苏维尔进行了另一次尝试，这次共用了 63000 发绿十字炮弹，但并未取得上次那样的成功，因为法军机枪手装备了最新的 M2 式防毒面具，他们可以在毒气的笼罩下继续开火还击。其实在 1916 年初，德军就曾使用过绿十字战壕迫击炮弹，但这种武器在当时是非常危险和不受欢迎的。

▲ *佩戴M15式防毒面具，正在进行毒气施放演示的德军毒气工兵，照片大概拍摄于1916年，可见施放阵地上用沙袋筑成的围墙。图中约有14根毒气管，也就是说连接了14罐毒气瓶，因为每根毒气管只能用于一个毒气瓶*

▲ *跟随毒气云墙冲锋的德军士兵*

▲ *哈伯教授（前排左二）与德军高层视察毒气弹的准备情况*

▼ *德军使用的各型毒气弹*

1. T催泪弹
2. 光气或双光气弹
3. 双光气和喷嚏式毒气弹
4. T催泪弹
5. 芥子气炮弹
6. 喷嚏式毒气和氰化氢毒气弹
7. 双光气弹
8. 光气或双光气弹
9. 烟雾弹
10. 210毫米重榴弹炮的双光气和喷嚏式毒气弹
11. 光气弹
12. 氰化氢毒气弹
13. 普通榴霰弹
14. 燃烧弹

而在索姆河战役中，德军在7月进行了约12次绿十字炮弹射击；在8月至9月进行了9次绿十字炮弹射击，它们大部分落在了英军头上，造成后者2800人伤亡；而在10月到12月，德军分别进行了13次毒气弹炮击，造成英军大约1300人伤亡。英军伤亡数字的明显减小，很可能归功于小型盒式防毒面具的引进。

1915—1916年，法军的进攻

1915年，由于产量不足，法军用气瓶施放氯气的计划遭遇挫折。同时，军方对光气生产和装置的需求也十分迫切。此时，法军已经组建了专门的毒气部队——Z工兵连，指挥官是苏尔（Soulie）上尉。靠着慢慢从基层卫生兵中招募人员，截至当年11月，这支部队已经达到800人。12月初，Z工兵连计划在香槟战场发动首次毒气攻击，但由于地表过于潮湿，三分之二已经布设好的毒气瓶都废弃了。

到1916年时，已经很少有法国陆军高层对毒气攻击感兴趣了，原因之一是怕危害到德军战线后方的己方平民。当年2月到11月之间，Z工兵连只施放了24次氯气。其中，在兰斯北部的一次行动中，他们使用了1300或1400罐氯气；6月，在该地东部的另一次攻击中，只使用了不到1000罐氯气。1916年下半年期间，法军采用了数量更少但规格更大的毒气瓶来发动攻击。

除了毒气瓶之外，法军也使用毒气炮弹攻击德军。毒气炮弹相比毒气瓶，虽然没法产生大量的毒气，但优点同样显而易见：可以攻击某个特定目标；更容易达成突然性；更少依赖风力等自然条件。在法国的生产序列中，75毫米榴霰弹的数量最多，因此可以大规模改为毒气弹。1915年下半年，军方开始在战场上使用改装后的75毫米毒气弹。早期的法国毒气弹以陶瓷或搪玻璃取代榴霰弹原本的钢制内衬，直到1915年10月在法军总司令霞飞（Joffre）元帅的要求下，毒气弹才取消了内衬并在炮弹中填充光气。为了增加填充物的密度并利于观测弹着，生产商在光气中混入了烟雾，但这也同时降低了毒性。在12月29日的一次实弹测试中，只有20%的试验动物死亡，结果令人失望，但仍然强于之后在1916年2月19日和21日进行的两次试验。1916年2月21日，在德军进攻凡尔登的揭幕战当中，法军在前线使用了少量毒气弹，从敌方反馈来看有一定效果，至少达到了让德军做出相关报告的程度。

根据法军记录，首次光气炮弹实战射击发生在1916年3月，打击对象是凡尔登以东的德军阵地。这种致死性毒气弹的使用是化学战发展史上的一个重要里程碑。此外，法军还研发了文生毒气（Vincennite），这种毒气的主要成分是氰化氢。由

◀ *1916年，佩戴M2式防毒面具的法军炮手正在操作一门90毫米M1877榴弹炮。在当时，要想压制敌方炮兵，最有效的武器就是毒气弹。照片中，一些炮手携带着锡制的防毒面具罐，另外一些则携带着布制的防毒面具包*

◀ *1916年7月12日，在索姆河战役中，法军发动了一次大规模氯气攻击。图中显示，毒气扫过了德军的战线，但是在该地区早些时候的一次氯气攻击中，风向突然改变，毒气被吹回了法军阵地，造成己方204人伤亡*

于氰化氢比空气轻，需要加入一种添加剂使之重于空气，专家们选中了三氯化砷。发起索姆河攻势的时候，法军共使用了 3 万枚 155 毫米毒气炮弹。不久后，法军改为用文生毒气弹不断压制德军炮兵。其中，10 月 9 日至 10 日夜间，在索姆省的普雷苏瓦尔（Pressoire），法军使用了 4000 枚 75 毫米毒气弹和 4400 枚 155 毫米毒气弹。同一个月，在两次针对凡尔登杜奥蒙堡垒（Fort Douaumont）入口处的炮击行动中，法军使用了 3000 枚 155 毫米毒气弹，每次炮击时长都超过 38 小时。从俘获的德军逃兵口中得知，这些毒气弹作用甚微，随后法军增加了发射频率和持续时间，并选择更精确的目标开火，而不是在广阔的区域内漫无目的地炮击。

不论是德军还是英军都认为文生毒气没什么效果，但法军坚持使用它，一直持续到战争结束。

1916 年，英军的进攻

1916 年，英军最常用的化学攻击方式仍然是用气瓶施放毒气，部分原因是福克斯的个人钟爱，更多的却是由于炮弹的持续短缺。1915 年秋，英军决定采用按 50 ∶ 50 比例混合的氯气和光气的混合气体，并将其命名为“白星”，但直到 1916

年 4 月前夕，毒气的产量才达到要求。在整个 1916 年，英军施放毒气的规模都小于德军。1916 年 1 月，几个月前刚刚晋升为英国远征军总司令的黑格将特别工兵连扩编为一个旅，仍由福克斯指挥。截至 5 月，特别工兵旅的总兵力达到了 5500 人，每个连都配备了斯托克斯迫击炮和火焰喷射器。

在即将到来的索姆河攻势中，特别工兵旅虽然没有直接参与，但也在战役筹备

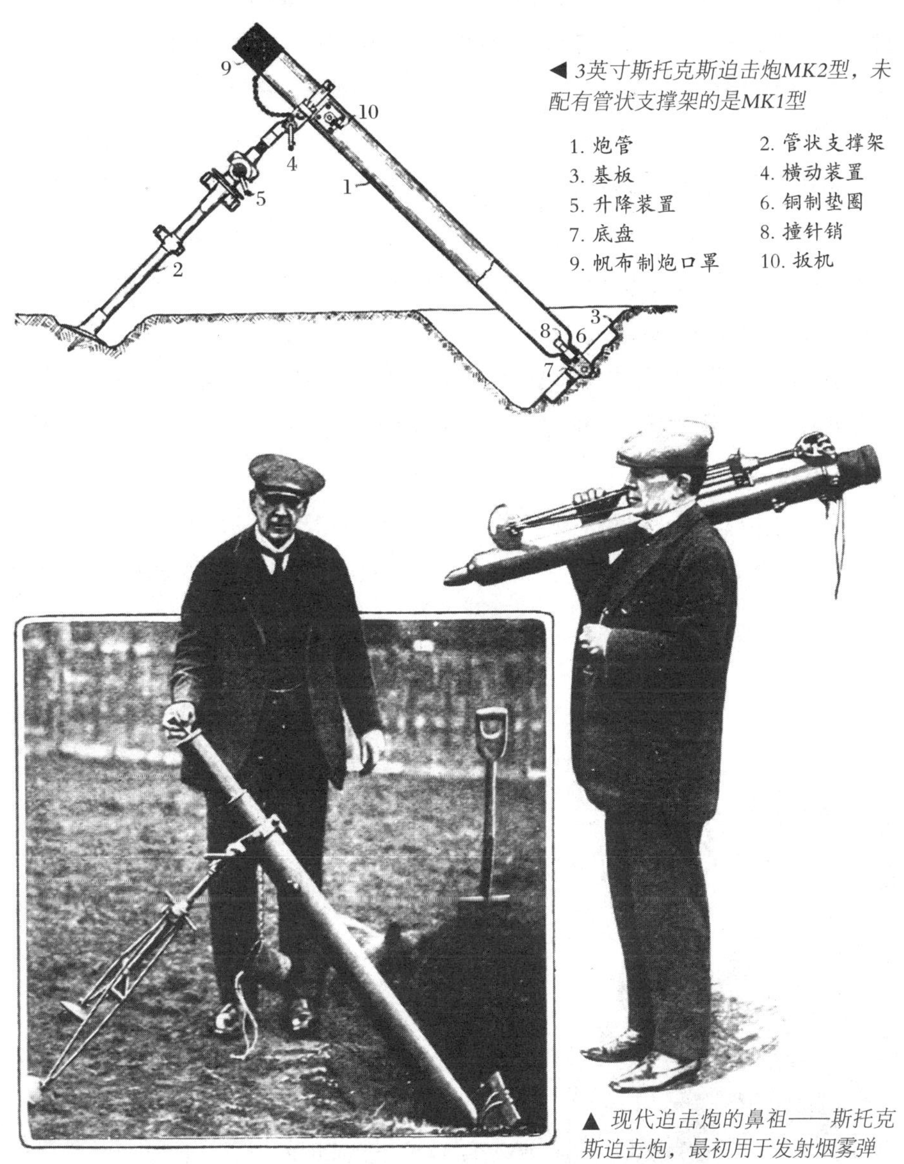

◀ 3英寸斯托克斯迫击炮MK2型，未配有管状支撑架的是MK1型

1. 炮管　2. 管状支撑架
3. 基板　4. 横动装置
5. 升降装置　6. 铜制垫圈
7. 底盘　8. 撞针销
9. 帆布制炮口罩　10. 扳机

▲ 现代迫击炮的鼻祖——斯托克斯迫击炮，最初用于发射烟雾弹

阶段以及削弱德军防守力量的过程中扮演了重要角色。5月到6月，他们沿着整条英军防线的各处要点布设了24000个毒气瓶。发起总攻的是罗林森（Rawlinson）将军麾下的第4军，最初计划在总攻时将12000个毒气瓶部署在他的战线上，但由于天气的限制，这些毒气瓶没法同时施放，特别工兵旅只能分散地发起攻击。6月26日至30日，在索姆河协约国军的攻击正面，特别工兵旅发动了17次独立的毒气攻击；6月27日至7月1日，他们又在其他方向上发动了13次毒气攻击。总攻之日，特别工兵旅并未在第4军的突击方向上施放毒气，但仍然在保证安全的前提下留在索姆河战场上，因为英军发动突袭时经常需要他们的掩护。截至1916年11月末，特别工兵旅共参加了110次攻击行动，使用了38600个毒气瓶，施放了大约1160吨毒气。

斯托克斯迫击炮首次投入实战是在洛斯战役，在索姆河战役中它也有不俗的表现，但遗憾的是常常受到弹药短缺的制约。虽然迫击炮本身的结构比较简单，但它的炮弹却很难制造，因而只有在7月1日的一次行动中，斯托克斯迫击炮才有机会大放异彩，它们发射的烟雾弹成功掩护了英军步兵从德军机枪手的眼皮底下安全通过。有经验的炮手可以在很短的时间内连续发射15枚炮弹，但以这样高的频率发射，会在几分钟之内就把全部4300枚红磷弹消耗光；那样的话，这一天中余下的时间就没法再提供支援了。

在8月16日和21日英军对吉耶蒙（Guillemont）发动的攻势中，特别工兵旅的烟雾弹再次发挥了作用。早在1915年7月，福克斯上校就要求国内生产SK催

▲超口径迫击炮弹，可以由2英寸战壕迫击炮发射，绰号“焦糖苹果”。由于毒气弹不足，英军在这种炮弹内部填充了白星

◀特别工兵旅C连的马丁·福克斯中士与毒气瓶，照片拍摄于1916年的于吕什地区。福克斯的连主要承担毒气云攻击任务，1916年10月5日夜间，C连使用2527罐氯气和光气对德军发动了大规模攻击

泪瓦斯弹，但直到1916年9月这种可以由斯托克斯迫击炮发射的炮弹才被运抵前线，随后于9月24日被投入到弗莱尔（Flers）和蒂耶普瓦勒（Thiepval）的作战行动中去。作为权宜之计，军方对超口径迫击炮弹——由2英寸战壕迫击炮发射的炮弹“焦糖苹果”进行了改装，在其内部填充白星。9月2日，英军将这种新型毒气弹投入了海伍德（High Wood）、蒂耶普瓦勒以及博蒙特哈默尔（Beaumont Hamel）战场。

英军的另一种关键武器——李文斯毒气抛射炮，出现于索姆河战役期间。发明者威廉·李文斯（William Livens）是一名查塔姆群岛的实习信号官，他坚信自己的妻子在搭乘卢西塔尼亚号邮轮时死于德军潜艇的鱼雷攻击，发誓要杀够1100名德国人，因为这是当时随船沉没的乘客及船员人数。他开始试制各种毒气抛射装置和喷火设备，甚至在知晓妻子并未搭乘那艘邮轮之后仍然继续这个工作。1916年初，李文斯被任命为特别工兵旅Z连（火焰喷射连）的指挥官；7月1日，他设计的巨型固定式火焰喷射器出现在了索姆河战场。

在随后的几天内，李文斯和Z连的另外一名军官——哈里·斯特兰奇（Harry Strange）共同研制了一种简易迫击炮（抛射炮），用来抛掷油桶。这种简易迫击炮可以摆成一排埋在地里，只露出炮口，并且可以用电力同时击发。由于觉得这种武器太过危险，英军官方不愿在索尔兹伯里附近的波顿（Porton）化学武器试验场测试它，但Z连却将其率先投入了实战：7月23日，在波济耶尔（Pozieres），Z连使用20尊抛射炮发射了大量燃烧油桶；8月18日和9月3日，为支援英军在海伍

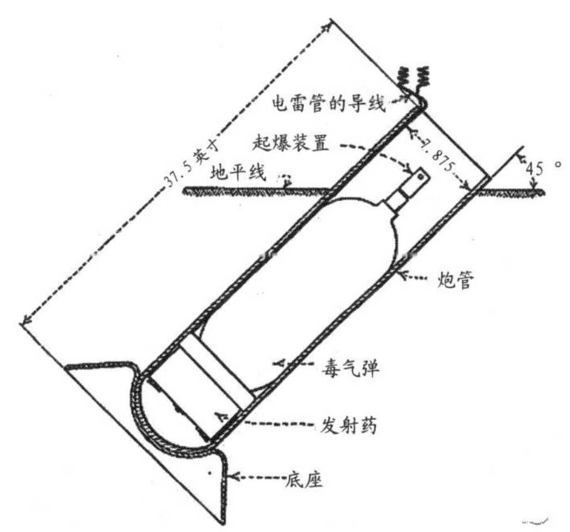

▲ *李文斯毒气抛射炮结构图*

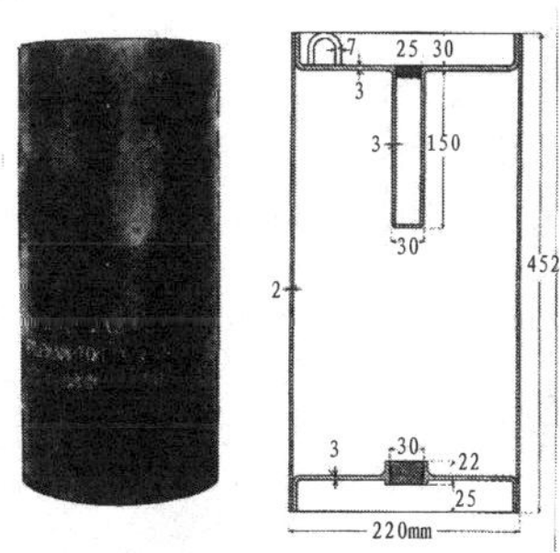

▲ *李文斯毒气抛射炮最初使用的炮弹，其内部填充了白星，即按50：50比例混合的氯气和光气。1916年10月，这种炮弹在索姆河前线投入使用*

德的攻势，Z 连使用该抛射炮展开了更多行动。不久后，李文斯灵机一动：同样的原理，抛射炮是否可以朝敌军抛掷完整的毒气瓶呢？ 10 月 28 日他率领 Z 连进行了试验，向德军据守的 Y 峡谷和赛尔（Serre）地区抛射了 135 个 40 磅重的“毒气瓶炸弹”，为两周后英军攻占这些阵地立下了汗马功劳。李文斯管他的抛射炮叫“判官”，在清点完德军阵地上毒气受害者的尸体之后，他宣称只要大规模装备这种抛射炮，就能将杀死每个德国人的成本降至 16 先令……

▲李文斯发明的、可以同时施放四罐毒气瓶的设备特写

▲改进后的李文斯毒气抛射炮炮弹

▲ 1916年8月的皮舍维莱尔，英军工兵正在进行毒气施放演习。图中这种一端连接四罐毒气瓶、另一端连接毒气管的橡胶软接头由李文斯发明。在未经上级批准的情况下，他就把这种设备直接投入了实战，但结果证明其非常有效，英军毒气部队几乎立即在所有行动中使用了这种设备。另外需要注意的是，图中官兵装备的是大型盒式防毒面具

▲ 李文斯设计的大型火焰喷射器，照片拍摄于布雷斯劳的一条战壕中

总之，在整个 1916 年，英军对毒气弹的使用一直受到炮弹产量不足和填充化学物质缺乏的双重阻碍。截至当年年末，英国只有 16 万枚毒气弹被生产出来，其中包括 1 万枚 SK 催泪瓦斯弹。这些于 1915 年 10 月订购的毒气弹，在 1916 年 4 月才交付到前线。英国的毒气攻击严重依赖三氯硝基甲烷（缩写为“PS”），因为这种物质更容易生产。PS 是一种略带甜味的液体，在常温下会很快蒸发，可以在弹坑中留存大约 3 个小时。PS 不论是作为一种催泪瓦斯还是一种致死性毒剂都很有效，但它的毒性不如光气，其最大的优点是可以渗透大多数防毒面具。早在 1915 年 8 月俄军就使用了这种毒剂，德国人紧随其后，并将其命名为“氯化苦”（Klop）。

在索姆河战役初期阶段，除上述毒气弹以外，英军手中唯一一种可用的致死性毒气弹只有“吉列特”（Jellite），由当时著名的烟花制造商 F.A. 布洛克（F.A.Brock）发明。为解决氰化氢过快分散的问题，布洛克将三氯甲烷和纤维素乙酸酯加入氰化氢的水溶液当中；因此，吉列特类似法国的文生毒气，但它的毒性甚至比后者更低。

协约国在发起索姆河攻势之前，先进行了长达 7 天的炮击，这对弹药的消耗是

空前巨大的。5 月 16 日，黑格要求：将 20000 枚供 4.5 英寸榴弹炮使用的毒气弹、4000 枚供 4.7 英寸加农炮使用的毒气弹以及 16000 枚供 60 磅炮使用的毒气弹，于 6 月 15 日之前运抵前线；此外，还要再准备之后一周的弹药。虽然这次行动对毒气弹的需求量并不算大，但最终也没能提供全部所需。在揭开战役序幕的炮击行动中，英军共发射了 1732873 枚炮弹，其中只有 3772 枚是毒气弹（SK 催泪瓦斯）。7 月 17 日，黑格要求“任何能用大炮发射的毒气弹”都要送到前线，因为当时的状况是他手头的毒气弹大部分是从法国人那里借来的，英军发动毒气攻击的次数只能取决于从法军借来的文生毒气和光气弹的数量——这是个相当尴尬的局面。7 月 31 日，黑格将要求改为每周提供 3 万发毒气弹。

在整个索姆河战役期间，英国远征军的高层都在苦苦思索如何把德国守军从他们的战壕、碉堡和地下工事中赶出来。直到当年 11 月战役结束之前，这个问题都一直困扰着英军。8 月，一条新命令规定：所有 6 磅炮发射的毒气炮弹都要被投入到压制德军炮兵的任务中去。但实际上，这些装填了 SK 催泪瓦斯的炮弹更应该用于攻击德国人的地下工事和坑道，这样当德军暴露于地面时，就可以用榴霰弹杀伤他们。在英军的化学武器中，SK 可以使一片区域长时间无人停留；吉列特可以在步兵发动一次突击之前压制敌人并迅速起效；PS 可以暂时渗透敌军的防毒面具，消耗其解毒剂，并为接下来的进攻开辟道路；而白星则对杀伤敌军人员最为有效。被 SK 毒气弹集中轰击过的地方，不但地下坑道和工事中没法驻留人员，地表也处

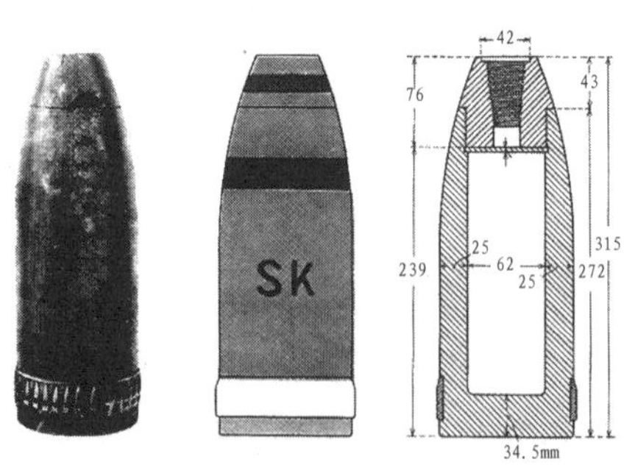

▲ *英国4.5英寸榴弹炮使用的SK催泪瓦斯弹。1915年9月，这种最初采用铸铁外壳的炮弹首次投入实战。炮弹上部的环和字母“SK”被漆成红色，中部的环则被漆成绿色*

▲ *正在装填抛射炮炮弹的英国工兵，注意其携带的大型盒式防毒面具*

▲ *1916年8月，索姆河战役中的英军4.5英寸榴弹炮炮组成员。其中，左侧4名炮手装备着PH兜帽，右侧2人装备着大型盒式防毒面具*

于染毒状态，而且持续时间超过 12 小时，这让英军自己也很难占领这些阵地。据英军专家估计，要想攻克德军一座要塞化的村落，需要装填 SK 的 4.5 英寸毒气弹 4950 枚、装填 PS 的毒气弹 6200 枚，或者装填白星、吉列特的毒气弹 7425 枚。英军需要更多的白星，因为这种化学武器既具有较强的杀伤力又能在短时间内飘散，更适于与步兵攻击相结合。英军首次大规模使用白星是在 9 月 13 日至 15 日的弗莱尔－库尔瑟莱特（Flers–Courcelette）战役中，当时他们共发射了 9000 枚毒气弹——只占总量的很小一部分，该次行动中英军共发射了 41 万枚高爆弹。

德国橡胶防毒面具的改进

协约国军对光气和催泪瓦斯的大量使用，促使德军重新设计了线条面罩，并对 26/8 型单层过滤器进行了改进。1915 年 11 月，威尔斯泰特制造了一种三层过滤器。相比 26/8 型单层过滤器，新型过滤器的最外层保持不变，只是增加了一个容纳针叶树木炭颗粒的中间层，用于吸附有机物和光气；还增加了一个内层，容纳用氢氧化钾和乌洛托品处理过的硅藻土，用来对付未被木炭吸收的光气。这种标记为“11/11”的新型过滤器于1916年1月末开始配发部队，到4月已全部配发完毕。

与此同时，德国专家对防毒面具本身也进行了改进，提升了与佩戴者脸型的契合度，因为以往经验证明脸瘦的人很难佩戴它。具体的改进步骤是：在防毒面具中加入一个贴近面部线条的布制框架，这样就可以保证更好的气密性，因此改进后的型号被称为“框架防毒面具”（Rahmenmaske）。此外，新型防毒面具还在上方增加了几条松紧带，呈“Y”字形跨过佩戴者的头顶。不久后，第三项改进措施开始实行：将防毒面具划分为四种尺寸，以号码的形式印在面具前部。值得一提的是，新型三层过滤器的金属螺纹直径从原来的10厘米缩小到8厘米，这使得防毒面具内的空气体积也相应减小，因此佩戴起来更加闷热。

随着法军光气炮弹用量的不断增加，虽然11/11型过滤器被认为是有效的，但

▲ *1916年1月，佩戴M15式防毒面具早期型号的德军官兵。注意他们携带的防毒面具罐*

▲ *M15式的改进型——框架防毒面具，注意其安装了11/11型过滤器*

◀ *图中所示的是一具后期型（1917年式）框架防毒面具，是M15式防毒面具的改进型，不久后，制作防毒面具的材料就从图中的不透气棉布改为了皮革。同样是在1917年，防毒面具上的松紧带也改为了用布包裹的弹簧钢丝。图中的防毒面具是奥地利生产的，安装了一具生产日期为1918年1月的11/11型过滤器。在过滤器上可以清晰地看到三道互相平行的棱，内部是三层滤材——这是这种过滤器最大的识别特征。注意防毒面具罐上的短皮带*

毒气仍然会造成德军伤亡，因为毒气从炮弹中逸出很少的量或根本没有预警时，受害者通常无法及时戴好防毒面具。为解决这一问题，前线部队开始自己动手制作一种可以随身携带过滤器的防毒面具罐。其中有一部分防毒面具罐是用罐头盒进行改装的，以便将过滤器塞到里面随身携带，这样就可以将防毒面具一直挂在胸前，在必要时只需迅速戴好防毒面具并掏出过滤器拧紧即可。大约在 1916 年 4 月，一种特制的防毒面具罐被生产出来，其内部可以容纳已经拧好过滤器的防毒面具。5 月，法军不停地用光气炮弹轰击德军阵地，德军重炮的炮手们被迫长时间佩戴防毒面具，这让他们感到精疲力竭。不久后，德国人对过滤器进行了改进，以减少呼吸时受到的阻力。改进后的过滤器中装入了大量的碳酸钾颗粒，于当年 6 月配发给炮手等需要长期佩戴防毒面具的人员。1916 年夏天，德军又引入了“绿十字目镜”，原理是在防毒面具目镜的内侧刷上一个涂层，以防止其起雾模糊，但这些措施只取得了部分成功。

法国 M2 式防毒面具

随着德军将大量同时装有催泪瓦斯和窒息性气体的混合毒气弹投入作战，法军的唐蓬防毒面具变得越来越不合用。前线部队开始自行将护目镜与防毒面具连在一起以利于迅速佩戴，但是这并不能保证足够的密封性。只要有微量催泪瓦斯渗透防毒面具的衬垫，就会对眼睛产生严重刺激，法军最高统帅部不得不禁止了这些私下的临时改装。1915 年 10 月，法国的专家们对一系列新型防毒面具和浸渍剂进行了测试。到 11 月时，专家们已经将浸渍了蓖麻油酸钠和对氨基苯磺酸钠的衬垫加入到了唐蓬防毒面具里，但最终他们选择了一名巴黎运动用品商人雷内·路易斯·格拉沃罗（Rene Louis Gravereaux）于当年 9 月份提交的新设计——一种完全覆盖面部的防毒面具，并决定立即投入生产。

格拉沃罗的设计采用了一张更宽、更厚的衬垫，并与一副目镜和一张防水盖布相结合。同早期的唐蓬防毒面具一样，新型防毒面具衬垫的底部也形成一个口袋，兜住佩戴者的下巴。1916 年 2 月 6 日，法军订购了 60 万具这种 M2 式防毒面具，并从 3 月开始正式配发部队。M2 式防毒面具的目镜由水解纤维素或玻璃纸制成，据研究，这两种物质均具有良好的吸水性，可以消除镜片上的水雾。新型防毒面具可以在短时间内迅速戴好，并用松紧带和棉带进行固定。最初，法国只生产了一种尺寸的 M2 式防毒面具，因此头部尺寸异常的士兵只能继续佩戴唐蓬防毒面具和护

▲ *一名佩戴M2式防毒面具2型的法军医务官。M2式防毒面具2型在高浓度的光气中，至少能保护佩戴者长达5个小时，但是佩戴这种防毒面具会感到非常不舒服，因为不论是呼气还是吸气都要通过防毒面具的衬垫*

目镜。刚配发的时候，法军通常将M2式防毒面具收纳在统一的金属容器中，但必须折叠放置，这使不少目镜在这一过程中被损坏。

针对上述缺点，专家们进行了改进，于1916年4月推出了采用两片圆形目镜的M2式防毒面具2型。圆形目镜起初被分为两层，外层由玻璃制造，内层由玻璃纸制造。然而，试验证明，防毒面具在佩戴半个小时后，目镜就会起雾，而且内层目镜难以擦拭。专家们只能将其更换为单层但较厚的玻璃纸或醋酸纤维素镜片，并刷上防雾涂层。M2式防毒面具2型共有三种尺寸。从1916年5

▲ *法军装备的三种防毒面具的对比照片，从左至右依次为：C2式防毒面具、M2式防毒面具和唐蓬P型防毒面具*

月到 11 月，法国一共生产了 620 万具 M2 式防毒面具 2 型。由于其后续改进型生产的延误，整个 1917 年法军仍然佩戴着这种防毒面具，甚至直到 1918 年 8 月还在使用。

▲ *图中所示的是小型盒式防毒面具的过滤盒，可以清楚地看到进气阀。这种进气阀由一个橡胶阀瓣与穿孔金属板的中心轴相连，过滤盒的外壳呈波纹状，这是为了确保气体可以均匀地通过过滤材料。过滤盒被漆成了黑色，并一直使用到1917年7月引入新型的NC过滤器为止*

英国小型盒式防毒面具

至于英军方面，大型盒式防毒面具的成功及前线的广泛需求促使英国的专家们继续研制一种更为紧凑的型号。爱德华·哈里森、约翰·萨德和其他米尔班克的专家们共同设计了“小型盒式防毒面具”，这种新型防毒面具可以由一名步兵轻松携带，而不会成为他过重的负担。专家们缩小了大型盒式防毒面具过滤器的尺寸，内部结构调整为将石灰和高锰酸钾颗粒填充在两层骨炭中间，这样既可以过滤窒息性毒气，例如光气，又能过滤毒性较强的催泪瓦斯。防毒面具的金属咬口通过一个黄铜制的直角接头与波纹橡胶管连接，另一端则配有一个呼气阀，并在连接处设置了一个法兰，以阻止唾液顺着橡胶管流入过滤器内，使其顺着呼气阀排出。像德国一样，英国的小型盒式防毒面具也被分为四个尺寸，尺码以数字的形式印在面具前部。

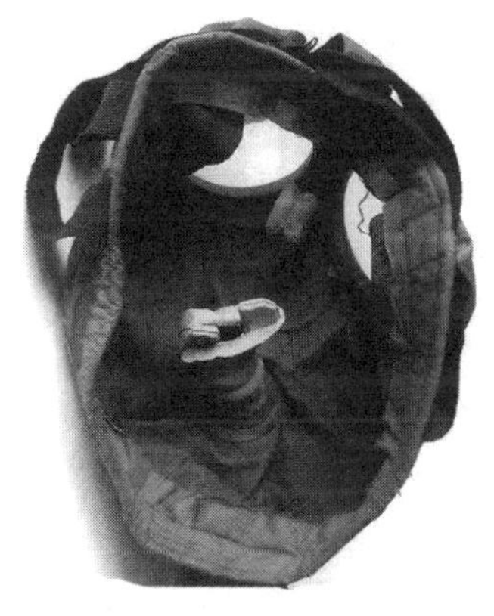

▲ *小型盒式防毒面具的内部照片。可见在呼气管的管头处有一个橡胶牙垫，可以将其固定在牙齿上；还有一个鼻夹，用于阻止佩戴者用鼻子呼吸，防止意外吸入毒气。仿造德军的设计，英军小型盒式防毒面具也采用了橡胶制的防水材料来保护佩戴者，而且将保护眼睛的护目镜嵌在防毒面具上，还可以折叠，使佩戴者不需要脱掉防毒面具即可以从内侧擦拭镜片*

1916 年 5 月，小型盒式防毒面具的原型被制造出来，一些样品被送往法国与德国防毒面具进行对比。1916 年 6 月 16 日，英军下了第一笔订单，共订购了 10 万具小型盒式防毒面具，不久后又将订单数提升至 50 万具。为了进行测试，前线的每名士兵都在戴好这种防毒面具之后，单独进入一个房间，暴露在催泪瓦斯下长达 5 分钟。

1916 年 8 月底到 9 月 19 日，伊普尔的英军第 2 军率先装备了小型盒式防毒面具；10 月末，第 1 军也配发了这种防毒面具；其他各军的换装工作在之后陆续完成，所有大型盒式防毒面具和 PHG 兜帽均退出现役。换装后，每名英军士兵只携带一具小型盒式防毒面具和一个备份的 PH 兜帽。直到 1918 年 2 月，小型盒式防毒面具才从一线部队退役。

此外，1916 年底，兼具研究和组织能力的爱德华·哈里森被任命为反毒气部门的领导人。

一战初期毒气战术的总结

纵观一战初期毒气战的技术要领，同盟国和协约国两方相差无几，但两大阵营对毒气的战术运用则各有特色。

德军早在毒气攻击初期，就已集中使用毒气，以密度极大的毒气云奇袭协约国军，其精髓在于无论对方是否进行了防备，都会因为毒气云的浓度惊慌失措。针对防护较为先进的英军，德军更注重突然性，力求将毒气云迅速转移到对方阵地。在西线，尤其是在 1916 年 2 月 21 日的索姆河战场和当年 5 月 19 日的香槟战场上，德军的毒气攻击皆收到了不错的效果；在东线，德军的毒气攻击针对防护不良的俄军则更为有效，多次在毒气的帮助下突破俄军阵地。

协约国方面，则更喜欢采用多个毒气攻击波来扰乱德军，常制造局部的、密度较小的毒气云，因此效果总体上不如德军。但实际上，英军在毒气战术上的进步并不小于德军。1916 年，英军在索姆河北部至海岸的战线上频频施放毒气，但大都由于规模小和保密不良的缘故，没有达到预期的战果。

随着同盟国和协约国两大阵营毒气防御装备的不断进步，双方对毒气攻击提出了更高的要求。具体做法是，继续增大毒气的浓度（增加毒气瓶数量），并缩短毒气施放的时间。德军方面仍旧使用浓度较大的毒气云，在同一地点以 3 次以上的攻击波急袭协约国军；协约国军则以更多的毒气攻击波（4 次以上）攻击德军。其中，俄军曾使用 8—10 个攻击波（1916 年 10 月下旬在巴诺维契），英军曾使用 11 个攻击波（1916 年 10 月在索姆河），次数远远多于德军。但同时，协约国的毒气施放时间也变得越来越长。在西线上，一小时乃至一天以上的毒气施放攻击都有，协约国军企图借此消耗德军防毒面具的吸收剂，使之最终无效。然而，从效果来看，还是德军的急袭更为出色，协约国军分散且持续的毒气施放对防护技术进步的德军来说并无多大作用。

下面以第一次世界大战初期的技术程度为基础，综合战史对毒气战术的特性做以下总结。

首先，毒气施放受天候及地形的影响非常大。故而当风向和地形有利时，断然采取行动是非常有必要的，若拖延攻击时间，敌军很可能会察知企图，使战果锐减，还可能因为天气的急剧变化令攻击化为泡影。因此，发动攻击之前的侦测对毒气施放具有重大意义。

1916 年的德国第 1 军在毒气施放方面积累了宝贵的经验，它在报告中有如下叙述：

“毒气工兵，除了精通化学的人士之外，还应该配备气象学者，至少要有气象学者的专门知识，并兼具战术眼光和大决断力。事实上，发动攻击之前，常常要进行数次无效的准备工作。即便这样，也可能在最后关头因为天候不良，最终放弃企图。有时只能将布设好的毒气瓶重新挖出来，改运到其他地方，这些问题会对指挥官的威信造成损害。毒气工兵自身的行动也受制于敌军炮火。在施放毒气时，处于战线后方等待出击的部队极易造成军纪松弛。除了这些因素外，假使毒气施放的正面过窄，则敌人很容易转移到其他阵地进行防御；如要扩大毒气施放的正面，则需增大毒气量，同时延长毒气施放时间，毒气攻击波次数也需相应增加。甚至在某个局部区域，容易因风向导致毒气逆流，造成己方官兵伤亡。”

1916 年 10 月至 11 月，在佩伦（Peroun）到亚尔伯特（Albert）之间，德国第 1 军发动了毒气攻击，报告如下：

“英法两军，由于西风和西南风的有利因素，率先对我军发起毒气攻击。我军方面，假使地形、天气良好，可随时发动毒气进攻，但也有遭到敌人攻击的危险。因此，随着技术的发展进步，毒气施放这种手段的价值逐渐降低。而且在准备施放毒气的过程中，有时等待天气转好的时间长达数星期，很容易被敌人察知企图，并被炮击，以至将我军辛辛苦苦准备的毒气瓶全部破坏，这是毒气施放最大的缺点。此外，大雨和太阳暴晒也能减弱毒气的效能，阻碍毒气进一步发挥战力。”

由此可见，第一次世界大战初期，各国将毒气施放的时间不约而同地选在风向稳定且无太阳直射的夜间或拂晓，绝非偶然。地形方面，毒气瓶置于地势较高的地方，使毒气流经敌军谷地最为有利，因此德军在西线战场发动毒气攻击最多的战线是在理姆斯东西两翼——协约国军队驻守在理姆斯东部谷地。值得注意的是，毒气云在飘向敌军阵地的时候，中途不能经过深谷、庄稼地、森林或沼泽，这些都会严重影响毒气的效果。至于对敌军据守的山丘高地，一战初期的毒气攻击只能达到围困效果，因为到了高处，毒气云的浓度会变得稀薄，无法发挥战斗力，攻击高地的敌人只能仰仗技术水平的进步，也就是大规模采用毒气弹射击。

1916 年 5 月，德军在奥伯里夫（Auberive）以东对俄军阵地（处于谷地）发动毒气攻击，收到了奇效，但同时对驻守在博伊斯·拉谢斯（Bois la Chaise）高地的法军发起的毒气攻击效果却要差很多。

其次，毒气施放的准备工作耗时长、难度系数高。施放毒气表面上看很简单，然而在准备过程中，需要耗费大量人力、物力以及时间，而且企图很容易被敌人看穿。一战初期，德军发动一次毒气攻击的平均准备时间需要 7—11 个夜晚。英军曾在报告中总结道：

“德军在战争中期就很少采用施放毒气这种有效的攻击方式了，这要归因于它需要消耗极大的人力和物力。视其预定攻击的阵地大小和地形之难易等，准备的时间需要 2—6 个夜晚……现在仅以将 2000 个毒气瓶部署到 2 英里长的战线上所需劳动量为例：这些毒气瓶不得不预先布置到战线后方的数条道路与交通壕的交叉点上，这种地方只能在入夜后乃至拂晓时采取行动，且不能集中大量马匹和汽车进行搬运——共计需要 5000 部以上脚踏式装卸车和 90 辆以上常用的四轮马车。在搬运的过程中还要随时注意防御敌军炮弹的袭击，因为装卸毒气瓶的场地通常是堆放补给物资和建筑材料的集散地，这些普通物资与毒气瓶经常需要同时装卸(非常危险)。将毒气瓶从后方运送至前沿战壕，以最常见的战壕结构来说，要通过 1—1.6 英里路程，途中每个毒气瓶至少要配置 4 名士兵，也就是说 2000 个毒气瓶同时搬运需要 8000 名官兵的庞大部队。运抵前线后，要在堑壕这么狭窄的地方于深夜布置这些毒气瓶，需要专门训练的特种连，但即使是他们也需要克服极大的困难……德军要想布置 12000 个毒气瓶发动毒气攻击，至少需要一个团的兵力连续工作 3—5 个昼夜。”

吸取战争初期德军毒气攻击的经验和教训，英美军队于战争末期将毒气瓶用铁道小车运送至靠近战线的地方，还发明了一种可以由单兵携带的毒气圆筒，以解决毒气瓶运输的问题，但准备时间仍然比较长，且步骤烦琐，尤其在发动大规模进攻的时候。

另外，德军于伊普尔战场发动的首次毒气攻击，是由货运列车装载毒气瓶在黑夜的掩护下从德国内地出发，利用发达的铁道网将其运送至战场附近的。德军频繁发动毒气攻击的地区，都没有离交通枢纽太远。而且，即便当时的德国化学工业居世界第一，依然需要没收工业家平时储藏的液态氯总量的一半以作军用。德军在首次毒气攻击中共计消耗液氯18000公斤，至1916年秋，其在毒气攻击上的消耗仍能达到每个月40万—50万公斤。美军在西线发动反攻的时候，也是准备了长达半年的时间才能发起毒气攻击。

最后，必须设法隐藏己方的真实企图。在发动攻击之前如何掩盖自己的企图，同样是个难题，必须隐藏的要素包括：其一，施放阵地及其他特种设备，例如习惯将毒气瓶部署在一线阵地的英军，将铁道小车藏起来不让敌人侦察到是非常重要的；其二，施放毒气时发出的特殊声音和臭味，这些在毒气云流动速度缓慢时，很容易被敌军查知，从而有针对性地完成防护准备。因此，德军在发起毒气攻击前，一方面想方设法隐蔽自己的企图，另一方面则以最大密度的毒气云迅速遮蔽协约国军，且不断实施欺骗性战术，从而瓦解对方的抵抗。法国珀尔勃罗少校曾报告：

“当天气和地形适于敌军发动毒气攻击时，我军需要严密警戒。敌人发动毒气攻击的前兆是白天静默，夜间完成毒气施放所用器械的准备。一般可以侦察到敌军阵地上有新的土工作业或者配置沙袋等。从空中侦察照片来看，敌散兵壕附近通往后方的地域上出现大量新的车辙印，或出现新的工事，均应该特别警惕，尤其是呈直线形的新工事，因为敌人常将毒气瓶部署在这样的阵地内。敌人在毒气施放点附近，常放出烟尘，以测定风向与风速，这也是一个明显特征。毒气瓶在搬运及部署时，因互相碰撞，会发出连续的金属撞击声……敌人发动毒气攻击前夕，昼间或夜间常有小片毒气云飘荡或闻到氯气的臭味……敌人施放毒气初期，发射装置发出的锐利声音，可作为最明显的预警信号，而且这也是能在夜间感知敌人施放毒气的唯一破绽。敌军在布置毒气瓶的时候，常迫使数以百万计的老鼠窜过无人地带，这也可以作为一种警报。”

防御的一方如果能迅速对毒气做出警报，官兵立刻采取周到的防护措施，则能将毒气的威力降到最低，仅能侵害到第一线。为了减少敌军预警时间，各国纷纷将布置于战线后方的毒气瓶装载于货车或者小船上，趁其不备，在距离敌人最近的地方施放。德军更是将毒气的奇袭作为第一要务，力求连续发动多次毒气攻击波，这比分散使用的协约国军队的攻击更具威力。比如作为第一次施放毒气舞台的伊普尔战场，德军主攻方向即为混有加拿大和阿尔及利亚士兵的英法军结合部，并收到了奇效。

▲ 在索姆河战役中，头戴PH兜帽的英军机枪手正在操作一挺维克斯重机枪

▲ 佩戴大型盒式防毒面具的英军救护队

▲ 正在列队接受检阅的英军士兵，他们都佩戴着防毒兜帽

▲ 头戴P兜帽或PH兜帽的英军足球队，照片拍摄于1916年的西线战场

1917 年，德军开始使用一种新型化学武器，其威力之大使得以往一切化学武器相形见绌。不过正是由于研制出毒气炮弹才使这种毒气的使用成为可能，这种毒气就是二氯二乙硫醚，即我们熟知的毒气之王——芥子气，这标志着毒气战迈入了一个新的阶段，从伊普尔战役开始，被打开的潘多拉魔盒将释放出前所未有的恶魔……而随着美军的参战，两大阵营的毒气战也将迎来高潮。笔者将在本文的续篇《杀人魔术——一战后期毒气战的装备和战术（1917—1918）》一文中继续为读者讲述毒气战的故事，敬请期待。

▲ 装备M15式防毒面具、手榴弹、信号枪和“盖德”式钢盔的德军突击队员

参考文献

[1] 罗伯特·哈里斯，杰里米．帕克斯曼．杀人魔法：毒气战和细菌战秘史 [M]. 路明军，译．北京：群众出版社，1988.

[2] 训练总监部军学编译处．毒气战史 [M]. 南京：军用图书社，1935.

[3] 夏治强，化学武器兴衰史话 [M]. 北京：化学工业出版社，2008.

[4] 谭中英，人类忌日：毒气大战纪实 [M]. 北京：军事谊文出版社，1993.

[5] Simon Jones, Richard Hook. *World War I Gas Warfare Tactics and Equipment*[M]. Botley : Osprey Pubishing, 2007.

[6] Peter Barton, Jeremy Banning. *The Somme-the unseen panoramas*[M]. Londo : CONSTABLE Pubishing, 2011.

[7] Michael Freemantle. *Gas! Gas! Quick, Boys: How Chemistry Changed the First World War*[M]. London : The History Press Ltd, 2014.

钳制巨熊的英日联盟

沙皇尼古拉二世的远东惨败

作者 / 明忆

尼古拉·亚历山德罗维奇·罗曼诺夫，在他的父亲——俄国白银时代最后一位沙皇亚历山大三世于1894年10月20日逝世后，继承了俄国沙皇的宝座，成为中国人所熟知的、全家惨遭屠戮的末代沙皇——尼古拉二世。

亚历山大三世是一个雷厉风行而又善于权谋的沙皇。在他当政时期，俄国的经济发展迅速，工业方面有了质的飞越。此时的俄国虽然已经不是当年的“欧洲宪兵”，但是其强大的国力仍然使得亚历山大三世可以傲慢地对欧洲事务大臣说：“俄国沙皇还在钓鱼，欧洲暂时可以等着。”亚历山大三世也绝非莽夫，他巧妙地利用欧洲列强之间的矛盾，以及俄国强大的国力本身所产生的威慑，以极小的代价吞并了中亚，并在巴尔干掀起血雨腥风。同时，这位沙皇还颇有远见，他在中亚和远东的行动中始终保持着适当的力度，以避免出现类似在克里米亚战争中遭到各国抵触的尴尬局面。另外，为了遏制日益崛起的德意志第二帝国，亚历山大三世更是不惜放弃传统的德俄友谊，选择与宿敌法国结盟。

然而当这样一位强大的沙皇逝世后，他的儿子尼古拉二世所继承的俄国却并非形势一片大好。随着欧洲各国之间的摩擦日渐扩大，矛盾也在与日俱增。同时，俄国臃肿而庞大的官僚体系与沙皇甚至民众之间的矛盾，也在不断激化。最为关键的是，自叶卡捷琳娜大帝改革之后，俄国社会阶层出现了严重分化，并且这种分化还在不断储蓄力量酝酿新的灾难。

▲ *亚历山大三世*

尼古拉二世和他的父亲相比，可以说资质平庸。与他多灾多难的德国表兄威廉二世不同，尼古拉的童年可以说相当幸福，虽然他并不讨父亲亚历山大三世的喜欢，但是这位老沙皇对他依然表现出了慈父的一面——撇去没考虑过让他继承皇位这一点；尼古拉的母亲，来自丹麦的公主玛丽·苏菲·弗雷德里卡·达格玛，因为前两子的夭折，对这个儿子格外呵护。不过，尼古拉虽然受过良好的教育，并且游历过很多地方，是唯一去过亚洲国家的沙皇（还险些在日本遇刺），但是他始终缺乏作为沙皇所需的自信。这使他在位时常常表现出一种强烈的偏执，并为后来一系列灾难般的决策埋下了伏笔。

尼古拉二世与他父亲在欧洲事务上的表现也有所不同。亚历山大三世对新任德皇威廉二世可谓极为厌恶，然而尼古拉却与这位表兄关系不错。尽管尼古拉和他的英国表兄在相貌上更加接近，然而相对英国人，他还是更喜欢与德国人相处。威廉二世甚至在尼古拉二世与来自德国黑森的公主阿历克丝的婚事上起到了很大的推动作用，以至于威廉二世常常吹嘘，如果没有自己，尼古拉二世与阿历克丝公主无法结成连理。

▲ *德皇威廉二世*

远东乱局

尼古拉二世即位后，遇到的第一个棘手问题便来自东方。1894 年，朝鲜爆发了东学党起义，并很快演变成中日两国围绕朝鲜半岛展开的甲午战争。由于日本蓄谋已久，北洋水师惨败，咄咄逼人的日本强迫清政府签订了《马关条约》，不仅实现了对朝鲜的掌控，更进一步让清廷割让辽东半岛和台湾岛给日本。

日本的这一举动打破了欧洲列强在中国的利益平衡。此前，俄国一直将整个东北亚视为自己的控制范围，而法国也对台湾早有图谋，日本的这种行为无疑是对俄法两国的极大挑衅。于是，俄、法、德很快共同威胁日本，进行了“三国干涉还辽”。日本准备吞下肚的辽东半岛，竟然一下子变成了国际问题。面对欧洲列强，已经在甲午战争中耗尽国力的日本也不敢再起战端，只能心不甘情不愿地索要一笔“赎辽费”之后便草草了事。

虽然这次行动是三国共同完成的，但是德法两国对日本显然没有太大想法，尤其是德国，完全只是帮着自己的表兄弟出口气而已，因此作为整个行动的中坚力量，俄国立刻就被清廷加以关注。而近在身旁的后起之秀日本，对清廷的威胁远大于那些处在大陆另一端的欧洲列强，而且对清廷的狮子大开口也足以说明日本对欧洲列强在远东所制定的游戏规则，并没有一丝想要遵守的想法。于是，察觉到威胁的清廷决定玩一招“驱虎吞狼”。

1896 年，在俄国提出对日本“共同防御”之后，中俄两方一拍即合。李鸿章前往莫斯科，与俄国外交大臣罗波诺夫、财务大臣维特签订了《中俄密约》。通过《中俄密约》，俄国不仅可以正大光明地介入中国东北的事务，同时还获得了一个更加实际的好处：19 世纪 90 年代，俄国开始施工修筑贯通西伯利亚的西伯利亚大铁路，通过《中俄密约》，这条铁路不仅可以修到原来的目的地海参崴，还可以一直修到中国东北地区，而且无论是战时还是和平时期，俄国都可以优先使用。除此之外，1898 年俄国还强迫清廷签署了《旅大租地条约》和《续订旅大租地条约》，从此俄国舰队和军队可以堂而皇之地正式进入远东。

▲ *加冕时的尼古拉二世*

俄国的势力不仅渗入了中国东北，近邻朝鲜所出现的危机也给了俄国可乘之机。朝鲜在东北亚是极为重要的战略要地，其南部拥有大量的优良港湾，而且与隔海相望的对马岛一起扼守着从日本海通往黄海的通道。元朝时，蒙古军攻打日本，便是从朝鲜出发入侵日本九州地区的。而朝鲜自北向南的地理走势，更是使之成为中国辽东和华北地区的一道屏障，或者说是威胁。同时，朝鲜所拥有的大量人力、物力，正是俄国人所急需的。1874 年，俄国交通大臣波西耶特在一份建议废除流放制

▼ *日本浮世绘——甲午战争*

度的备忘录中写道：由于滨海地区和阿穆尔地区缺乏谷物、牲畜和苦力，而朝鲜却具备这些东西，所以有必要和它建立起密切的联系。不过由于朝鲜的地理位置并不在当时比较繁忙的太平洋航线上，因此这个被称为“隐士之国”的国度相较于它的两个邻国——大清和日本，更晚受到西方国家的干扰。

最先打开朝鲜国门的，是它的邻邦日本。

同治二年（1863 年），年仅 12 岁的李熙以王室旁支身份即位朝鲜国王，由于年幼，其父李昰应总揽大权，封号“兴宣大院君”。大院君摄政后，进行了一系列改革，这些改革虽然取得了一些成效，但总体与整个时代相悖。他不仅表现得极为排外，而且一心想要重新在朝鲜树立李氏王室的权威。他的排外态度直接导致法国人发动“丙寅洋扰”、美国人发动“辛未洋扰”，然而两次“洋扰”中所暴露出的朝鲜与西方国家的差距，并没有引起兴宣大院君的关注。但他积极排外的态度，以及对王室权威的追求，却为朝鲜另一位政治家创造了条件。

这位政治家就是高宗李熙的王妃——闵妃。闵妃虽然是兴宣大院君的儿媳，同时又是大院君的亲戚，但是两人之间并不和睦。闵妃的儿子不是流产就是夭折，她在 1871 年生下长子，但仅存活 5 天便夭折了，而在一年前她就曾怀孕流产，这被闵妃疑为食用了大院君进献的山参所致。同时，大院君有意册封尚宫李氏之子完和君李墡为世子，这无疑会严重动摇闵妃的地位。如此，便不难理解为何两人在之后的一系列政治斗争中几乎水火不容了。

同治十二年（1873 年），闵妃联合遭到大院君排挤的多方势力以及开化派人士，借助自己家族的力量，以“亲政”为由迫使大院君离开都城汉城（今首尔）。大权在握的闵妃虽然相比大院君要开明得多，但是这种开明却并不是从国家利益出发，而是为了稳固自己的统治，她甚至为此从日本获得力量以压制国内的反对势力。尤其在“云扬号事件”之后，闵妃更是独断专行地和日本签订了《江华条约》，这无疑使朝鲜彻底受制于日本。正如韩国历史学家李瑄根的评价：新政权的这些内政外交措施，并非为民族久远的发展而树立的根本政策，而是以曲解、攻驳大院君执政十年的政绩为主要目标。

在闵妃的统治之下，朝鲜的内部矛盾日益加剧，大院君趁机利用民愤，在光绪八年（1882 年）发动“壬午军乱”，将闵妃驱逐出宫。然而大院君的夺权以及恢复锁国政策的意图，给朝鲜引来了更大的国际纠纷。不甘心失败的闵妃联系不满大院君的高宗和官员，准备东山再起。

闵妃很快就通过使者向清廷以及因为在“壬午军乱”中使馆被烧而进入朝鲜的日军寻求帮助，替她驱除大院君。早已想对朝鲜加强控制的清廷派遣了吴长庆和丁汝昌率兵入朝，并将大院君扣押送往天津受审，之后羁押在了保定。闵妃重掌大权之后，从亲日变成了亲清，然而这仅仅是表象。闵妃对清廷的阳奉阴违，在镇压了开化党的“甲申政变”之后开始逐渐浮出水面。她很快笼络了清廷派来的德国顾问穆麟德，并通过穆麟德与欧美列强进行接触，试图通过洋人的帮助来使自己摆脱清廷的控制。然而闵妃在政治上的投机并没能稳住自己的位置，由于朝鲜此时的经济已经完全被日本掌控，下层民众的生活难以为继，最终朝鲜如同清廷驻朝大臣袁世凯预测的一般，爆发了大规模的农民起义——东学党起义。以此为契机，已经归国的大院君借助日军的力量，再次掌握了朝鲜的政局，这也使得中日两国爆发了改变东亚历史的“甲午战争”。

战争结束后，朝鲜实际上已经被日本控制，而大院君和日本则是貌合神离。双方越来越大的矛盾，最终导致日本驻朝公使井上馨以私通平壤清军以及煽动农民暴动为名，迫使大院君下野。大院君下野后，朝鲜的内政很快陷入了混乱之中，原来的开化派虽然掌握了政局，但是他们为了争夺权力而最终分裂，这又给了蛰伏于后宫之中的闵妃重返政坛的机会。闵妃一边对开化派的权力争斗隔岸观火；一边积极与欧美国家，尤其是俄国进行联络，并且将亲欧美的大臣团结到自己的阵营中。闵妃的态度，日本已有所觉察，但一开始还是对闵妃一派采取怀柔政策，不过闵妃显然和她的公公一样，与日本是面和心不和。

▲闵妃

很快，失去耐心的日本驻朝公使三浦梧楼发动了“乙未事变”。在三浦梧楼的策划下，数十名日本浪人、400 多名日军守备队成员和 800 名朝鲜训练队员冲进景福宫，他们找到闵妃后将其残忍杀害。

然而“乙未事变”并没有让朝鲜如

预期的那般归顺日本，相反，日本的暴行激起了其他欧洲列强的强烈不满。这一失当行为使日本在朝鲜的统治变得举步维艰。在巨大的压力下，日本不得不选择暂时从朝鲜退兵。受到日本暴行刺激的高宗对日本人深恶痛绝，这使他开始积极寻求俄国的庇护。

很快俄国派遣了一支100人的队伍进入汉城，并开始对朝中的亲日派势力进行大清洗，亲俄政府就此在朝鲜建立起来。此时的俄日双方，对朝鲜的归属问题都保持了极大的克制。一方面，日本此时的国力还不足以对抗俄国；另一方面，俄国也忌惮英国插手。

英俄双方在远东地区的矛盾可谓由来已久。早在叶卡捷琳娜大帝时期，俄国就因为北太平洋航路的利益纠纷与英国结下了梁子。后来，当俄国的俄美公司试图兼并加利福尼亚的时候，英国也没少掣肘这个曾经共同对抗拿破仑的盟友。不仅仅在北太平洋，亚历山大三世时期俄国在中亚的扩张同样使印度的英国人如坐针毡，毕竟印度被称为英国“皇冠上的明珠”，所以无论俄国在中亚如何肆无忌惮地扩张，印度，英国人是绝对不容许俄国人动一点点想法的。亚历山大三世虽然对英国极为反感，但是也明白印度对英国的重要性，因此对印度没有什么太大的想法，在中亚的扩张也极为小心，生怕招惹到这个脾气不好的亲戚。

然而，尼古拉二世却远没有他父亲那样的外交手腕。作为一个年轻的、不被周围人看好的沙皇，强烈的表现欲望使他展露出了极大的野心。正如当时俄国的陆军大臣库罗巴特金所说：“我们的皇上（尼古拉二世）的脑袋里有一个庞大的计划：为俄国夺取东北，把朝鲜并入俄国，还想把西藏并入本国，要夺取波斯；不仅要占领博斯普鲁斯，还要占领达达尼尔。”总之，尼古拉二世庞大的野心已经严重威胁到俄国与英国之间的关系。英国对尼古拉二世的野心自然不会坐视不理。最终，迫于英国的压力，俄国选择和日本坐到谈判桌上，就朝鲜问题进行商讨。伴随着《汉城条约》《洛巴诺夫—山县协定》的签订，俄国在朝鲜的利益得到了极大的强化，并且通过条约的形式确定下来，日本则处在了一个相对劣势的地位。

俄国虽然通过条约将自己已得的成果确定了下来，但是仍不忘继续在朝鲜扩大影响与力量。俄国的举动引起了日本极大的不满与恐惧：一方面，俄国的做法使日本的“大陆政策”受挫，多年心血浇灌出的果实竟被俄国人摘走；另一方面，无论是俄国不断修建的西伯利亚大铁路，还是在中国东北修建的中东铁路，无疑都预示着俄国在远东地区的扩张不会仅仅局限于已有的局面，一旦俄国彻底完善了自乌拉

▲*伊藤博文*

尔山以西的欧洲部分与远东的联系，那么已经夹在俄国南北势力之间的日本，无疑会受到攸关生死的威胁。正如1901年加藤外相致信伊藤博文时所说："俄之占领东北，其本身虽与我之利益无大冲突，然结果则有使俄国势力支配朝鲜半岛，并危及帝国自卫之虞。"毕竟在钢铁大舰的时代，仅仅依靠"神风"，肯定不能像阻挡蒙古军队一般，阻止俄军的步伐。

俄国人对日本人的想法毫不关心，或者说俄国高层对远东各国都还是两眼一抹黑的状态。就像他们分不清中国人与鞑靼人究竟有什么区别，俄国对远东的政治生态，甚至地理、民生等都不曾关注过。

1897年，德国强占胶州湾之后，俄国也迅速行动，强占了旅顺口和大连湾。这一次，日本和英国对俄国的行动忍无可忍，两国分别在对马海峡和仁川海面进行了示威。面对这场"旅顺口危机"，俄国外交大臣秘密召见了日本驻俄大使，再次提出了与之前处理库页岛与千岛群岛归属权相同的办法——"满鲜互换"，即承认日本对朝鲜有更大权益的同时，要求日本承认俄国在中国东北的权益。然而实际上，俄国对日本在朝权益的承认，更多只是承认日本对朝经济控制的现状。在其他许多关键问题上，俄国表现出的，则是一种模棱两可的态度。显然，俄国的这种让步只不过是一种缓兵之计；尤其是在西伯利亚大铁路与中东铁路尚未完工的情况下，俄国人会避免与英国和日本正面为敌。

侵占东北

就在俄国在远东的扩张处于多路受阻的局面时，大清爆发的危机为俄国进一步入侵中国东北创造了条件。随着19世纪末期国内矛盾的不断累积，中国华北地区爆发了义和团运动，这场起自民间的反帝爱国主义运动迅速席卷开来，并最终影响到了大清皇室。之后，清政府出于"以汉制夷"的思路，贸然对列强宣战，将整个中国拖入了战争的深渊。

俄国在中国东北地区扩张的重要支点——中东铁路，也受到了义和团运动的冲击和破坏。俄国借此机会，以"护路""保护侨民"为由，调遣大量军队进驻东北

▲*义和团成员*

地区。1900 年 7 月，沙皇尼古拉二世宣布自任总司令，命令 12 军区进行动员，调遣步兵 128 个营又 1 个连、骑兵 78 个连、大炮 340 门，共计 17 万人出兵中国东北，这些部队来自阿穆尔、西伯利亚、土尔克斯坦、波兰和乌克兰等地区。俄国将这支庞大的部队分兵两路：北路由格罗德科夫中将率领，南路则由阿列克谢耶夫中将率领。之后俄军又分为七路，进犯了中国东北地区的一系列重点城市。俄国早有把东北地区纳入其版图的野心，以致尚未踏入大清疆域，就对居住在海兰泡、尼布楚等城市的华人，以及包括江东六十四屯在内的一系列中国人居住的乡村，进行了血腥的大屠杀。

在这之后，俄军跨越中俄边界，占领了瑷珲城并立刻进行了大屠杀，最终将这座拥有两百多年历史的古城彻底摧毁。俄军在东北其他地区的表现并不比他们在瑷珲城好到哪里去，他们如同过境的蝗虫一般，将所遇的一切都破坏殆尽。面对俄军的进攻，黑龙江将军寿山虽然采取了强硬的抵抗措施，但是他手中的清军完全没有做好进行一场大规模战争的准备。寿山战死之后，吉林将军长顺则选择了一种与俄军合作的态度，他甚至认为，俄军此次来犯仅仅是因为义和团对中东铁路的破坏引起了对方的不满。而盛京将军增祺却在俄军来犯之际，直接弃城而逃，甚至被俄军追赶得不敢前去与俄军会晤，只派了一个副官代替他。不过，俄军在中国东北地区的进攻，依然遭到了许多清军爱国将领的激烈抵抗，最终，俄军占领东北全境的时间晚于清廷和八国联军谈判开始的时间。同时，后续的发展证明，这些爱国将领的英勇奋战绝不是一腔心血白费。

在国际上，俄军在中国东北的处境实际上是极为尴尬的，其出兵的借口是保护铁路和俄国侨民，但是在清廷和八国联军谈判开始后，俄军依然不曾停止进攻。《辛丑条约》签订之后，俄军的处境就更为尴尬了。因为除了条约中规定的外国驻军外，其他地方的外国军队显然是不应该存在的，尤其是如此庞大的部队。虽然对俄国来说，吞并庞大的中国东北地区，最好的办法是强迫清政府签署条约，但这一区域有太多的利益纠缠在其中，独吞的想法显然是无法为列强所能容忍的。

1900 年 8 月 25 日，俄军先行从北京撤往东北，负责东北事务的俄国关东省首席长官阿列克谢耶夫也开始活动起来。这位俄国大员有一个极为显赫却又尴尬的出身，他是沙皇亚历山大二世的私生子。虽然皇族成员的身份使他可以在官场上平步青云，但私生子身份带来的巨大心理阴影使这位长官目中无人，并急于证明自己。阿列克谢耶夫通过代表克洛斯特维茨，向增祺的代表递交了《奉天交地暂且章程》（后面简称《章程》）。

这个短短的《章程》共有 9 条，但是里面的内容却将东北地区彻底搅翻了天。它不仅要求盛京方面修复之前在战争中遭到破坏的铁路，更进一步威胁增祺答应俄国增加在东北地区的驻军，并允许俄国合法干涉东北的内部事务。俄国的做法不仅造成了东北与清廷的分离，同时还破坏了八国联军的统一步调，甚至严重影响了八国联军代表的权威性。虽然户部侍郎清锐和奉天府尹福裕都极力反对这个协定，但迫于压

▲驻扎在盛京的俄军哥萨克

力的增祺，最终还是在条约上签了字。

不论增祺是否另有盘算，阿列克谢耶夫的这一行动确实是急功近利了。当《章程》送达北京后，李鸿章立刻将这份秘密签署的条约送至《泰晤士报》公开，瞬间引起了一片哗然。原本俄军在中国东北地区的独立军事行动已经饱受争议，在这一条约公开之后，俄军在东北的存在就更受外界非难了。在获得了英法方面威胁式的支持之后，清廷迅速将已经被俄国人控制的增祺免职，并派遣驻俄公使杨儒与俄国进行正式谈判。

▲杨儒

杨儒抵达俄国首都圣彼得堡后，与他会面的是之前和李鸿章签订了《中俄密约》的俄国财政大臣维特。面对阿列克谢耶夫送来的这个大麻烦，维特在《泰晤士报》已经彻底曝光条约的情况下，对《章程》自然无法否认，只能辩解称这是为了“防止兵患”的对策。不过当杨儒与俄国外交大臣拉姆斯多夫会面之后，拉姆斯多夫开始不断劝诱他接受《章程》，但是都遭到拒绝。这使俄国政府只得选择放弃《章程》。

▲俄国老政治家维特

但是，俄国很快又拿出了更加苛刻的所谓“正约”。这个“正约”在杨儒与维特第三次会面时便被提出，不过当时维特只是口头提出。然而到了1901年1月21日再次会面时，维特不仅没有放弃这个“正约”，甚至变本加厉。俄国在“正约”中不仅狮子大张口索要中国东北地区的税权以及铁路、军事、行政等多项权利，更进一步要求将俄国的利益扩展到“东北、蒙古及中国北省”。

面对维特的威逼，愤怒的杨儒直接质问道："如此乃是以布哈尔（指被俄国吞并的中亚布哈拉汗国）看待东北，中俄友好之谓何？"俄国外交人员对杨儒的愤怒显然并不在意，他们的目的也不是如《辛丑条约》那样捞一笔，而是想强迫清廷接受一个极利于俄国的条约，让俄国能够真正占领东北地区。对俄国来说，清政府自然不是一个多么可怕的对手，但是在它背后磨刀霍霍的英日两国却不得不防，签署条约无疑是能够让两国吃哑巴亏的最好办法。只不过，俄国的贪婪使这个条约变得非常不确定。在双方争辩一个多月之后，俄方在2月16日正式提交了"十二条"。新的"十二条"，不仅在东北问题上没有退步，甚至正式提出了对蒙古、新疆、甘肃地区的利益索求。俄国外交大臣拉姆斯多夫面对杨儒的诘问，更是露骨地表示："这数省虽未经俄兵占领，然俄之兵力足以占领。"

"十二条"显然已经超出了清廷所能忍受的底线，各省督抚也纷纷表态：反对俄国人提出的条约。得到清廷高层支持的杨儒，对维特的威胁自然也就无所畏惧了。他在反驳了维特提出的种种理由并表示绝不受其威胁之后，向拉姆斯多夫递交了清廷所拟的"十二条"。拉姆斯多夫和俄国政府绝不可能接受清廷的"十二条"，因为俄国在东北的利益诉求在新的"十二条"中大多都被驳回了。在一系列谈判无果之后，杨儒对拉姆斯多夫提出了"缓议"，即等八国联军代表与清廷的《辛丑条约》签订之后，再进行相关讨论。然而敏感的拉姆斯多夫立刻予以回绝，因为留给俄国的时间已经不多了：如果《辛丑条约》签订生效，俄国作为八国联军的参与国之一，也必将受到《辛丑条约》的制约，那么在东北驻军所受到的非议就不仅仅来自英、日、中三国了。明白其中关键的杨儒也学着俄国人摆出了一副街头无赖的架势，他表示："现在如此为难，只好请朝廷另简干员，或遣新使前来再办，我力竭已。"

已经火烧眉毛的俄国政府见谈判桌上已经难有成果，于是开始在谈判桌下做起了小动作。俄国驻北京公使璞科第在维特的指使下，动用了俄国专门为贿赂清廷官员而设的基金，向李鸿章贿赂了50万卢布的巨款。同时，另一位驻华公使格尔斯则以清俄断交相要挟，给正在和联军谈判的李鸿章与庆亲王奕劻施压。这下清廷的高层乱了套：身在圣彼得堡的杨儒先是收到了李鸿章和奕劻的联合电报，要求他尽快结束谈判，速速画押；三天后，杨儒又接到了来自军机处的电报，上面则要求杨儒万万不可以画押。

面对清廷高层下达的混乱指令，杨儒选择了与俄国人对抗到底，拒绝签字画押。

不过此时，杨儒在俄国的处境也变得岌岌可危，正如他自己致军机处的电报中所描述的那样："外部（俄国外交部）屡诣不见，国书公文，一概不收，绝我已甚，悚愤万分。"除了要承受俄国施加的巨大压力，杨儒还要忍受身体上的不适，他不慎跌伤了，伤势颇为严重，但依然坚持带伤谈判。另一边，得知李鸿章给杨儒发消息的维特则信心满满，认为杨儒已经收到了命令，但是杨儒则坚称自己并没有收到正式的命令，依旧拒绝画押。眼见威逼利诱都无法奏效的维特终于选择了放弃，然而25日，拉姆斯多夫将杨儒约至外交部，并下达最后通牒，要求他在26日上午必须签字画押，否则后果自负。杨儒再次拒绝后，拉姆斯多夫二话不说直接闭门送客。不巧的是，就在回去的路上，杨儒再次在风雪中跌伤，这次他伤得更重，当场不省人事，最后在第二年2月病逝于使馆。不过杨儒的努力并没有白费，就在杨儒与拉姆斯多夫不欢而散的第二天，清廷正式下达了拒绝画押的谕旨，杨儒的坚持终于有了回报。至此，俄国企图通过条约吞并东北地区的野心，彻底成了水中月、镜中花，遥不可及。

不过对俄国来说，就算没能通过条约彻底将中国东北地区吞入腹中，但继续蚕食东北的政策依然在沙皇尼古拉二世的坚定支持下被启动了。同时，虽然英国向德国表示，对1900年签署的划定英德两国在中国利益的《英德协定》不适用于东北感到不满，但是身陷布尔战争的英国也难以抽出身来直接对付俄国，在东北发动第二场"克里米亚战争"。

如果说，之前俄国对中国东北地区的扩张，还只停留在和其他列强相同的修筑铁路等经济掠夺层面，那么在这场"义和团运动"之后，俄国在东北的势力就变得空前强大了。如前所说，俄军的行为已经引起了英国和日本的强烈不满，其在东北的庞大兵力显然已经彻底打破了这一地区微妙的势力平衡。为了对抗俄国，英日两国开始更加频繁地接触起来，但并不想将自己真正卷入与俄国的战争当中的英国，对于与日本这个亚洲国家结盟一开始显得有些态度暧昧。俄国财政大臣维特看出了其中的猫腻，他立刻主张进行"满鲜互换"，即通过牺牲俄国在朝鲜的利益，换取日本对俄国蚕食中国东北的支持；维特还提出开放关东州，允许俄日两国在这里进行商业和航运的公平竞争。维特的主张很明显是想要将日本拉拢到自己这一边，并以此将英国的势力向南挤压。

不过随着伊藤内阁下野，桂太郎上台组阁，事情再次出现了转变。桂太郎主张远交近攻，对俄国递出的橄榄枝并不感冒。所幸伊藤博文此时在日本政坛能量不减，他和另一位元勋井上馨都认为，英日同盟的实质是让日本在中国东北问题上为英国火中取栗，因此对这一同盟保持谨慎的态度。9 月，伊藤博文动身前往圣彼得堡，试探俄国对和平解决中国东北和朝鲜问题的诚意。然而，即使获得沙皇尼古拉二世支持的财政大臣维特对这个问题极为重视，伊藤博文一行依然被冷淡对待了：相对于维特的积极态度，外交大臣拉姆斯多夫等人则是一种拖延和冷漠的态度。伊藤博文此行使日本上下，包括一开始对英日同盟抱有怀疑的人，都彻底放弃了和平解决日俄争端的想法。

面对俄国在远东的强大军事威胁，终于，欧亚大陆两端的两个岛国握手结盟。1902 年，英国与日本正式建立起“英日同盟”。这个同盟对两国来说，都有着极为重大的意义：一方面，英国在德国崛起的威胁下，精力不得不更多地放到欧洲事务上，在远东，英国只能通过扶持一方势力来与俄国这位老对手对抗；另一方面，对日本来说，英国的支持无疑使他们拥有了与俄国对抗的勇气，至少在英国的外交压制下，在远东的另一个重要势力——法国不得不保持中立，这样，俄国的行动实际上就处于一种孤立的状态。虽然这之后，俄法两国也发表声明，将俄法同盟的有效地区从欧洲扩展到了亚洲；然而实际上，这也不过是法国给俄国吃的一颗定心丸，防止俄国为了对抗英国而转向德国一方。不过对英日同盟而言，法俄同盟的威慑已无关痛痒。

▲英日同盟宣传画

当时，老政治家维特苦口婆心的劝告没能让自己的同僚们回心转意，整个俄国高层实际上已经沉迷于冒险主义而无法自拔。面对英日同盟的巨大压力，俄国上层反倒乐观地认为：英国人的精力已经被布尔战争和德国这个威胁牵制住了，自顾不暇；至于日本选择与英国结盟，更是一种对自身实力的极度不自信。不过俄国此时确实也有乐观的资本，它在经历了亚历山大二世和亚历山大三世的白银时代之后，经济上获得了极大的发展；尤其是在亚历山大三世期间，俄国的工商业有了质的飞跃。对比宏观经济总量，日本远远达不到俄国的水平；更为重要的是，俄国作为欧洲军事强国之一，其军事力量也是极为强大的。因此，在此时的俄国高层以及远东的俄国封疆大吏当中，冒险主义迅速扩散开来。

对这些激进的冒险者来说，老臣维特的稳妥外交反倒成了他们走向功名的最大阻碍。激进派首领别卓布拉佐夫与维特之间的矛盾也在不断升级，尼古拉二世虽然试图调节御前会议中剑拔弩张的两方，但是他本人已经越来越倾向于别卓布拉佐夫等人的意见：在远东发动战争，吞并中国东北。维特本想尝试做最后一搏，阻止俄国在中国东北继续进行军事冒险，但是当别卓布拉佐夫被尼古拉二世封为御前大臣，其党羽也鸡犬升天之后，维特已经在远东冒险这一问题上无力回天了。

与此同时，维特以及外交大臣拉姆斯多夫等人，开始遭到得宠的别卓布拉佐夫一派愈加严重的排挤，甚至连沙皇尼古拉二世也开始偏向他们。更加过分的是，设立远东大总督区以及任命阿列克谢耶夫作为总督的决议，直到付诸实践之后，维特等人才在报纸上看到这则消息。虽然别卓布拉佐夫本人还幻想着，自己能够说服维特这位政坛元老支持自己，但是维特的态度使两人最终划清了界限。之后，维特被调离财政大臣的职位，就任了级别更高但却毫无实权的大臣委员会主席。

与维特不同，外交大臣拉姆斯多夫依然坚守在自己的岗位上，并且拒绝了下属们提出的辞职建议。虽然拉姆斯多夫的坚守一度使别卓布拉佐夫不得不离开俄国，前往日内瓦，但是别卓布拉佐夫产生的巨大能量，让他在不久之后就重新回到了圣彼得堡的政坛。不过颇为讽刺的是，别卓布拉佐夫以及俄国军界尝试冒险的资本，却是维特为俄国留下的巨额现款。多达数亿卢布的自由现款，完全可以支撑俄国进行一场巨大的消耗战争，并且在很长一段时间里不需要通过借贷来维持战争。虽然维特积蓄这笔巨款的最初目的可能并不是拿去给这些冒险分子打仗，但这笔钱确实成了沙皇尼古拉二世决定通过战争解决问题的底气来源。

同时，由于圣彼得堡的刻意纵容，身为远东总督的阿列克谢耶夫的权力迅速膨胀起来，他一人独揽了远东大总督区的政治、经济乃至外交和军事大权。但是膨胀的权力与他本人的能力不成正比，因此在权力扩张的同时，阿列克谢耶夫本人为俄国带来的危险也越来越大。

俄国拒绝撤兵并且在中国东北成立行政部门的做法，将它推到了风口浪尖上。这时的俄国一边惺惺作态，一边开始将兵力重点向关东州等重要战略城市集结。与此同时，为了给日本施加压力，阿列克谢耶夫上奏沙皇，请求准许在鸭绿江沿岸进行作战部署。在获得尼古拉二世的批准之后，驻东北的一部分俄军进驻安东，并以建立伐木公司为由，进一步进入朝鲜半岛，在鸭绿江下游的龙岩浦建立起军事基地。俄国人粗暴的行为引起了日本人的警觉与强烈反对，不过对日本在外交上的警告，俄国人是不屑一顾的，因为此时俄国人对日本展开外交的目的只有一个，那就是迫使日本承认俄国在中国东北地区的利益。

日本方面并没有如俄国所愿。日本人在1903年10月8日通过与清政府签订《日清通商续约》，为日本商人打开了中国东北地区的市场。除了日本之外，美英两国也几乎同时与清政府签订了开放奉天、安东作为通商口岸的条约。很明显，日、英、美就俄国在东北的行为已经达成了共识，而清政府在这一问题上虽然看似保持了一种任人宰割的“中立”立场，但实际上也是在通过牺牲主权换取东北问题复杂化，以达到阻止俄国在东北地区一家独大的目的。

面对巨大的外交劣势，俄国却表现出了一反常态的强硬态度。日本方面出于避免战争的考虑，向俄国提议在朝鲜北部以及中国东北地区东部建立中立带。日本的这一折中提案并没有对俄国产生多大的影响，与日本方面设想的相反，阿列克谢耶夫将日本人的提案解读为一种在英国煽动下做出的虚张声势之举。日俄两国避免战争的最后希望就此破灭。

日俄交锋

俄国最早针对日本制定作战方案是在1895年甲午战争期间，倘若甲午战争扩大、日本入侵乌苏里江以东区域，俄国将启用这一作战计划；不过随着《中俄密约》的签订，俄国对该作战计划进行了更改。针对日本有可能就俄国在中国东北进行的扩张采取的反制军事措施，俄国制定了第二个作战计划。这两个计划实际上有着一个共同之处，那便是远东部队所承担的军事任务并不是与日本进行决战，而是迟滞日军的进攻，为俄军从欧洲调兵增援换取时间。到了1901年，经历了俄清战争之后，俄国在远东的兵力急速膨胀。然而即便如此，在批准的第三个对日作战计划中，俄远东军的任务仍在于避免过早地与日军展开决战。

俄军在这一作战计划中规定：如果日军的行动目标只是占领朝鲜全境，那么俄军将按兵不动；如果中国东北地区遭到日军进犯，那么俄军在关东州的相关部队必须依靠关东州的多个要塞防御日军的进攻，其他如奉天、辽阳等地的俄军则向哈尔滨逐步撤退，并在这期间尽可能地阻挡日军的攻势，而南乌苏里的部队需经过海参崴前去援助东北的俄军。

如果说第三个作战计划还能够算得上是一种比较保守的作战方式，那么到了1903年，在冒险主义者的推波助澜以及远东总督阿列克谢耶夫的运作下被启用的第四套作战计划不仅更加冒险，而且漏洞百出。

根据第四套作战计划，俄军的远东军主力将不再进行原来的迟滞日军攻势的行动，而是以奉天、辽阳等地为基础，固守作为日军进攻重点的辽南地区。同时，在阿列克谢耶夫的强烈要求下，俄太平洋舰队从海参崴转移到了旅顺，旨在阻止日本舰队进入黄海对朝鲜西海岸和鸭绿江口实施登陆作战。然而，旅顺虽然比海参崴更加靠近战区，但是这也无疑是一场豪赌。如果日本海军成功对俄太平洋舰队发起封锁作战，并同时在陆上攻破旅顺，那么太平洋舰队必将在劫难逃。为了增加筹码，俄国海军高层开始向远东增派船只，什塔克尔别尔格海军少将率领2艘战列舰、6艘巡洋舰、8艘驱逐舰组成的小型舰队来到旅顺；之后，俄国向法国购买的新锐战

▲ “皇太子”号战列舰

列舰“皇太子”号和巡洋舰“巴扬”号也先后来到旅顺。

1904 年，在与日本的战争避无可避的情况下，俄国再次调整了作战计划。根据远东总督阿列克谢耶夫和已赴中国东北地区的库罗巴特金提出的新作战计划书，俄军对在东北的部署进行了最后的调整。根据俄国海军的预测，由于俄海军离开海参崴驻扎在旅顺，与日本海军争夺日本海的制海权显然已不现实，日本很有可能会从朝鲜半岛南部城市釜山向中国东北地区发起进攻，或是驻扎在朝鲜的日军直接通过朝鲜北部进攻这一区域。在这种不确定的情况下，俄军的部署是以中东铁路为基础，将军队在整个东北地区铺开，以期能通过铁路让分散的俄军在对日战争爆发后相互照应。当然，这个全新的、基本已经是最终作战计划的部署，可谓处处充满了“阿列克谢耶夫式”风格。

这个计划不仅模糊了海军在战争中的作用，也体现出阿列克谢耶夫本人对日军军事实力的无知。他不仅没有对日军作战意图进行正确的预估，直接将军队在东北铺开，同时也远远低估了日军的作战实力，使得一些守卫战略要地的俄军规模甚至只有营级单位；并且阿列克谢耶夫没有明确指出海军在未来战争中的作用，或者说他自己都没有想好，造成的结果便是日后太平洋舰队的不作为。

在俄军进行军事部署的同时，越来越多的信号表明日军的对俄战争已经进入了倒计时。俄国驻日海军武官鲁辛海军中校在报告中就明确指出，日本所有轮船都已

▲ *日本浮世绘——旅顺海战*

停航，私人船只也被政府征用以作战争之需。阿列克谢耶夫对收到的这些信息表现出了一丝不安，他奏请尼古拉二世允许他在远东地区进行战争动员，然而尼古拉二世只给了一个极为模糊的回复。

另一方面，阿列克谢耶夫对海军的无知也暴露无遗。在日军偷袭俄国海军的前几个小时里，海军高层曾就是否布置防雷网进行表决，但这个提议立刻被阿列克谢耶夫以“担心引起恐慌”为由拒绝。与此同时，舰队指挥官斯达尔科也对阿列克谢耶夫这个“海军盲”溜须拍马、随声附和，表示日本人根本就不会偷袭俄国海军，甚至会因为畏惧俄国人而不会开战。最终，俄国将领们的错误判断让他们付出了惨痛的代价。

2 月 8 日晚，日本联合舰队不宣而战，俄太平洋舰队损失惨重。之后，俄军派往仁川的分舰队也在 2 月 10 日被日本联合舰队围歼。

俄军在陆地上的战绩同样惨不忍睹。临时动员起来的西伯利亚民兵和厉兵秣马的日本陆军相比，简直不堪一击。而且，俄军还有一个不得不提防的潜在对手，那就是一直逆来顺受的清政府。虽然清政府在日俄的争端中表示中立，并且划出了交战区，但是阿列克谢耶夫对此并不放心。他原本希望能够占领辽西，以确保俄军无后顾之忧，但被清政府驳回。此后，他虽然多方尝试，却仍旧没能成功。即便如此，阿列克谢耶夫依然没有放弃将清廷拉上俄国战车的打算，他不断威胁东北地区的清廷官员，并恐吓当地的团练，想让他们加入俄军的队伍中。最终，在阿列克谢耶夫的逼迫下，越来越多的东北地方势力开始对俄国人恨之入骨。

对于此时圣彼得堡的俄国高层来说，陆军的劣势尚且容易扳回，只要欧洲的兵马调至，将日军的进攻彻底粉碎似乎轻而易举。但是如何弥补太平洋舰队在战争初期的损失，成了一个棘手的难题。

作为一个传统的陆权国家，虽然作为俄国“现代化之父”的彼得大帝曾提出海军和陆军是一个国家的两只手，应同等重视，但是俄国对海军的定位实际上一直处于一种很迷茫的状态。当然，俄国海军的发展很大程度上受制于港口和周围海洋的地理状况：无论是波罗的海还是黑海，都是不折不扣的内海，而且在波罗的海上，俄国海军不得不对上瑞典、丹麦、德国等国的海上势力；在黑海，俄国的宿敌土耳其则牢牢控制着黑海通往地中海的要道。这种拘束的发展空间，使得俄国海军的作战任务往往不是驰骋于海洋，争夺海上的制海权，而是作为类似于“陆军海战队”的存在进行作战，其任务更多是配合己方港口的防御，以及向敌方港口发动进攻。

▲ *罗杰斯特文斯基*

就在陆军节节败退之际，担任侍从将官的罗杰斯特文斯基[①]向沙皇尼古拉二世提出了一个大胆的建议：将波罗的海舰队改编为第二太平洋舰队，增援旅顺。对于近代任何一支大规模船队而言，环球航行似乎是家常便饭，但是这有一个很大的前提，那就是在航海过程中有港口可供停泊休整。然而，这个基本条件对俄国来说，却是一个难题。不同于作为“日不落帝国”的英国，俄国在海外并没有什么殖民地。再者，第二太平洋舰队此次远征必须经过的印度洋，更是英国的地盘，那里的所有港口基本都在英国的控制之中。在两方实际处于敌对的状态下，英国根本就不可能应允俄国舰队在其殖民地港口靠岸。加上英国人控制着埃及的苏伊士运河，因此俄国唯一的选择便是绕过非洲大陆，从好望角进入印度洋。只是这样就增加了航行的路程，所幸法国与德国在非洲的殖民地应能给这支舰队一些帮助，还不至于让俄国舰队因为无煤可烧而只能去搭洋流的顺风车。

罗杰斯特文斯基恐怕没有想到，自己这个不切实际的建议竟然真的被通过了；更令他无法相信的是，被任命为这个第二太平洋舰队司令的人正是自己。罗杰斯特文斯基没有办法改变上面人的主意，他所能做的只有尽可能多地做一些准备。此时的波罗的海舰队状态并不乐观，俄军在日俄战争中的颓势已经彻彻底底影响到了这些海军士兵。他们虽然训练状况并不算太坏，但是要一支大多数人只完成过最基本的训练、缺乏远洋航海经验的海军，去进行高强度的远征实在是强人所难。不仅仅

① 罗杰斯特文斯基参加过俄土战争，并在斯丁基海战中获得过战功，不过当时的罗杰斯特文斯基还默默无闻，直到他干出一件令人目瞪口呆的事情：在尼古拉二世与德皇威廉二世参观波罗的海舰队实弹射击时，他在靶场偷偷安置了引爆装置，结果成功以惊人的“命中率”让所有的来宾对其刮目相看，更是给沙皇留下了深刻的印象，自此他在仕途上平步青云。关于此人的能力评价，倒很难说清，因为他完成了一件近乎不可能完成的任务，将太平洋第二、第三舰队带到了远东的战场；而对马海战的失败，由于他在战斗打响之初就被炮弹震晕，因此也无法说是他的指挥问题。

是水兵们，实际上对这个需要大量后勤以及外交工作进行配合的高难度任务，俄国上下都是两眼一抹黑。甚至有一些官员已经开始认为这次远征是自己发财的绝好机会，并准备通过贿赂当选后勤官员。

硬着头皮开始规划第二太平洋舰队的罗杰斯特文斯基，将舰队划分成：

第一战列舰队

战列舰："苏沃洛夫"号（旗舰）、"亚历山大三世"号、"博罗季诺"号、"鹰"号。

司令长官：罗杰斯特文斯基海军中将。

总吨位：54064。

第二战列舰队

战列舰："奥斯利亚比亚"号（旗舰）、"西索伊·维利基"号、"纳瓦林"号。

装甲巡洋舰："纳希莫夫"号。

司令长官：弗尔克萨姆海军少将。

总吨位：41822。

第一、第二巡洋舰队

防护巡洋舰："奥列格"号（旗舰）、"阿芙乐尔"号、"斯维特拉娜"号、"金刚石"号、"珍珠"号、"绿宝石"号。

旧装甲巡洋舰："德米特里·顿斯科伊"号。

司令长官：恩科韦斯特海军少将。

总吨位：32177。

除上述舰船外，第二太平洋舰队还有9艘驱逐舰、14艘运输船、14艘工作船、1艘医院船和1艘特别任务船。

10月16日，第二太平洋舰队的全体官兵在举行了庄严的出师典礼之后，正式从利巴雅出发，踏上了凶险的未知之路。

▲ 第二太平洋舰队出师仪式

万里远征

远征一开始，罗杰斯特文斯基就碰到一个十分棘手的大麻烦。由于日军在远东的军事胜利，俄国水兵的士气普遍偏低，身在海上的第二太平洋舰队的水兵们更是如同惊弓之鸟一般，惶惶不可终日。对日本的无知让他们不断地在心中夸大敌人的手段，甚至在水兵中有说法认为，日本的联合舰队已经在北海布下了埋伏，正等着这支可怜的舰队自投罗网。惊恐的俄国水兵开始在波罗的海疯狂地对着他们所能看见的一切非俄国船只开炮，而这些船其实基本都是来自瑞典、挪威、丹麦这些和战争毫无干系的国家的商船。所幸，水兵糟糕的瞄准为俄国避免了一场又一场的外交风波。更大的丑闻发生在 10 月 21 日，修理舰“堪察加”号突然发出电讯，称自己遭到了日本鱼雷艇的围攻！俄国水兵在紧张的氛围中煎熬着，到了次日，进入北海的俄军又发现了一些不明船只。由于海面上的大雾遮蔽了视线，第二太平洋舰队立刻进入战斗状态，并很快将这几只小船送入海底。虽然之后因为这场大雾，第二太平洋舰队各战舰之间发生了严重的误击事件，但是此时，整支舰队上上下下都觉得取得了出师以来的第一场胜利，并为此欢呼雀跃。他们没有想到的是，他们攻击的只是几艘可怜的英国渔船。他们更没有想到的是，怒不可遏的英国已经向其他中立国家施压，要求他们拒绝俄国第二太平洋舰队入港。这一切，还要等到西班牙海军用他们那破旧的战船拒绝第二太平洋舰队入港时，罗杰斯特文斯基才能知道。

第二太平洋舰队的坏运气并没有因为他们离开欧洲而结束。原本罗杰斯特文斯基计划在法国殖民地进行加煤和休整，可令他没有想到的是，就在船上的无线电发生故障的时候，德皇威廉二世已经送了俄国一个“外交大礼包”。1902 年，法国与西班牙秘密签署了瓜分摩洛哥的协议，同时通过英法协约，法国在摩洛哥的利益得到了英国的认可。对此极为不满的德皇威廉二世，立刻开始对摩洛哥进行援助。虽然德国的力量还不足以改变摩洛哥即将被法国控制的现实，但是德国的举动让法国人感到神经紧张。对于法国人来说，在地中海的事务中，俄国远没有英国对自己的帮助大，而且俄皇尼古拉二世与德皇威廉二世之间的友情所导致的两国近似亲密的关系，也令法国人感到紧张。这使法国的立场发生了极大的转变，甚至决心即便与俄国为敌，也要稳固住自己与英国的同盟关系。

因此，当第二太平洋舰队到达法国殖民地加蓬时，罗杰斯特文斯基面对的是态度强硬的加蓬总督。总督拒绝让俄国舰队在加蓬休整，甚至拒绝德国汉堡美洲航运公司的加煤船在公海为俄国舰队加煤。罗杰斯特文斯基愤怒地大喊："阁下，这里是公海！"对此，这个法国人则回应说："是的，阁下，但是这里是靠近加蓬的公海。"

令罗杰斯特文斯基头疼的事情远远不止这些，由于船上的无线电设备频频发生故障，他甚至根本无法获知外面的消息。如果这还不用太过在意的话，那么无法确定德国加煤船的位置，就成了一个严重的问题。罗杰斯特文斯基不得不把握好每一次加煤的机会，疯狂地往船里塞进尽可能多的煤，就连浴室、甲板、军官仓无一例外都放满了袋装的煤炭，毕竟谁也无法保证下一次加煤会是什么时候。罗杰斯特文斯基的这一命令让船员们苦不堪言，除了对俄国人来说并不友善的炎热天气之外，现在又加上了满船的煤灰要忍受。如果说还有什么比这更能打击水兵士气，那就只有后勤问题了：由于一艘冷藏船出现故障，几千吨的生肉就这样被白白浪费掉了！更令人哭笑不得的是，后勤人员居然在舰队航行到热带地区时，为水兵们送来了几千件棉衣。

假使这些都还在能够克服的范围内，那么很快，一个更糟糕的、无法逆转的灾难向舰队袭来。当舰队开到法国殖民地马达加斯加时，一个惊天动地的大新闻砸得罗杰斯特文斯基眼冒金星——旅顺陷落了！

第二太平洋舰队原本的使命就是与旅顺港内的太平洋舰队会合，然而旅顺陷落、太平洋舰队全军覆灭已使这个使命成了不可能完成的任务。法国这时大方地允许俄

◀ 旅顺港内的太平洋舰队

国舰队在马达加斯加的港口停靠，或许是因为他们觉得这些俄国人会转身回去，可能连罗杰斯特文斯基本人也是这么想的，但尼古拉二世却没有这个意思，没有接到返航通知的罗杰斯特文斯基只能继续前进。临走前，船员们往船上弄了大量的活物，显然之前冷藏船的故障还让他们心有余悸。

总之，对罗杰斯特文斯基来说，前方可没有多少能让他松口气的地方。印度洋在英国人的牢牢控制之下，要想如在马达加斯加这般休整加煤，其可能性就跟沙皇能够舀干日本海的几率一样大。令人欣慰的是，在印度洋上的航行让俄国水兵的加煤技巧越加精湛，旗舰“苏沃洛夫”号上的水兵一小时就能加煤 120 吨，打破了英国水手一小时加煤 102 吨的世界纪录。在印度洋上的航行持续了整整 3 周，舰队在无垠的海洋上保持着一成不变的 8 节航速，在看不到船的海面上惬意地前进，仿佛他们只是来享受印度洋上的温暖阳光。如果不是平均每三天一次的水兵跳海自杀事件，以及囚船不断发来船上即将满员的消息，这一切看上去还挺美好。

舰队到了苏门答腊岛后，负责侦察的“光明”号巡洋舰带来了令整支舰队精神紧张的消息：他们声称看到了严阵以待的海岸炮，以及海上无数的鱼雷艇与游弋的潜艇。不过在舰队司令部花了一段时间研究了“光明”号带来的情报之后，得出的结论是这一海域是安全的。

之后，舰队到达了新加坡。虽然英国人毫不掩饰对俄国舰队的不满，但是对他们能够完成如此远距离的航行这一壮举本身依然保有极大的敬意。最重要的是，英国的情报人员需要趁着这个机会，为自己的盟友评估一下此时这支庞大舰队的战斗力。很快，英国人就发现，俄国舰队船只下的藤壶类水生生物已经多到开始影响其航速的程度。早先是没地方可以停泊下来让舰队除掉水下这些碍事的小玩意，现在一靠岸却有无数的坏消息如同雪花一般飘来：奉天失守，辽河以东地区已经彻底被日军掌控！越来越多的坏消息让罗杰斯特文斯基无力招架，更可怕的是，海军部将波罗的海舰队中那些被罗杰斯特文斯基挑剩的老旧舰船清点一番，组成了第三太平洋舰队，止赴往远东。罗杰斯特文斯基非常清楚没被他选中的那些船是个什么状态，他甚至开始考虑，不听从总部向他传达的前往金兰湾等待与第三舰队会合的命令，而是直接北上奔赴战区。不过，即使在新加坡加再多的煤，舰队依然不可能一直开到海参崴；一万个不情愿的罗杰斯特文斯基最终还是选择来到金兰湾，等着拖后腿的第三太平洋舰队的到来。

与罗杰斯特文斯基一样，日本联合舰队总司令东乡平八郎也因为这个第三太平洋舰队即将到来的消息而心急如焚。他从英国人的口中得知了俄第二、第三太平洋舰队的规模之后，对两个舰队的吨位与火炮进行了评估，并得出了令自己毛骨悚然的结果。忌惮的日本政府立刻对法国政府施压，让其驱逐泊在金兰湾的俄国舰队。法国人并不想彻底得罪俄国人，因而罗杰斯特文斯基被允许带着舰队到平富湾下锚。

平富湾的环境相当糟糕，港口设施的缺乏使罗杰斯特文斯基只能眼睁睁地看着那些甲壳类动物在自己的船底繁衍生息。他的副手，第二战舰队司令长官弗尔克萨姆海军少将则在抵达平富湾的次日病逝。在等来了第三太平洋舰队之后，罗杰斯特文斯基不得不立刻踏上旅途，因为德皇威廉二世就摩洛哥问题正式对法国发出了最后通牒。对俄国的不信任，以及对普法战争的心有余悸，让法国人很快就炸了锅。在加蓬遭到无礼对待的罗杰斯特文斯基不难想象如果自己继续待在这里，这群法国佬会做些什么，所以还是趁早离开为好。

在添上了足够多的煤之后，罗杰斯特文斯基的舰队通过南海驶进了东海。为了安全起见，在抵达海参崴之前，罗杰斯特文斯基并不打算带着舰队到中国的港口停靠。在舰队从东面绕过台湾岛之后，被独自派去中国港口采办给养的“希望”号为舰队送来了最后的食物——一堆令厨师们头疼的中国腊肉。不过水兵们也没得挑，因为给养越来越少。罗杰斯特文斯基则在为之后的路线苦恼，摆在他面前的有两条路：一条是经过朝鲜半岛与日本之间的对马海峡；另一条则是绕过日本，通过南千岛群岛进入日本海。后一条路线更安全一些，但是考虑到给养问题，罗杰斯特文斯基最终还是选择了前一条路线。水兵们也很高兴，因为对他们来说胜败已经不重要了，重要的是尽快结束这令人发疯的海上航行，不论是以怎样的方式。

东乡平八郎对战机抓得很准，他料定俄国人在没有给养和煤炭保障的情况下，不会冒着跟洋流走的风险向东绕过日本，而是会通过对马海峡直接前往海参崴。根据这一推断，东乡平八郎集结舰队，等待着俄国舰队自投罗网。这

▲ “苏沃洛夫”号战列舰

▲ 对马海战

是一场豪赌，因为一旦东乡平八郎失误，那么日本联合舰队所面临的威胁，将极有可能彻底改写日俄战争的结局。好在东乡平八郎坚信自己的判断，从始至终都没有分兵。

很快，在对马海峡，一场大海战将俄罗斯帝国三代沙皇在海军建设上的努力都变成了水下的废铁。而凭借极强运势逃脱出来的幸运儿——“阿芙乐尔”号在十月革命中，又给俄国和全世界带来了一声炮响。

帝国梦碎

第二太平洋舰队的覆灭，让俄国在这场战争中翻盘的一切希望都变成了泡影。而且伴随着俄国这支本应在波罗的海的庞大舰队的毁灭，波罗的海的局势也发生了极大的逆转。没有舰队的保护，包括首都圣彼得堡在内，大量的波罗的海沿海城市等于直接暴露在了德国海军的威胁之下。即使尼古拉二世再不愿意，也必须接受一个事实，那就是俄国在这场战争中，实际上已经全面失败了。

日军的军事行动还在继续，借着消灭俄第二太平洋舰队的余威，1905 年 5 月下旬，日军成立北遣舰队，准备登陆依旧可能会威胁到日本本土的库页岛，解除岛上的俄国武装。7 月 4 日，日本陆军第十三师团的登陆部队在北遣舰队的护卫下，登陆库页岛南部的亚庭湾和女丽。7 月 19 日，日军第二支登陆部队在小樽集合，在剩余北遣舰队的护送下，于 7 月 24 日到达亚历山大罗夫海，最后在阿尔科沃谷地登陆。

面对计划周密的日军，兵力匮乏且毫无准备的俄军显然没有多大胜算。在经历了短暂的交火之后，8 月 1 日，俄国军务委员、库页岛军司令官利并普诺夫向登陆日军投降。对库页岛的占领，进一步增添了日本索取利益的筹码。不过日本也明白，此时的日本与俄国在国力上存在巨大的差异，因此还是希望尽可能地以外交谈判的方式，来结束这场消耗巨大的战争。

俄国方面，前两任沙皇在位期间推行的社会改革变得滞缓之后所积压的社会矛盾，在日俄战争失利后进一步爆发出来。不仅工人罢工与农民暴动不断，许多矿业和石油工业的资本家也担心战争继续下去会对自己的利益造成巨大损害，因此强烈要求俄国政府尽快结束战争。担心国内形势进一步恶化的俄国政府，早在1905年3月便开始尝试接受美国的调停。3月21日，俄国外交大臣拉姆斯多夫通过法国方面向日本提出了俄国的几项媾和条件：

一、俄国不割让任何领土。

二、俄国不支付军事赔偿。

三、俄国保留通往符拉迪沃斯托克的铁路。

四、俄国保留太平洋舰队。

4月10日，法国外交部部长德尔卡塞在与俄国方面进行磋商之后，向日本驻法大使本野一郎表示愿意居中调解，但是由于与日方诉求不同，遭到日方拒绝。4月18日，日本向美国方面转告了法国的调停经过，并请求美国总统代为调停。美国总统西奥多·罗斯福对日本的要求欣然应允，作为回报，美国要求“日本保持东北门户开放政策，并将主权还给中国”。

伴随着第二太平舰队的覆灭，俄国内部要求媾和的声音也越来越大。在6月6日的御前会议上，阿列克塞大公坚决主张在战事进一步走向灾难化之前与日本议和，而之前作为主战派的弗拉基米尔·亚历山大罗维奇大公也转变立场，主张尽快议和。弗拉基米尔大公的意见在这场御前会议中起到了极大的作用，即使仍有冒险主义者主张继续作战，也在弗拉基米尔大公冷静的分析下偃旗息鼓；毕竟以当时的战争形势来看，俄国如果想要改变现状，所付出的代价将极为沉重，更何况俄国已经陷入了一个最大的困境中，那就是海军的毁灭。最终，尼古拉二世选择接受议和。

6月7日，尼古拉二世接见了美国公使兰格尔克迈耶之后，向美国方面正式表达了俄国愿意接受议和的想法。6月8日，罗斯福总统照会日俄两国公使之后，日俄双方分别于6月10日和6月12日正式发布通知，表示接受美国的调停，并派出代表前往美国朴茨茅斯进行和谈。

不过朴茨茅斯会议最终拖延到了8月，也就是日本完成了对库页岛的占领之后，才正式开始。在会议开始前的这段时间里，不仅日本为和谈争取了更多的资本，就连英国也通过扩大英日同盟的方式将自己在印度的安全利益搬上了朴茨茅斯的谈判桌。俄国方面，却遇到了一个极大的麻烦，那就是谈判首席代表的人选尚未定下来。原本俄国拟定了几个外交官，但这些人都清楚这个任务会对自己以及家族的政治生涯带来怎样的污点，所以他们纷纷以各种理由推辞掉了。在这样的尴尬局面下，尼古拉二世只能去找已被免职的财政大臣维特。赋闲在家的维特自然也明白这究竟是一个怎样的任务，但这位政坛元老却毅然决然地接下了这项危机重重的重任。

离开了圣彼得堡的维特代表团在经过巴黎时，先面见了法国内阁总理鲁维埃和总统卢贝。此时的俄国已经难以从法国的金融市场继续获得贷款了，而维特凭借高超的外交手腕，不仅获得了法国对俄国在谈判上的支持，甚至令法国表示，如果俄国需要付给日本高额赔款，法国愿意代为支付。即便在法国获得了外交上的局部胜利，但在法国所受的冷遇依旧让维特这位老政客感到无比心寒。然而沉重的压力，令他不得不到了美国之后立刻展开外交攻势，以期获得美国的舆论支持。维特这一手玩得相当成功，在美国的舆论压力下，日本被迫在许多条款上做出了极大的让步。

1905年9月5日，在维特的努力之下，俄国与日本最终达成共识，并签订了《朴茨茅斯和约》。这一条约极大地挽回了俄国的利益，在中国东北地区，双方以长春为界，划分出了各自的势力范围；至于朝鲜半岛，日本则将其彻底变为自己的势力范围，并且之后通过“日韩合并”将朝鲜半岛变成了自己的领土；在库页岛方面，经过维特的努力，双方最后以北纬50度为线分割了库页岛，以南为日本领土，以北则为俄国领土。

▶ *朴茨茅斯会议现场*

尘埃落定之后，俄国在中国东北地区再难有大的作为。然而伴随着清政府的垮台，俄国又介入到蒙古的问题之中。不过即使如此，尼古拉二世在之后的一切远东扩张政策都已不复中俄战争之后鲸吞东北的气势。而俄罗斯帝国自身，最终也在一战的血雨腥风之中，轰然倒下。

▲ 一战前的尼古拉二世大阅兵

参考文献

[1] 穆景元，毛敏修，白俊山．日俄战争史 [M]. 沈阳：辽宁大学出版社，1993.

[2] （苏俄）国家中央档案馆．日俄战争 [M]. 吉林省社会科学院，译．北京：商务印书馆，1976.

[3] 辽宁省档案馆．日俄战争档案史料 [M]. 沈阳：辽宁古籍出版社，1995.

[4] 秋山好古．战略与谋略 [M]. 古月，译．北京：军事译文出版社，1985.

[5] 黄文涛．中日俄竞争下之东北铁道网 [M]. 南京：南京书店，2016.

[6] 鲍・亚・罗曼诺夫．日俄战争外交史纲 [M]. 上海人民出版社，译．上海：上海人民出版社 1976.

[7] 乔治・亚历山大・伦森．俄中战争 [M]. 陈芳芝，译．北京：商务印书馆，1982.

[8] 鲍里斯・亚历山大罗维奇・罗曼诺夫．俄国在满洲（1892~1906）[M]. 民耿，译．北京：商务印书馆，1980.

[9] 库罗帕特金．俄国军队与对日战争 [M]. 北京：商务印书馆，1980.

[10] 谢・尤・维特．俄国末代沙皇尼古拉二世 [M]. 张开，译．北京：新华出版社，1983.

[11] Русско-японская война. *Собрание материалов*[M].статей и публикаций. Карты военных действий. Проверено 6 января ,2009.

[12] книги. *«Надводные корабли России: история и современность» тех же авторов*[M]. Владивосток, 1996.

荡然无存的“天朝”颜面

第二次鸦片战争始末

作者 / 曹变蛟

1856年，对咸丰帝来说可谓是喜忧参半的一年。忧的是上半年，清廷抽调各地绿营精锐组织的两个重兵集团——江北、江南大营被相继攻破，从太平军兴起就一直与之交战的老将——钦差大臣向荣惊骇病死；而清廷捉襟见肘的财力无法在短期内再次组织起如江北、江南大营这样强有力的兵团，这使太平军成了一只挣脱了镣铐的猛兽，让咸丰帝整日提心吊胆、忧愁不断。但是紧接着一个好消息传来，让咸丰帝不禁转忧为喜——太平军在天京（今南京）起内讧了！

攻破江北、江南大营后，东王杨秀清逼宫谋权，却被心腹佐天侯陈承瑢出卖。天王洪秀全密诏韦昌辉带兵“讨逆”，韦昌辉诛杀杨秀清后，却又开始反攻倒算，肆意屠杀，光是在内乱中死掉的新老太平军据保守估计就有2万人之多。之后，翼王石达开回天京几遭不测，堪堪脱险逃回安徽后，愤而起兵“清君侧”。

▲ 咸丰帝朝服像

天京的变乱也大大影响了前方的战局，太平军在多地转攻为守。太平军收缩战线给了清军喘息之机不提，甚至出现了一线主力不待战役结束就抽身返回、卷入内讧的情况。由是，被击溃的江北、江南大营也重新组建起来，清军开始不断反扑，试图“乘其内乱，次第削平，兵饷可不加增，而成功庶几有望”。只是太平军并没有如咸丰帝所想一直内讧下去，韦昌辉两日内迅速被诛，天京军民迎翼王石达开回京。在石达开的指挥下，太平军接连挫败清军，一扫内讧以来的颓势。情况似乎不如咸丰帝想的那么美好，早日结束太平军起义怕是不太可能了。然而他不知道的是，就在他为内患忧愁的时候，外患也“主动”找上门来了。

“亚罗”号事件

1856年10月8日，得到线报的清广东水师在广州附近的水路上，搜查了一艘名为“亚罗”的绿壳（lorcha）船，船上的12名中国水手被全部带走。英方领事巴夏礼（H.SParkes）以“亚罗”号在香港登记、有英国国籍为由，要求清方释放全部被捕水手。

事实上，“亚罗”号登记时间为1855年9月27日，在“亚罗”号事件发生时，其执照已过期12天。英方不但对清廷隐瞒了执照过期一事，还对“亚罗”号是一艘以走私和抢劫为主业的海盗船视而不见。广东水师对其采取行动，正是得到了苦主的举报，而在被捕的12名水手中，就有2名是臭名昭著的海盗。理所当然地，英国人的这一要求被拒绝了，于是巴夏礼立即向公使包令（John Bowring）报告此事，并添油加醋地声称：据当时正在另一艘船上的“亚罗”号船长说，他看到清军官兵扯下了船上的英国国旗，侮辱了英国的尊严云云。同时，他照会广东总督叶名琛，要求清方道歉并释放囚犯，另外保证从今往后不再发生类似事件。

10月10日，叶名琛释放9名水手，但被巴夏礼拒收。10月16日，包令终于对叶名琛透露部分真实目的，按清方的记载是：“如不速为弥补，自饬本国水师，将和约缺陷补足。”

“和约缺陷”指的是什么呢，这得从1842年第一次鸦片战争结束后的广州反入城斗争开始说起。

在第一次鸦片战争中，清廷集结数万兵力，耗资2781万两白银，却因为体制与军事上的腐朽落后，屡次败于人数较少的英军，更被迫签下了不平等的《中英南京条约》。由于中英两方翻译引起的歧义，英国人认为，战后他们可以进入作为通商口岸的城市，依据是《中英

▲ 清广东水师检查“亚罗”号

南京条约》第二款：“自今以后，大皇帝恩准英国人民带同所属家眷，寄居大清沿海之广州、福州、厦门、宁波、上海等五处港口，贸易通商无碍，且大英国君主派设领事、管事等官驻该五处城邑。”

条款中的“港口”等限制倒是一目了然，没什么问题，关键在于“城邑”该如何理解？“城”之意自不必多说，“邑”亦有“城市、都城”的意思，且“邑”字在中文里很早就有指代“城市”的含义，如“小则获邑，大则获城”。可以说，“城邑”的中文释义是相当明确的，指的就是“城市”。然而，清廷并不愿让英国在城内设领事馆，于是有官员在上奏的公文里，称条约原文中的“城邑”并不是指城内，并特意向当时的道光皇帝表明。因为事关机密，所以公文里没有细说，而是单独在该公文的夹片（附录）里详叙，并要求皇帝将此片“留中”以防外泄。同时，朝廷通告英国领事，“城邑”兼指城市内外，而英国人前来通商是客，不宜喧宾夺主，自应在城外居住。

对此，英方自然不同意，因为根据《中英南京条约》中文版回译，“港口”“城邑”在英文版中都被翻译为“城市和镇”。如果以此为标准，英国人民和其外交官都有权进入广州城，且根据当时和现在通行的国际惯例，国际条约的各种文本具有同等的法律作用。总之，由于双方签字时未声明以何种文本解释为准，导致了这一分歧的出现。因此在1854年签订的《修约十八条》和1858年签订的《中英天津条约》中，英方特意强调：遇到中英文文本有歧义之处，必须以英文为准。

▲ 《中英南京条约》的签订现场

不过在1843年，英方第一次明确提出进入广州城时，当时负责此事的大臣耆英，答复英国人的是：进城可以，毕竟其他几处通商口岸洋人都进去了，广州岂有例外之理？但是，他同时表示上次战争带给广东人民的伤痛太大，而广东本就是民风剽悍之地，现在进城唯恐激化矛盾，他声称已经督促地方官进行开导，所以进城之事还得再缓一缓云云。

耆英不愧是官场老手，一没同意英国人入城，同时也未明确否认英国人有入城权利；二则打算把皮球踢给南京、福州等地的同僚，祸水东引；三则给出了一个并不过分的理由，准备大玩拖字诀。只可惜洋人并不好糊弄。在发觉清方是刻意拖延、推诿、找理由后，英国人于1847年再次发动4艘战舰和近千名士兵，攻入珠江，击毁沿途清军炮台，并攻破虎门，直逼广州。

眼见要出大事的耆英只好允诺两年后，即1849年4月开放广州城。不过他在1848年初就被召回北京，还因为抚夷有功晋升为文渊阁大学士。他的继任者为两广总督徐广缙与广东巡抚叶名琛，相比耆英在洋人面前的软弱谀媚[①]，这两位持强硬态度的官员于1949年4月拒绝了英国人要求入城的请求。叶名琛发动了大量当地缙绅反对洋人进城，徐广缙甚至不惜为此假造谕旨，以向英方证明入城一事确不可行。英方权衡利弊，决定放弃入城。几年前被洋人暴力打碎“天朝上国”迷梦的道光皇帝，觉得这是一场巨大的外交胜利，给自己找回了面子，禁不住龙颜大悦，称赞徐、叶二人“不折一兵，不发一矢”“中外绥靖，可以久安”“实深嘉悦”，并封徐广缙一等子爵、叶名琛一等男爵。

1850年，英国公使文翰（Sir George Bonham）等人北上“告御状”，希望让皇帝施压解决入城问题，然而终不了了之，但这事并没有就此结束。

1854年，包令接替文翰成为新任英国驻华公使，根据来自本土的命令，要求叶名琛与其修正1842年的《中英南京条约》与1843年的《中英虎门条约》及其附件。英方提出的依据是1844年《中美望厦条约》第34款：“条约一经签订，双方即应遵守；如确因各通商口岸情况变化而需要修订，也须经双方协商而定，而这个修订条约的时间则被定为12年后。”除此之外，还有1843年《中英虎门条约》第

① 虽然耆英的态度不是发自本心而是被逼的，但他言语之谀媚，甚至被英国人认为性取向不正常，他的“御夷”（外交）书信也被对方当成过情书。

8 款：如果修约，则同为最惠国的英美都要“一体均沾”。

可惜他们遇上的是以对外“强硬”著称的叶名琛。英方几次要求入城会晤都被叶名琛拒绝了，难得被接见一次却是在广州城外河边的仓库，原因是叶名琛认为区区外夷怎能与朝廷一品大员相提并论。除去这种充满了清朝特色的歧视，英方提出的修约等要求也被叶名琛用笔头功夫糊弄过去，之后英方发出的照会更是被叶名琛以“有空再议”含糊带过。事后，叶名琛在上奏给咸丰帝的夹片中泄露出他对这一伎俩的得意：他并没有把话说死，而是看似给洋人留了念想，让其心存侥幸，这样就可以一直推诿下去。

1854 年，广州爆发天地会“红兵”大起义，一度席卷全省。可即使是在起义军几乎攻入广州城的当口，叶名琛面对洋人的修约及入城要求，也丝毫没有动摇过，不是玩拖字诀就是继续推诿。直到“亚罗”号事件爆发前，叶名琛都将拖字诀挥舞得如同评书中武将们的银枪一般密不透风，把英方以及其他国家提出的修约、入城等要求，统统挡在外面。

现在，让我们将时间拉回到“亚罗”号事件发生后。

显而易见，英方除了打算借“亚罗”号事件解决一直以来被百般推诿的入城与修约之事外，还想由此获取更多利益。10 月 21 日，巴夏礼发出最后通牒，限叶名琛在 24 小时内满足英方要求。叶名琛只答应释放全部囚犯，对其他要求不置可否。于是，包令下令驻香港英军进攻广州，战争由是打响。很明显，对于一心打算“找茬”的英方来说，“亚罗”号事件只是个牵强无比的借口，但这已经足够了。

1856 年 10 月 23 日，也就是“亚罗”号事件发生 15 天、巴夏礼发出最后通牒 2 天后，3 艘英国军舰在英国驻东印度区舰队司令西马縻各厘（M.Seymour）的指挥下攻入虎门，沿途炮击清军目标，并且攻占广州东郊的猎德炮台。下午 4 点，巴夏礼照会叶名琛，宣称：“除非你答应我们的每一项要求，否则海军将继续毁坏防御工事以及江上的（清）政府船只。”此时的叶名琛却“镇定”地在“校场看乡试马箭”，接到警告后，他居然笑说洋人到了晚上就会自动撤退，同时严令所有内河水师统统不许还击，之后居然继续回去看武试。

24 日，英军摧毁并攻占凤凰冈等处炮台，而叶名琛仍然“下校场看箭”。到了中午，随着英军炮击的动静越来越大，炮台或被占领或被毁坏，各处清军守兵均听令不抵抗逃散，叶名琛依然不动声色地“看箭”。直到手下官员纷纷假托风大难射箭，请求早早收场后，叶名琛才“允令”退堂。

25日，英军攻占海珠炮台、商馆等处，广州城外的防御工事全部落入英军手中。英军至此兵临广州城下，可叶名琛对此毫无反应。反观民间，广州城内外纷纷挂起告示，邀集团练民勇，共同抵抗英军，一共组织起团练2万多人，声势浩大。到了中午，有广州城西关的数千名团勇，扬旗列队行过十三行洋楼下。洋楼上的外国人立即开枪，杀死练勇1人、百姓2人。见此情形，民众及团勇纷纷鼓噪，当地士绅则害怕矛盾进一步激化，赶忙安抚阻止。隔天，叶名琛才做出反应，但居然是下令关闭粤海关，停止中外贸易。

27日，英方发出照会，要求允许洋人自由进入广州城。未收到答复后，英军开始以约5分钟一次的频率开炮炮击广州城。当时，督署内的兵丁衙役逃散一空，叶名琛却“坐二堂上，毫无惧色”，并终于发出告示，命令广州军民协力齐抗英军，还开出了击杀英军一人就“按名赏银三十大元”的极高奖赏。

28日，英军集火轰击广州城南的城墙。当晚轰开缺口后，英军又在靖海门外放火，火势直逼城楼。

29日，英军百余人于下午2点攻入广州城，与清军在街道、房屋中交上了火，在付出3人死亡、11人受伤的代价后，西马縻各厘由巴夏礼陪同入城，某种程度上通过战争实现了“入城”的要求。而“正巧”当天叶名琛去文庙上香，没有被英军捉个正着。之后，兵力不足的英军很快从广州城内撤退，但是依然继续炮击以保持军事压制。英军接下来发出的数份照会同样没有得到叶名琛的回复；公使包令冒着进城被抓住凌迟的风险，要求与叶名琛见面会谈，也被拒绝。

11月3日和8日，英、清两军水师发生小规模交战，清军试图将火筏及载有爆炸物的舢板船借潮引向英军，但效果并不理想。

11月12日，英军攻取虎门炮台，隔日攻占亚娘鞋炮台。两个炮台加起来共有400门以上的火炮，然而炮台内的清军均未做出任何有效抵抗。

11月15日及20日，广东水师偷袭英舰未果，却让英军加强了防线周围的防御。期间，包令等人数次对叶名琛发出照会，却都被拒绝。

叶名琛的计划

在接连数日的武装对抗中，叶名琛相当于“自废武功”，把脸伸过去给英军打，但一般人绝不会做出如此毫无道理的事情，更何况面对英军规模不小的军事行动，

▲ *两广总督叶名琛*

他的反应居然出人意料的镇定和迟钝。他为什么这么淡定？又为何在如此大的军事压力下还这般强硬？或者说，在他反常行为的背后，还有着怎样的底牌等着在合适的时机翻开？

这得从叶名琛从前的事迹说起。

叶名琛，字昆臣，湖北汉阳人，出身于官宦世家。《清史稿》记录下了他的升官轨迹：

“道光十五年进士，选庶吉士，授编修。十八年，出为陕西兴安知府，历山西雁平道、江西盐道、云南按察使，湖南、甘肃、广东布政使。二十八年，擢广东巡抚。二十九年，英人欲践入城之约，名琛偕总督徐广缙坚执勿许，联合民团，严为戒备。华商自停贸易以制之，英人始寝前议。封一等男爵，赐花翎。三十年，平英德土匪，被优叙。咸丰元年，歼罗镜会匪吴三，加太子少保。二年，广缙赴广西督师，命名琛接办罗镜剿捕事宜，出驻高州。是年秋，罗镜匪首凌十八就歼，加总督衔，署总督，赴南、韶一带督剿。寻实授两广总督，兼通商大臣。”

无论从哪方面来说，叶名琛在当时都是精英中的精英了。论出身，他是最正宗的科举出身，饱读圣贤书；论升官，10年不到连跳9级，升到省级大员，这还包括丁忧守制的那27个月；论功绩，他平定了罗镜吴三、凌十八起义军，乃至抵挡住了后来遍及全省的天地会“红兵”大起义①。然而，以上功绩实际上都不是最耀眼的，叶名琛对外“抗拒”的“功绩”，才是真正打动咸丰帝的地方，深得其欢心。

咸丰帝登基后，相比他那被洋人戳破“天朝上国”迷梦之后就捂起耳朵、埋头当鸵鸟的老爹道光——“恶闻洋务及灾荒盗贼事”，他对洋人的态度明显要强硬得多，颇有一种重振权威之势。比如在第一次鸦片战争期间及之后给道光皇帝和沿海官员收拾烂摊子，对外持妥协软弱政策的耆英等人，被新登基的咸丰帝或降罪处理，

① 其实在抵抗“红兵”大起义这件事上，叶名琛基本上是依靠洋人的帮助。“红兵”首领陈显良就曾向英美等国控诉：“惟各大国贸易者每每以桦艇等船，用米盖住火药，载运进省，其火炮名为防贼，而实卖与奸官……及以火船载渡奸兵进省。”除去以火药支援叶名琛外，英美等国还以军舰轰击“红兵”水师、舟桥以及陆上目标，只是他们的帮助似乎并没有打动叶名琛。

或直接撤换。这位对道光朝官员对外委曲求全行为不理解也不打算理解的咸丰帝，狠狠批判了耆英等人的“畏葸无能”，只能靠所谓“怕民变”的借口糊弄洋人，不顾国家颜面。得知英国公使文翰等人为入城问题而北上天津、上海等地“告御状”时，咸丰帝借着向对外强硬派以及在新天子“杀鸡儆猴”态势下不得不对外强硬的官员们询问沿海布防情况，着重威胁了一番潜在的对外软弱派。咸丰帝告诉他们，各处紧要地区一定要布防妥当不可大意，再像以前那样对外委曲求全，“其一味卑谄懦弱者概应更换”。

然而上有政策，下有对策。在紧迫的政令前，各地督抚群策群力，很快上报了一个又一个似是而非的“好办法”。

直隶总督讷尔经额奏称，大沽—北塘一带的炮台和兵力足以抵御洋人，只要组织些团练作为补充就能发挥威力。估计是认为大沽和北塘一带的炮台太强大了，他甚至给咸丰帝打包票称：“此臣十载筹防所可深信者，不敢于圣主面前，稍作过量语。”然而，炮台实际上已修成很久，团练也几乎是常设，他上这个奏折说白了等于什么都不打算做。

两江总督陆建瀛则奏称，因为上海已经（被迫）开放，所以得用别的办法来处理，至于苏松等地，可用沉船的方法阻止英军军舰的行动，然后施以火攻。只是这方法似乎是从清朝开国以来对付各路敌水师的不变之法，再往上算，明朝时对付葡萄牙人、荷兰人也是差不多的方法。一个几百年前的方法用来对付英军的铁甲火轮，效果严重堪忧，且这些方法得等同洋人交战时才能使用，所以同样是什么都没准备。而且陆建瀛根本没能活着等到施行它的时候，太平军攻破南京时（1853 年），陆建瀛乘轿欲“遁入满城”，结果被当场击毙。

浙江巡抚常大淳提出的对策相对正常一些，即补造战船、整顿水师、将团练融于保甲之中。说穿了，都是在办已经存在的事，所以还是等于什么都不打算做。

盛京将军奕兴的办法则颇有 10 年后僧格林沁的神韵，即全然不在东三省沿海设防，如果英军前来，则任由他们登岸，然后“坚壁清野以老其师”，最后以所谓“劲旅”——东三省的强力马队以逸待劳，歼灭“据说”不擅长陆战（这是当时清人对洋人陆战的一贯印象）的英军。所以，东三省也不用干什么，等着洋人上门就是。

至于广东的徐广缙、叶名琛两位搭档，办法依然是沿用 1849 年广州反入城斗争时的对策：

其一，鼓动民众，借助民力。第一次鸦片战争末期，聪明的清廷官员通过三元里抗英等事件发现了一个规律：正如粤东民谣所言，“官怕洋鬼，洋鬼怕百姓”。三元里等地就是靠民众击退英军的，作为前车之鉴，洋人似乎不敢贸然挑起民怨，因此只要以群情激奋的百姓为借口，朝廷就可以此为由拒绝洋人请求。耆英以及接替他的徐广缙、叶名琛，都是以民怨作为推脱洋人入城的主要理由之一，他们指望的是成为“民”“夷”冲突的调解人，而不是身处一线，直面洋人。

其二，断绝通商。他们好似认为，断绝通商就可以掐到重利的英夷“小人”的七寸，而且就算跨过大半个地球、携巨资前来经商的洋人不怕赔个底朝天，他们的军事力量也不足为惧。“据说”英军在亚洲的大本营香港只有一千多驻军，如此人数怎能和广东的数十万军民匹敌？

于是这两位搭档得出的结论是：英国为了维护自身的利益绝不敢动武开战，所以不必庸人自扰，用以往的老办法就可以轻松制夷。咸丰帝对此表示了肯定，他好像没察觉到自己登基后打算超越老爹而烧的第一把火，就这么被底下官员悄无声息、阳奉阴违地“熄灭”了。

后来，徐广缙被调去平定凌十八起义，剩下叶名琛一个人与洋人大玩拖字诀，于是咸丰帝很快就注意到了他，毕竟在道光皇帝没死的时候，叶名琛就以 1849 年广州反入城斗争，给他爹大大地找回了面子。

到了 1853 年，《中英南京条约》规定的 5 个通商口岸，洋人已经进驻了 4 个，只有广州依然是抵抗洋人的“最前线”。别的地方，洋人和朝廷官员天天都得见面会晤，唯独广州这边洋人不但见不着叶名琛，就算见面还得被安排到城外河边的小仓库。所以这样一个对外以歧视手段抗拒洋人、对内收拾叛贼也相当“得力”的强硬派，怎能不得咸丰帝的欢心呢？咸丰帝几乎将叶名琛当成了广东的擎天一柱，对其无不言听计从。

不过，话又说回来，除去挑动民众和断绝通商，也没见叶名琛在数日的武装冲突中使出别的手段。所以，与其说叶名琛打算开战后欲扬先抑，不如说他已经底牌尽出、黔驴技穷了；因为无论是 25 日鼓动民众，还是 26 日断绝通商，都和之前广州反入城斗争等历次抗拒洋人的做法如出一辙。那么如何解释初期叶名琛命令清军不抵抗，以及面对英军攻城依然如此淡定呢？

这就要从地球另一端的一场战事说起了。1853 年 10 月 20 日，克里米亚战争爆发，奥斯曼帝国、英国、法国、撒丁王国等相继介入，并对俄国宣战。战争的结果是英法等国全面获胜，俄国惨败，后者于 1856 年 3 月签订了放弃若干到手利益、割地等条件苛刻的种种条约。那么，这一战事和叶名琛的淡定有什么关系呢？

当然有！因为叶名琛得到的情报居然是英方惨败，俄国向英方讨要赔款：“（俄军军舰）俱系来香港，向英吉利国夷人，索取前许之兵费（赔款）。”于是他“巧妙”地将这件事和英方要求入城联系起来，自以为明白了洋人为何要入城。

在他的想象中，英国人之所以苦苦要求入城，是因为欠了俄国人 7000 多万的赔款。英国人打算在广州征得这笔钱，所以必须入城，以便勒索银钱！恰巧“亚罗”号事件中，英国领事包令重提入城、修约等事，更加让叶名琛误以为，英方的真实目的除了实现多年来的入城、修约等愿望外，更要借着这个机会狠狠地在广州刮一层地皮。

叶名琛的情报失误远不止这一次。第二次鸦片战争爆发后，印度发生了土兵起义，结果旋遭英军镇压，叶名琛得到的情报却是：“伊（英国）属国孟加拉作叛，彼军（英军）战败。”“英军战败”也就算了，他得到的情报居然是“全军覆没”，甚至还“亡一大帅，或谓亡一驸马”，就连之后火烧圆明园的罪魁祸首——额尔金（James Bruce），也在印度吃了败仗逃到海边，幸得过路法军兵船搭救才幸免于难！

除了以上这些荒谬到让人啼笑皆非的情报外，叶名琛的情报系统里还有所谓的“英国女王国书”：“女主国书，已于十月中旬（阴历）由火轮船递到香港……”叶名琛奏报说，该国书的内容是让英军不要依仗武力，“恃强行事”，要和中国官员好好沟通，千万不能“妄动干戈”。这不但又一次与事实相反，甚至错误到连英国女王和议会的权力之分都搞不清楚。

与之类似的情报谬误，还有法国大使的消息：“（法国专使）由本国开行时，屡奉国王明示，英国与中国现有争战之事，派尔往广东，只在守约通和，不准助势附敌。”但实际上，法国专使格罗来此正是为了会同英军向大清开战，法国远征军此时已在路上。

法国插手的直接原因是，1856 年 2 月广西西林县官员处死了非法潜入当地传教的传教士马赖（A.Chapdelaine）。法国官员曾多次要求清方给出解释并赔偿，但遭到叶名琛拒绝，法国政府遂以此为借口派出格罗男爵为高级专使，领兵前来。

那么，这么多与事实截然相反且荒谬至极的情报，到底从何而来？

叶名琛自己曾在奏折里洋洋得意地卖弄道：“近日英国新闻纸愈加密秘……”所谓“新闻纸”，也就是报纸。叶名琛还表示，他不但将报纸“编列号数”，更秘密封锁起来，不是召开会议解决大事期间，就连洋人官员也不能取阅，外面当然也买不到，只他派去的人有本事，才苦心通过关系从洋人那儿弄到。

其实，报纸并不是不能作为情报来源，只是叶名琛把在香港等地满街发行的报纸当作绝密情报，实在是太过可笑；并且综合以上内容，这些报纸的可信程度相当值得怀疑。那么，如此荒谬绝伦的种种情报，难道就没有人怀疑过？

当然有，广东布政使江国霖曾就此向叶名琛发问："中堂（指叶名琛）所用探报，自然都可信？"叶名琛当即勃然大怒，并狠狠斥责了他。事后，他还得意地在番禺知县李福泰、南海知县华廷杰等人面前说，从前林则徐喜欢用探子打听消息但是被探子坑惨了，都是因为偏听偏信；而他就聪明多了，"合数十报单互证"。除此以外，叶名琛决定情报准确与否的办法，甚至包括他开签馆的老爹的"各处神签"。

通过这些谬误甚至与事实截然相反的情报，叶名琛将如此一个列强环伺，纷纷准备动手或者已经动手的险恶境地，看成是英国处境险恶、法国中立、俄国逼英国还债的状态。他还由此得出结论：英国断不可能对广东发起大规模武力介入，而小规模武力介入也只会出动香港驻军。那么在兵力、后劲都不足的情况下，只要继续和英国人玩拖字诀，胜利似乎指日可待。

如此这般，叶名琛的种种诡异举动也都可以得到解释。更不提某些巧合的发生，如"亚罗"号事件中英国领事包令重提入城、修约等事，进一步加深了叶名琛的错误判断。于是，凭着这些荒谬情报做出误判的叶名琛，不但态度强硬，且有恃无恐。

12 月 14 日，"亚罗"号事件发生一个多月后，咸丰帝方才收到叶名琛汇报此事的奏折。时间上的延误暂且不提，奏折内容却无比骇人听闻，这从标题上就能看出来——"英夷藉端寻衅、坚欲进城、力战两次获胜等由"。他不但捏造了两次交战共毙伤英军四百余人的"大捷"，更是宣称击杀了英军司令西马縻各厘！至于广州防御更是滴水不漏，区区 2 万兵勇就"足敷防守"。他还根据之前的错误情报，得意地声称法、美、俄等国"未必相助（英国）"。咸丰帝闻报大喜，批示说"（假如英国）因连败之后，自知悔祸，来求息事"，那你叶名琛也不能心软，不能像前任总督那样迁就这帮洋人，务必以胜利者的姿态"设法驾驭"他们。

咸丰帝仿佛已经看到了英国服输之后，不但"悔祸"来求自己原谅，而且叶名琛在自己的命令下不再发善心"迁就"英方的美好场景。只可惜，现实和他的想象差别甚大，不过此时的他还不知情，依然做着这个美梦……

广州周围的武装冲突持续了很长一段时间，英军尽管多次获胜，但兵力不足，且被当地军民不时的游击战骚扰折腾得苦不堪言。1857 年 1 月，英军撤离广州城，退往南郊凤凰冈。叶名琛得知后，在“当地行商意图和英国领事建立‘公所’以便会见”[①]的误导下，认为自己的策略起了成效，这是英方打算退缩的表现。于是，对建立公所一事“坚拒弗纳”之后，叶名琛于 1 月 23 日发出了第二份报捷奏折：“防剿英夷水陆获胜，现在夷情穷蹙。”咸丰帝阅后大喜，更为欣赏叶名琛，并回道：“朕亦不为遥制。”

2 月开始，英军逐渐撤出珠江，退往虎门。于是，叶名琛于 4 月 1 日向咸丰帝发出了第三份报捷奏折：“官兵连旬击剿，叠次焚船毙匪，堵御尚为严密。”除去一如既往捏造大捷外，他更声称英国国内不满前线官员擅动武力，认为“不应向中国启衅”，将“加派夷酋来粤定议”。但实际上，除去英国将派来新使这点没错以外，其他全部与事实相反。1857 年 2 月，英国下议院提出了谴责英国在华擅用武力的议案，然而议案通过后下议院就遭英国首相巴麦尊强制解散，重新大选。最终，巴麦尊一派在大选中获胜。3 月 30 日，英国政府派额尔金勋爵为专使，加大侵华力度。

对此毫不知情的咸丰帝甚至得意地指示叶名琛：不要穷追猛打，见好就收；不要不给人台阶下，让对方难做；要对新来的英国专使“以礼相接”。

叶名琛接到谕旨后，曾于 5 月 21 日派广东水师提督吴元猷试探包令，是否愿意和谈以及条件几何。然而，这次却换成英方强硬起来，他们根本不打算与叶名琛谈判！

5 月 26 日，叶名琛又一次向咸丰帝发出捷报：“该夷（英国人）乘隙起衅，天褫其魄，理宜然也。”可在叶名琛报捷的同时，得到增援的英军舰队已经重入珠江。

6 月 1 日，17 艘英舰与广东水师百余艘战船交火，清军大败，被英舰追至佛山。战后，英舰主力退出珠江，仅留三四艘军舰驻守南郊附近。叶名琛则在 6 月 27 日向咸丰帝报捷：“防御英夷，三次接仗获胜。”

7 月，额尔金到达香港，适逢印度孟加拉土兵起义，额尔金不得已抽调正赶往香港的英军和部分香港英军前往印度平叛。这在上文叶名琛收到荒谬情报的章节已

① 在叶名琛看来，这是英国人武力威胁失败后，退而求其次的选择。

有提及，他认为自己看破了英军“外强中干”的事实，认定从“亚罗”号事件以来的决策起到了显著成效。

之后数月，中英之间未发生大规模战事，仅有数次小冲突。11 月期间，美国新任公使列卫廉两次照会叶名琛要求修约，都被拒绝。

12 月 11 日，英方送来照会，通告了英法专使的到来，并告知次日英法专使将分别送上照会。12 日，英法两国船只如约送来本国专使的照会，其船上的白旗（国际惯例，表示休战）和早先收到的错误情报让叶名琛产生了英国人即将妥协的某种错觉，以至于万分得意地朝手下宣称：英国人现在穷急了，但是为了面子不来求他叶名琛，而实际上呢，外强中干的洋人已经气馁了，只是故意说大话唬他叶名琛。为了进一步证明英国人已经气馁，只是在强撑，叶名琛更列举了几个细节：第一次鸦片战争期间，广州遭受英军炮击时，即挂白布于靖海门前示弱，请求停止炮击（实际上是广州城内的行商了解国际惯例所以如此行动）；这次呢，换英法船只挂白旗了，这是天道好还报应不爽啊，他叶名琛算是大大地给皇上扬眉吐气了。

实际上，就在叶名琛浑身畅快，并将这些细节写进奏折，以为大长国威之时，英法军队已经快要集结完毕了：英军集结战舰 43 艘，海陆军兵力约有 1 万人；法军集结军舰 10 艘。叶名琛还在为英法官员这次面见他时“免冠佩剑，礼貌尚称恭顺”而沾沾自喜，殊不知英法两国是先礼后兵，给他下最后通牒来了。

英国专使额尔金在照会中第一条就抗议不允入城，似乎又让叶名琛产生了“亚罗”号事件期间，“看破”领事包令真实目的的错觉；而法国公使格罗在照会中要求赔偿等项，则被又一次收到假情报——格罗曾劝额尔金“自酌息事”，包令亦再三劝额尔金不要对“天朝”屡次冒犯——的叶名琛，视作恫吓虚诈。况且，与中国传统文化中杀气腾腾的最后通牒不同，在洋人们相对“文明”的词句以及看似“恭顺”的态度面前，叶名琛并未感受到其中潜藏的杀气。叶名琛甚至认为这只是英国人为了弥补克里米亚战争及印度土兵起义所带来的损失，而进行的“求和”之举。

秉承这种想法的叶名琛，之后给额尔金发了一份两千余字的照会，除去驳斥对方要求外，甚至嘲弄起对方说：贵国派你来是为了在此平息事端，而不是寻衅生事！同时，他还“好心”地给这些“暴力讨饭”的洋乞丐们台阶下，说你们是不是受了什么挑拨，看你们的行为（侵略中国）好像不是出自你们的本意。对其他国家公使发出的照会，叶名琛的回复与之类似，或趾高气扬、长篇大论，或言简意赅、不可一世，并且对洋人的各项要求统统拒绝。

对于叶名琛的复照，无法理解叶名琛所思所想的洋人觉得不可理喻，搁置一旁。而叶名琛却依然沉浸在他深信不疑的情报里：据叶名琛在香港的密探禀报，洋人这次接到他的复照时“大为惊愕，相顾失措”，惊呼本国情形被叶名琛知道得一清二楚，简直是“为从来十余年照会中所未见”。

最后通牒的10天期限慢慢过去了，英法开始向广州调动兵力准备进攻。又过了两天，即12月24日，英法发出照会，称已将事务移交给军方，而英法军方也同日发出照会，要求广州清军退出90里之外。英法联军没有按期进攻的事实，让叶名琛更为深信对方只是虚张声势，目的是恫吓他，他直接发出复照予以拒绝。两天后，英法联军仍然未攻城，可其频繁的兵力调动，使广州城内外，除叶名琛以外的大小官绅都绷紧了神经，紧张无比。叶名琛信誓旦旦地对手下说：这是洋人在吓唬你们呢，洋人越这么干越说明他们已经势穷了。有官绅请示前去英法方面“一探”，却被叶名琛怒斥并威胁：谁若敢去，他将亲自跟皇上指名道姓地参上一本！

12月27日，感觉制夷前景“一片光明”的叶名琛给咸丰帝上了一道七千余字的奏折，信心十足地宣称“英夷现已求和，计日准可通商”，并表示这是“一劳永逸之举”。无论是叶名琛，还是即将看到这道奏折的咸丰帝，都对彻底解决烦扰这对君臣已久的洋人问题充满了信心，似乎胜利已经露出曙光，叶名琛长久以来的种种作为也算有了回报。另一方面，叶名琛也知道自己历次伪造捷报是大罪，但他对咸丰年间官场的透彻观察是他如此作为的底气：他对别人透露过，“有人劝我具疏请罪，不知今上圣情，只要尔办得下去，不在虚文请罪也”。也就是说，在叶名琛看来，只要事情能办下去，让策略发挥作用，解决烦扰大清的洋人问题，那么哪怕过程中用了这种捏造捷报的手段也无可厚非，只要事成了就行。

叶名琛就是这么一个为达目的不择手段的典型封建官僚。要知道，几年前在洋人的帮助下，守住了数万“红兵”围攻的广州城后，叶名琛为了达到清理起义军群众基础这一目的，不惜在广州城四周残酷屠杀。根据当时洋商的记载：

“广州当局每日杀人以五六十计，总督（叶名琛）曾在一日中杀三百人。我曾去参观刑场，只见血流成渠，首级累累，堆积在篙架上。这只是两三省内的杀人数目，倘加上其他各省的杀人数目，那么该有多少人被杀？革命军[①]频传捷报，可见

① 指天地会起义“红兵”，此时攻广州不克，他们部分转攻广西，部分转而巩固广东省内已有占领区。

这些头颅不可能全是革命者的首级，甚至也不可能是与革命运动略有关涉的人的首级，较可能的，这只是那些无依无靠的良民的首级。叶总督用他们来表示自己剿匪有功，以取悦满洲皇帝。”

“每天有八百名被捕的叛乱者在刑场被斩首。”

“如果一天只有三百到四百人被处决，就认为是很少了。”

“1855 年的 6、7、8 三个月中就有七万五千人被杀。”

“天啊，这是一种怎样的景象，血流遍地！街道两旁，无首的尸身堆积如山，等待掩埋，但却没有任何准备清除的迹象……土地已完全被血水渗透，散发出污秽恶臭的气息，以致周围两千码左右，都被笼罩在这种传播瘟疫的蚀气之下。”

为了替天子效忠办事而不惜用上最恶心残酷的手段，捏造捷报乃至杀良冒功，叶名琛其人之冷血残酷可见一斑。

1858 年 1 月 17 日，收到这道奏折的咸丰帝龙颜大悦，甚至在谕旨中反复提及叶名琛的奏折原话，如叶名琛自吹自擂的已看穿洋人底蕴，此次行动将是“一劳永逸之举”等。这使咸丰帝自觉对叶名琛无条件的信任，得到了最圆满的回报。其实，叶名琛在沿海这么“胡作非为”，并不是没有人告知咸丰帝的，如两江总督怡良，他通过上海这一大清对外接触最为频繁之地，了解到叶名琛的许多“光荣事迹”。只不过叶名琛圣眷正隆，他自然不敢直言其事，只能婉转表露。咸丰帝对此相当不满，斥责其为“英夷造言耸听”，下旨让怡良脑袋清醒些，“勿为所惑”。而咸丰帝自己展开的几次调查，也被叶名琛圣眷正隆以及广东官场官官相护等原因糊弄过去。

总之，咸丰帝此时仿佛已认定能在自己这朝彻底解决洋人问题。这样，他不仅给被洋人打醒“天朝上国”迷梦的老爹道光皇帝出了气，更证明自己能解决上任皇帝都解决不了的问题，所用官吏亦为大才且衷心辅佐，是超越了老爹的明君。

只可惜，咸丰帝全然不知，这封奏折从去年 12 月 28 日发出，到他看到的这 20 日期间，到底发生了什么。毕竟，美梦做得再美再久，终究有醒来的时候。

叶名琛“梦醒”得最早，在他发出这道奏折的第二天，即 1857 年 12 月 28 日，英军会同法军发动了进攻。这次洋人不再如上次那样仅仅出动几艘军舰、百余士兵，而是动用战舰 20 艘、士兵 5800 余人进攻广州。结果基本与上次相同，兵勇衙役逃散一空，叶名琛依然在署内淡定地处理文件，并称：“只此一阵子，过去便无事。”他内心还以为这是洋人的“垂死挣扎”，后经“多方劝说”才避入旧城。

▲ *广州城里，清军与英军战成一团*

次日，也就是12月29日，英法联军攻陷广州城。期间，叶名琛的部下广州将军穆克德纳和广东巡抚柏贵避开叶名琛，发布告示试图“两国议和”。此时叶名琛的态度开始变得暧昧起来，他并没有表示反对，只是坚持洋人“不许入城”，最多给对方一些银子。

1858年1月5日，英法联军搜寻广州各衙门，捕获叶名琛，送上军舰。直到此时，他还保持着钦差大臣的派头和威势，准备与英法专使进行谈判。结果，他被送往印度像猴子一样给人参观，而他自己则大言不惭地自诩“海上苏武”，最后死于印度。

如果这是一部小说，或者故事的结局，一定会被愤怒的读者骂死，等主角欲扬先抑等了半天，最后居然一抑到底了？然而历史并不是小说，就如同有人说过的那样，现实比小说更离奇，因为前者不需要逻辑。叶名琛的结局是很惨，但这是他自己一手造成的，就像同时代的名士薛福成人评价的那样：“不战不和不守，不死不降不走，相臣度量，疆臣抱负，古之所无，今亦罕有。”

不过相比假想中的“愤怒的读者”，对叶名琛十分赏识的咸丰帝着实被这样的反转弄得目瞪口呆，不啻晴天霹雳。

1858年1月7日，叶名琛被捕后的第三天，以广州将军穆克德纳为首的广州文武联衔上奏，报告广州城失陷、叶名琛被俘的消息。20天后，即1月27日，这份奏折终于被送到咸丰帝手上。才在10天前看过叶名琛报捷奏章的咸丰帝，刚看到这份从广州送来的奏折时，以为这次终于等到大结局了，是洋人给叶名琛及其代表的大清服软跪求呢，还是“技穷”的洋人被叶名琛一手荡平了呢？

然而，咸丰帝万万没想到居然发生了这么大的转折！被叶名琛导演的“抗洋神剧”吸引并沉迷其中的咸丰帝，赫然发现结局居然变成了截然相反的“灾难片”！被这封奏折砸得头晕眼花的咸丰帝，在奏折末尾写下了一句在后世看来颇为喜感的批示：

“览奏实深诧异！”

第一个地方傀儡政权

广州失陷可以说狠狠地扇了咸丰帝一巴掌，本以为自己养了只老虎，不日就可以把动不动就闹腾的洋人的脑袋咬下叼来，没想到居然是只老鼠，还是只挨打不还咬的那种。当然，这里面也有叶名琛倒台后，其余官员赶忙与此事撇开关系，从而对叶名琛落井下石的成分在内。总之，叶名琛不但自取其咎，还背上了大大小小的黑锅。叶名琛被送去印度展览后，咸丰帝革去了他的职务，由四川总督黄宗汉接任，而黄宗汉到任之前，大小事务暂由广东巡抚柏贵署理。

咸丰帝发给柏贵的第一道训令是：既然英国人极恨的叶名琛已经被革职了，柏贵和英国人“尚无宿怨”，正好可以“以情理开导”洋人；最好的结果自然是洋人退还广州，请求通商，这样的话，柏贵可以“相机筹办，以示羁縻”；如果不行，那么就“调集兵勇与之战斗”。

如此看来，咸丰帝的外交技巧和国际视野似乎也没有比他现在恨得牙痒痒的叶名琛高到哪儿去，就连手段都差不多，全是千年不改、内外通用的“剿”“抚”两手并用，甚至将近代的列强当作传统的外夷边患对待。将传统剿抚之术这一套用在近代的国际外交上，不仅堪比笑话，甚至完全无法与实际情况相结合。清军哪有能力和实力剿灭当时世界上最强大的两个国家集结的军力？因此，即使柏贵想遵旨也没办法完成命令，更别提他的心思还很“灵活”。

柏贵，蒙古族举人，但一点也没有草原汉子的豪爽。早年间，他以“襄办夷务得力”而得过奖赏。可以说，他与洋人的接触相当频繁，甚至在包令为广州领事时，就和他极为要好。在柏贵暂代叶名琛主管广州的正式命令到达前，得到风声的包令就写道：“长期以来，众所周知，叶名琛和柏贵之间存在着严重的分歧，我们可以指望，柏贵的胜利能开启另一种政策，那比叶名琛的傲慢和拒绝要好得多……”

甚至在广州失陷当日，柏贵就派行商转告洋人说，他对叶名琛的政策很是恼怒，要求进行谈判。洋人这边大骂叶名琛，恨得咬牙切齿，但是看起来并不反对议和，于是被行商探知并回禀给柏贵，柏贵也尽数汇报给咸丰帝。同时，他又不断派行商给洋人传递消息，诸如“叶名琛从未把联军的照会通知给同僚，更没有一起协商，所有冲突都是叶名琛独断专裁引起的”，“关于影响广州安全的问题，叶名琛从未和柏贵商量过”。咸丰帝只知道柏贵上报洋人似乎恨极叶名琛，却不知柏贵私下向洋人示好，所以才会发出上面那道训令。而柏贵相比叶名琛要强出很多的种种“友好”表现，也使急于恢复广州周围秩序、建立傀儡政权的列强认为，他是一个合适的人选，额尔金就宽慰地写道：“这给了我们挣脱困难境遇的机会。你可以想象，我们只有两三个懂得此地语言的人，如何去统治几百万人（其实仅广东省就有两千多万人）！我从来没有这样困难的事情要料理。”柏贵对此事的态度则是“大笑”并拒绝，然而值得玩味的是，他隔天却又同意了。

于是1月9日下午，柏贵跟在英法全权代表后面，同乐队以及大批海陆军官及士兵一起，全程参与了对方耀武扬威的入城仪式。最后在大批英法官员的迎接下，侵略者和清朝官员进入了插满旗帜的巡抚衙门。一向喜欢看热闹的中国老百姓，面对这次极为热闹的仪式，上前围观的却只有三人。

柏贵作为傀儡政权的“首脑”，受到了“优待”，座次紧挨着额尔金和格罗，就连英法军队的司令都位列其后。草草讲了几句装模作样的话之后，仪式便宣告完成了，中国历史上第一个由西方殖民者建立起的地方傀儡政权就这么成立了：柏贵复职，与列强建立的“英法总局”一起治理广州。

只不过柏贵虽然名为巡抚，但实际上只是高级囚徒。衙门里驻满了英法联军，他自己不但只能待在最内层，且行动受到限制：柏贵和几个家丁单独住在四堂门外，外有洋兵层层把守，对各种来访都盘问甚严。而且，他本就少得可怜的一点权力，也常常被洋人官吏挑衅，哪怕是惩处个与洋人有来往的中国人，英国官员都会警告他：“如果本军或属于本军的任何人再被拷问，我就要同样惩处那些有关官吏。”柏贵拟定的征收百分之三的财产税提议，也被英国官员否决，权力实由“英法总局”的英方委员、广州领事巴夏礼操纵。

尽管如此，柏贵仍尽心尽力地为新主子服务，竭力阻止民间或清廷展开军事行动。他制止打算举事的士绅，告诫他们“广东风俗虚骄，恐举事不成”；劝告朝廷官员不要轻举妄动，“勿使该夷疑我同谋也”；甚至，他将以前叶名琛对洋人使用的拖字诀学来，玩到咸丰帝身上。他上报说，他和广东境内心怀大清的官绅秘密筹议过了，暗中组织兵勇和“破格悬赏”激励士气之类的准备工作也做得差不多了；无奈现在广州城外有几十艘洋人兵船不说，炮台也被洋人占据着，就怕一击不成，失去先机，导致广州城“数十万生灵，尽归涂炭”。柏贵吓唬了一通咸丰帝之后，又画了一张大饼：他说现在洋人也悔悟了，“现商重建夷楼，以为贸易之地”，他柏贵有很大把握在夷楼重建之后劝服洋人，让他们老老实实地请求通商。

被糊弄住的咸丰帝对英国人重建好夷楼后请求通商是左等不来，右等也不来，却等来英法联军在2月11日自行宣布解除封锁，恢复中断一年有余的对外贸易的消息。又惊又怒的咸丰帝方才通过湖南巡抚骆秉章等人的奏折，知道柏贵已被洋人“挟制”。于是咸丰帝令骆秉章派密使去广东，奉他的密诏，要求广东在籍侍郎罗淳衍等人“传谕各绅民，纠集团练数万人”，逐退广州英军（咸丰帝此时仍不知法国也已对华宣战）。乍一看，这是一份很正常的军事命令，只是该命令的结尾处却暴露了咸丰帝的真实意图：“然后由地方官出面调停。”和叶名琛一样，咸丰帝身为政府的最高领导人，居然不打算让政府发挥职能，在第一线去抵抗侵略，而是鼓动民众去攻击洋人，然后由政府作为“调解人”，调解“民”“夷”之间的冲突……其无能与无耻可见一斑。

而广州城内的洋人这会儿正在为叶名琛留下的“遗产”——民团而头疼。

1854年广东天地会“红兵”大起义爆发后，叶名琛手下的绿营军几乎望风而溃，即使有个别敢战的士兵，也被砍了脑袋挂在“红兵”营门上。大多朝廷士兵直接哗变，不肯出战，理由是：“每月得饷九钱，叫我去送死吗！”叶名琛只能靠着广州城内数个坚固炮台，苦苦抵挡起义军。在这危急关头，叶名琛多年谋划的“以民制夷”策略却在列强武力介入之前，提前派上了用场——各地官绅大兴团练与起义军相抗。广州城下的数乡民团联合军，甚至代替不堪用的绿营和八旗军，成了守卫广州城的中流砥柱。

现在，这些民团在叶名琛被送去印度之后，依然发挥着作用，以各种游击战偷袭落单洋人：

“本月初，三名欧洲人被捉去了，后来一个传教士交给代理领事袜子和鞋各一只，那是从一个欧洲人的无头尸体上取下来的，他漂流在江面上，无疑是那些被捉去的人之一……”

“一名随营人员坐在城门附近的防御物下，突然被枪杀了……就在这个城门外面，一个印度兵正在买蔬菜，又被格杀了。”

民团还炮击广州城派出的中洋混编巡逻队：

“7月13日，联军的一支部队到东郊拆毁房屋，因为在之前数夜，有火箭从那里射到他们的军需仓库。而当他们进行拆除时，中国人的连环炮打来了，计打死法兵一人，伤英兵二人以及印度兵二人……次日上午，十四名巡警正走入一条狭隘的街道，装有连环炮炮弹的大炮又打来了，那炮隐蔽在这条街头的一座房屋的废墟中……巡警一人被打死，八人受伤……”

包令无奈地写道：“如果外国人离开这个城的近郊……那就不安全了。”

民团甚至将文书趁夜贴在广州城内的将军署（极为靠近英军指挥中枢）：“我东莞勇，现驻榕树头，尔外人敢到此与我打仗，定杀尔片甲不回！”然而，并无集体组织，只是各自为战的小规模游击战尽管一时此起彼伏，却终被列强以绝对的武力优势荡平。

至于咸丰帝打算在广州“以民制夷”，然后当调解人的愿望，却因组织团练这一步都没能迈过去而最终无法实现。被咸丰帝寄予厚望的团练大臣罗淳衍等人，不断以筹措军费为由拖延时间；新任两广总督黄宗汉也很配合这批团练大臣，一起给咸丰帝大玩拖字诀。随着时间不断流逝，尽管在奏折上，广州周围组织起的团练已经达到数万人，然而始终没有发动任何进攻。就这样，广州一直为英法联军所占，直至第二次鸦片战争结束……

另一方面，广州城陷的消息传至上海后，两江总督何桂清唯恐洋人也来修理自己，便主动派下属找英法领事表态：“粤事应归粤办。”何桂清不但和广东划开界限，更表示这是广东以及北京政府对洋人的战事，不关他们这些和洋人关系好、天天通商，甚至给他们划租界的“开明人”的事，没必要像广州那样被修理一顿。给咸丰帝上报时，何桂清自然不敢用这样的理由避战，于是大谈上海对供应北京城粮食的漕运的重要性，以及上海每年所得关税和厘金对清军军费的重要性。咸丰帝似乎也默认了这一点，没有像刚登基时那样，声色俱厉地斥责何桂清的软弱避战，反而批示“（上海）为海运关税重地，非如广东可以用兵”，并且表示“上海华、夷既无嫌隙”，那就“照旧通商”好了。

福建一看江浙这边如此“大逆不道”都没事，也不甘人后。闽浙总督王懿德也以类似理由称，如果洋人军舰前来“窥伺”，他也不打算动武，而是晓之以理、动之以情，劝洋人守约，不要动武。诸如此类为不动武而找的借口，咸丰帝一概默认准许，毕竟东南几省是清廷财赋的重要来源。

于是在以往中国战争史上难得一见的奇观出现了。按照战争惯例，双方应该撤退平民（尽管清朝没这一说），中断通商，封锁对方在陆上或海上一切口岸、道路，接着进行殊死战斗，直到得到其他指示。然而，此时的情况即使放在现在也让人觉得不可思议：中国的中央政府已经与洋人处于战争状态，而南方数省则与英法和平共处。上海官员不但与洋人照旧交往、照做生意，甚至将上海港打造为第二次鸦片战争中，英法北上南下的中转站与补给基地。面对这种乱象，咸丰帝当然不是不想管，只是有心无力，因为洋人已经“打上门”来了……

大沽口之战

1858 年 4 月，英、法、美、俄四国使节先后到达天津大沽口外。24 日，四国使节共同发出照会，要求清廷派出大员谈判，否则将采取必要手段。咸丰帝此时正为国内战局发愁，忙于内战没空也没心思搭理洋人的他，对此事的态度是：现在内战都没打完，哪有空理你们洋人？最终决定“为羁縻之计”的咸丰帝，制定了“详尽”的分化四国集团的外交方略：

首先，对俄表示友好。咸丰帝宣称，大清与沙俄有“中俄百年友谊”。这就不得不提百余年前的雅克萨之战了，这场大清为数不多的打赢了的对外战争，产生了百余名俄罗斯俘虏。换作是内战，清廷的俘虏不是被凌迟就是会被施以酷刑，必然不会让人舒坦。然而，内残外忍的清廷却将这批俘虏集中起来，送到北京好生安置，还抬了旗并编为佐领（八旗的基本军事单位）：“第四参领第十七佐领，系康熙二十二年将尼布绰等地方取来鄂罗斯 31 人及顺治五年来归之……等编为半个佐领……后二次又取来鄂罗斯 70 人，遂编为正佐领。”清廷甚至专门将庙宇改建为东正教教堂，并允许俄罗斯教士来华。从此之后，清、俄之间的外交活动便从没中止过。

有这么一层关系在，难怪日后清廷会相信俄国的伪善面具。然而，清廷不知道现在被他们视为友邦的俄国，正打算从它身上狠狠撕下一块肉来弥补自己在克里米亚战争中受到的重创。俄国公使当然也明白清廷打算分化四国集团的心思，所以故意投其所好，装作帮清廷的忙，实际却狐假虎威（俄国自身无兵力投入，倚仗英法的大量兵力吓唬清廷），打算狠狠讹清廷一把。这点在之后会有很多表现。

其次，对美设法羁縻。因为美国态度相对“恭顺”，只求修约发财，也没出兵，只是跟着英国狐假虎威而已，并且前几次英国“寻衅”美国也没参与。

再次，对法进行劝告。咸丰帝直到现在，还相信叶名琛上报的“法国公使是被别人怂恿，侵华不是其本心”的假情报。且法国曾经帮助清军镇压上海小刀会起义，看起来还有说服的可能。当然，这只是对真实情况一无所知的咸丰帝一厢情愿而已。

最后，对英严词诘问。尽管咸丰帝也知道洋人内部不是铁板一块，所以才打算分化瓦解四国，且为了防止底下官员词不达意从而误事，特地让军机大臣代拟了谈判中答复各国的详尽辞令；但情况没有按照咸丰帝设想的任何一种来发展。

清廷代表谭廷襄，虽然如咸丰帝所愿严格遵旨行事，但英法公使却摆起了派头，先以照会格式不合拒收，并拒绝接见没有“钦差全权”头衔的谭廷襄，之后更一再要求咸丰帝派出能全权处理此事的人前来。至于俄美公使，谭廷襄不仅可以见到，还认为前者十分“友善”——实际别有企图，一心觊觎中国领土；后者态度“恭顺”——真实目的是为了修约赚钱。美国公使不但没有英法公使那种不见咸丰帝不罢休的底气，甚至干脆将修约11条直接交给直隶总督谭廷襄，要求其转交给咸丰帝。

咸丰帝听说美国态度“恭顺”，也不像英国那么难缠，老是“寻衅”，所以抽空看了看美国的修约要求，结果不看还好，一看反而出大事了。

由于修约11条是国与国之间的大事，因此在美国公使看来属于平等对外交流，所以美国就以当时西方所通行的平等理念进行了翻译：“朕选拔贤能智士，姓列，名威廉（即此时在大沽口外的美国公使），遣往驻扎撵毂之下……”

这言辞似乎并无任何不妥之处，内容也很很简单，类似于“我公司董事长××派××来你处签订贸易合约”。结果第一句的第一个字就让咸丰帝龙颜大怒，正好触中了他的逆鳞：朕！

于是勃然大怒的咸丰帝批示道：“阅所进国书内，该国王竟然自称为朕，实属夜郎自大，不觉可笑！”

结果，第一个打破强盗集团内部平衡的美国，反而直接被咸丰帝移除出了交流名单。不过，英法两军之前发出的最后通牒——“后果自负”，也因为军力尚未集结完毕，尤其是内河可行驶的浅水炮艇不足，而不得不推迟行动。

见洋人迟迟未动，咸丰帝又和早先的叶名琛想到一块去了：洋人估计是外强中干，只会吓唬人，而他咸丰帝并不怕洋人。受叶名琛送来的那些杀夷数百计的大捷奏折影响，尽管广州一事的结果让咸丰帝大失所望，但到底对洋人的战力缺乏直观认识。另外，对太平天国运动的镇压正进行得如火如荼，咸丰帝甚至为此专门指示各路已投入内战的大军一概不许御外，专注内战。在他看来，我大清不是没有能力揍你们这些洋人，只是家里有事，不打算搭理你们而已。

总之，这差不多是咸丰帝乃至当时北方官吏都认为的“真理”。直隶一省就额设4万余绿营汉兵，京城内更有11万多满汉大军，在咸丰帝想来，如此巨量的兵力配上北方最强大的大沽口炮台，这点洋人，要动手？怕是不够杀！

大沽口位于海河的出海口，河道宽约500米，水深约5米，沿河而上行60公里便是天津，堪称天津的门户，而天津又是北京的门户，因此大沽口在军事上的重要地位不言而喻。而且，自太平军占领江浙部分地区，切断原有漕运路线之后，

▲ 大沽口炮台遗址

江浙两省的运粮路线便改为：上海—大沽—天津。此外，大沽口一带也是中国北方重要的产盐区，而盐税对清廷来说亦是不亚于厘金和关税的重要收入。然而大沽口的重要地位，直到第一次鸦片战争中英军开抵大沽口外方才被统治者重视。也是从那时起，大沽进行了彻底的大规模军事化建设。

大沽口原有 2 座年久失修的炮台，且河床淤宽，炮台距河面 500 米有余，火炮难以发挥作用。1840 年 10 月，时任直隶总督的讷尔经额奏准重建大沽口炮台，其中在南岸新建 2 座，在北岸新建 1 座，下用条石，上用砖砌，高 5 米左右，宽 40 米左右，进深 26 米，呈长方形。同时，清军将旧有炮台加固修复，并新铸大量火炮，计有 5000 斤、7000 斤铜炮各 10 门；次年又铸 10000 斤、8000 斤铜炮共 8 门，另从直隶各处调来大量火炮充实防线。于是，南北炮台各有炮“六门至九门、十余门、二十门不等”，加上台前土坝设的火炮，共有 144 门大炮（都是 300—10000 斤的火炮），此外还有小铁炮（300 斤以下）200 门，用以近距离战斗。

大沽口原设有绿营一协，分左右两营，额兵 1600 人。经过 1850 年英国公使文翰北上“告御状”，1857 年俄国公使前往北京等事件后，督抚们又在大沽口增兵数百乃至上千。到英法联军陈兵大沽口外时，直隶总督谭廷襄共在大沽口地区布置士兵近万人：大沽口南岸 3 处炮台驻兵 1000 余人，另有清军 1500 余人被布置在后方以为后劲，指挥官为天津镇总兵达年、大沽协副将德魁；大沽口北炮台及其后路驻有清军 1000 余人，指挥官为直隶提督张殿元；驻守北塘的清军约有 1000 余人；距北炮台 3 公里的余家堡、距北炮台 10 公里的新河以及距南炮台 20 里的新城以南，驻扎有副都统勒敦泰、护军统领珠勒亨等人所率领的京营援军 2000 余人；另有本地乡绅带领的 1000 余名勇丁，驻守于西南的草头沽。

对面英法联军的兵力，据咸丰帝看到的情报称，有夷船“四五十号、夷兵四五千人”。通过后世资料，我们可知英法联军的具体兵力为：英舰 15 艘，舰炮 192 门，士兵 2054 人；法舰 11 艘，舰炮 164 门，集结人数不详。

两相对比，清军除了在军队数量和炮台等硬件设施上占优以外，地势上亦处于更有利的地位：大沽口外有一道拦江沙，“平水不过二尺，潮来水深丈余，涨不过时即落”。有这道“天险”在，列强的大型舰船根本无法进入大沽口，能进入的只有小型船只。在不知列强实力的清廷官员看来，这又怎能威胁到大清在北方最强大的炮台呢？

▲ 清军官兵

总之，指挥着北方重兵集团，又据守清廷在北方最强大的炮台，还有主场优势的清方指挥官——直隶总督谭廷襄，在看到英法联军并没有如期行动后，比咸丰帝更看不起洋人，这要归因于北方官员对洋人了解甚少，对其战力和调动准备更是一无所知。他不停地在奏折里宣称：现在大沽口在入海口两岸，罗列了密密麻麻的枪炮不说，更有精心布置的近万兵勇，声威浩大，气壮山河。

此时的咸丰帝看到洋人并没如期动武，那份赶紧打发走洋人、专注内战的心思越发强烈。之后在谭廷襄等人奏问，倘若英、法、俄等国擅闯要如何应对的问题上，注重“天朝”威严的咸丰帝却一律指示：“不可先行用武，使有所借口也。”

对于因为英法联军推迟行动而产生蔑视心理，并在奏折中将求战之心表现得越来越明显的谭廷襄等人，咸丰帝再次发出警告：你们千万不能因为兵强马壮就擅自去打洋人，在天津主场打胜当然没问题，就怕你们打败洋人之后，他们去窜扰沿海其他地方。

可见这还没开仗，咸丰帝就已经笃定洋人必败了，甚至关注点都不是洋人战力几何，而是洋人战败扰乱其他没有牢固海防的地方会如何，其轻敌之心显露无遗。之后，咸丰帝再次于 5 月 17 日警告谭廷襄：你们不要听底下想立功的士兵们忽悠，现在打了是立功了，但后患（洋人战败后流窜骚扰其他地方）如何解决？

显然，咸丰帝仍然同之前一样，坚信洋人必败，同时也从侧面反映出了清军从上到下都弥漫着一股轻敌思想。

但咸丰帝这既不让打，又不同意英、法、俄所提条件的旨意，让谭廷襄很是为难。再三揣摩之后，他想出了一个办法：以大清军威，狠狠震慑英法联军。

5 月 17 日，谭廷襄根据咸丰帝圣旨里的“示以兵威”，“传令南北各营兵勇”

以及“后路健锐，火器等营”，统统集结，之后把他们拉出营房，“直至炮台，旗帜器械，鲜明整肃”。于是，擦亮兵器、打出旗帜的清守军，沿着海岸排了足足5公里！谭廷襄更是“至炮台亲自指挥，海岸十里左右，星罗棋布，军容甚盛”，企图用“军容”把英法联军吓退。

然而三天后，谭廷襄等人就见识到真正的近代化武器的威力了。

1858年5月20日上午8点，英法联军派出军官递交最后通牒，要求清军在两小时内交出炮台。谭廷襄对此不予理会，并向咸丰帝奏报：如果洋人来了，他就会同各员将佐、统带以及众多兵勇一起，以万全的筹备，借着坚固的炮台狠狠教训洋人一番。

10点左右，英法联军开始进攻，大沽口南北两岸炮台被英法联军各派3艘蒸汽炮艇轰击，双方随即进行激烈的炮战。从未和洋人打过交道的北方清军在战斗之初表现得十分坚韧，其中一个炮位上甚至有29名炮手接连阵亡。只是双方的军事水平着实悬殊，额尔金就曾写道：“这些可怜的家伙，打得很激烈，但由于他们很少打中，不管打出的炮弹多么多，但起效的却很少。”

本就低得可怜的命中率又被落后的火炮技术进一步拖累了：清军几千斤乃至上万斤的大炮，就算打中洋人军舰，也只能打出一两个孔来，而不是如清军上下预想的那样一炮即沉。

▲ *1858年5月20日，英军向大沽口炮台发起攻击*

比起英法舰船的坚固耐打，清军炮台则呈现出一副惨不忍睹的景象：大沽口北炮台的三合土顶被彻底轰烂，如同给炮台“揭盖”；南炮台的炮墙更是无一处不碎裂。要知道，在英法联军先进的火炮面前，第二次大沽口之战中经过特意加强的、6 尺左右厚的石墙都被击穿过，更别提此时的石墙厚度只有 3 尺左右。就这样，谭廷襄等人精心修建的号称“北方最强”的炮台，在英法联军面前完全处于下风。

而在双方展开炮战的同时，5 艘英舰运载着登陆部队进入了大沽口内，并以火炮支援登陆作战。大沽口北岸遭到 721 名联军攻击，其中英军 371 人，法军 350 人；南岸则遭到 457 名联军攻击，其中英军 289 人，法军 168 人。

中午 11 点 15 分，北炮台已经基本被联军炮火打至瘫痪，该处指挥官游击沙春元战死。失去了主心骨的清军随即一哄而散，英军旋即占领该地。南炮台坚持至 12 点左右，伤亡累累的清军绿营兵率先溃散，临时征召来的民勇也随即溃败；在战线后方督战的谭廷襄等人，即使斩杀数人也没能遏制住溃败的势头。清军溃散后，该地即被联军占领，而谭廷襄则率领高级官员一窝蜂地逃往天津。炮台周围从没见过洋人的各路援军，即使有 7000 人之众，但在得知两岸炮台友军的下场后，也集体溃逃了。大沽口及周边地区突然成了“不设防区域”。

此次战斗，英军阵亡 5 人，负伤 17 人；法军有 4 名军官和数名水手阵亡，10 人失踪，40 人受伤，伤亡过大的原因是其占领北炮台后火药库莫名爆炸。“他们（法军）中间许多人……无法忍受这么可怕的痛苦，埋头爬过炮台前的斜坡，滚入下面的壕沟里……我看见这些狼狈的可怜虫之一……虽然他被烧黑得看起来像是一块铁渣而不是人，但当他无力地在头顶挥舞帽子时，还疯狂地叫喊‘法国万岁’……”

清军这边，尽管是以主场之利以逸待劳，但是因为落后的军事水平，伤亡却是英法联军的数倍：

满汉各营受伤军官：8 人。

▲ 英军用舰炮攻击两岸炮台

受伤兵勇：162 人。

健锐、火器等营阵亡（当场阵亡）人数：10 人。

督标、提标、天津镇标阵亡人数：230 人。

天津练勇阵亡人数：49 人。

火器营伤亡（战后伤重不治）人数：4 人。

提标等营伤亡人数：9 人。

阵亡军官：天津右营游击沙春元、署郑家口营游击都司陈毅等 10 人。

5 月 26 日，英法联军在未遇到任何抵抗的情况下，进抵天津。4 天后，四国使节共同要求清廷派出能“全权便宜行事”的大臣，前往天津进行谈判，否则将进军北京。咸丰帝经过大沽口一战，似乎也明白了洋人比 4 年前同样进抵天津的另一支军队——太平天国北伐军还要难对付。心慌意乱的他赶忙派出东阁大学士桂良、吏部尚书花沙纳为“便宜行事大臣”前往天津，负责与各国谈判。

隔天，咸丰帝在臣子的提醒下，想起了那个被自己撤职的对外软弱派耆英。此时，咸丰帝已经顾不得起用他是打自己的脸这一事实了，毕竟耆英当年主持与英法的外交时，与英法等国外交人员还是有些交情的，说不定可以用这一点来讨到一些便宜。咸丰帝甚至连策略都制定好了：耆英唱红脸，桂良唱白脸，“如桂良、花沙纳所许，该夷犹未满意，著耆英酌量”，更指望英国人能“念旧情”，彻底打消进京的念头。

然而咸丰帝又一次失望了：英法的态度始终强硬无比；俄国公使则装作站在清廷这边，提出若同意俄国的条件，就替清廷向英法说和；至于咸丰帝寄予厚望的“感情牌”耆英，更是徒劳无功。原来攻破广州后，英法联军缴获两广总督衙署的档案，发现当年耆英表面上对洋人和顺，实际内行钳制。因此，英法公使不但一点没有给“老朋友”面子，更是只派出两名年轻翻译，对其大加羞辱。不堪受辱的耆英愤而回京，宣告咸丰帝外交政策的再次失败。

无奈的桂良只得求助于伪善的俄国公使，俄国公使趁机诱骗桂良签订了《中俄天津条约》。差不多同时，黑龙江将军奕山也擅自与俄东西伯利亚总督穆拉维约夫，签订了《瑷珲条约》，割让黑龙江以北约 60 万平方公里的大片领土。咸丰帝认为用几千里外的不毛之地换取俄国的人情很值得，于是指示桂良说：“今俄国已准五口通商（即《中俄天津条约》），又在黑龙江定约（即《瑷珲条约》），诸事皆定，理应为中国出力，向英佛（法）二国讲理……方能对得起中国。”

但国与国之间，有时只有赤裸裸的利益。

公使驻京风波

得了好的俄国人，一边在清廷面前装作要向英法说和；一边支持英法两国，意欲捞取更多的利益。1858 年 6 月 22 日，英法专使照会桂良，如果清廷对条约签订一事再迟疑不定、斤斤计较，就要进攻北京。

有人认为，清廷在签约时斤斤计较、迟疑不定，是为了国家利益而打算讨价还价，然而并不是。综合中英、中法、中美、中俄《天津条约》中的主要内容，可总结为以下几点：

一、公使常驻北京，面见皇帝时要用西方礼节。

二、增开牛庄（后改营口）、登州（后改烟台）等多个通商口岸。

三、洋人凭“执照”可以合法进入中国内地游历、传教、通商等，“执照”颁发权由各国领事掌握。

四、修改海关税则等。

五、向英法赔款。

六、相对各种旧条约，在片面最惠国待遇等项上进行细化规定。

综合以上数条，以现代人乃至当时的国际眼光来看，危害最大的应该为第四、第五、第六这三项，因为这对清廷的利益（经济、商业、主权等）有着莫大的损害。至于第二、第三项则基本比照上次鸦片战争后签订的条款，危害度不及第四、第五、第六项。而第一项，无论是按当时的国际惯例还是现在的国际惯例来看，都如同见面握手一样理所应当、稀松平常，毕竟不互相建立使馆，派驻公使，怎么可能进行正常的外交往来呢？

然而咸丰帝的考虑却恰恰相反，严重损害中国实际利益的后三项，他都痛快地接受了，反而视第一项为洪水猛兽，第二、第三项仅次其后。咸丰帝指示桂良在《天津条约》的签订上来来回回扯皮二十多天，就是为了这三项。

后世学者如茅海建等认为：在传统的中华文化里，讲究“天无二日”，也就是天子只有一个，其他人最多只能是诸侯或是臣服的藩属国之主；换句话说，正统政权只有一个，如果出现群雄割据的情况，群雄就会纷纷指责他人是贼，并标榜自己的正统性。不过这无法解释明朝皇帝接见洋人怎么没闹出这么大的问题来，清廷却因为见不见外使而争执不休。只能说，这一文化随着清朝的建立变得越发狭隘，在对外关系上，大清自认为是“天朝”，不承认有任何与其平起平坐的国家存在。比如，俄国当时在清廷眼里就是藩属国，与之相关的外交事务都由理藩院受理。换句话说，互派使节，这从简直违反了清廷的政治理念，根本就是在挑战大清“天朝上国”的权威。

而且，清廷对儒家的利用与根据自己的统治需求进行的改造，可以说在中国所有封建王朝中达到了登峰造极的地步。礼，作为儒家思想的重要组成部分，传统封建王朝都要以礼部来进行规范。如果西方使节进京不用清廷那套跪来跪去的礼，在咸丰帝看来不仅是对他个人的亵渎，更是对大清“天朝上国”地位的质疑。他祖上的嘉庆帝和乾隆帝面对英使也有类似想法，所以才使数次接见英使之事，常因礼仪问题陷入僵局。

同样，为了维持朝廷不至礼乐崩坏，从而使大清“天朝上国”的正统地位遭到挑衅，咸丰帝宁可割地也不愿接见洋人。更重要的是，“天朝上国”的一个基本政策就是对外封闭，不封闭怎么方便愚民，怎么放心地利用信息偏差来自吹自擂？咸丰帝可不想见到自己圈起来的领地被洋人破坏封闭状态，传播种种不受自己控制的思想和文化，使百姓与朝廷离心离德。至于国家利益，根本就无法和咸丰帝这个封建帝王的自身利益相比。

应该说，有这个想法的，不止咸丰帝一人。当前线的桂良抵挡不住英法的外交压力，打算允许“公使驻京”的消息传到北京时，北京官场闻之大哗！就在咸丰帝严令桂良不能同意之时，各路王公大臣也集体沸腾了。

咸丰帝的亲弟弟恭亲王奕䜣，后以对外“开明”主和著称，人送外号“鬼子六”。然而这时的奕䜣堪称铁杆的“对外强硬派”，他在奏折里提出了许多让人看了合不上下巴的“计策”：他探听到英国专使额尔金的秘书——谈判代表李泰国是“广东民人”（实际上是正儿八经的洋人），“系市井无赖之徒”，更是英方的“谋主”（军师），应该“立即拿下，或当场正法，或解京治罪”。奕䜣认为，这么干不但可以吓到洋人，让洋人不敢那么放肆，而且还能断绝洋人的计策来源，把他们变成无头苍蝇：“既足褫逆夷之魄，且不啻去其腹心指臂，办理当易着手。”御史尹云耕直接把这事和咸丰帝的祖宗联系上了：“臣不知进京之后，我皇上以何礼见之？”“伏乞皇上以宗社自重！”他把洋人使节当成后世的钉子户一般，义正词严地质问咸丰帝：这洋人要是赖着不走了，皇上您怎么办？

更有大臣要拉起爱国民众组织团练，要求立刻开战；而六部中有几个部的十多名大臣则联名上书阐述所谓的“驻京八害”，里面把派驻的使节说得跟孤身潜入大清的“间谍”一般凶残。翰林院侍讲许彭寿递交的奏折也是类似的调调：他认为京师重地，放洋人进来定居，若他们偷偷“坚筑垣墉，暗列火炮”，把使馆变成“前线基地”怎么办？其他大部分清廷官员也是此类看法，他们义正词严，无比有底气，不知情的乍一看还以为战败的是洋人那边。

总之，朝野沸腾之后，桂良那边的处境就更困难了。他如同风箱里的老鼠一般——两头受气：这边咸丰帝和朝野坚决不同意公使驻京，那边洋人则叫嚷着不同意他们的条件就立刻开战。

6月25日，英法专使向桂良提交了和约草案56款，并且强调：“非特无可商量，即一字也不准改。”咸丰帝知道此事后准备决裂开战，然而前线谈判的官员们深知开战必败，再败谈判局势会出现在更加难看。于是桂良擅自与英法专使签订了《中英天津条约》与《中法天津条约》，来了个先斩后奏，先打发掉洋人，回头再给皇上大谈不可开战的理由。他在奏折里请罪说：“天时如此，人事如此，全局如此。”他桂良也没办法，只能暂时答应下来，“以安人心，以全大局”。咸丰帝尚想讨价还价，恰逢桂良又哭诉英法公使怕底下清廷官员蒙蔽皇帝，导致洋人的真实意见无法传达给咸丰帝，要求他亲批“依议”。无奈的咸丰帝只能咽下这口恶气，批示完转头就找耆英撒气，以“擅自回京”为由令其自尽。

眼前的风波总算暂时过去了，尽管《中英天津条约》《中法天津条约》还遗下两个问题：第一是清廷派出官员与英方商谈关税修订则例等事；第二是一年后在北京互换批准书。前者不提，后者则在某种程度上给咸丰帝挽回了一丝颜面。

1858年7月15日，咸丰帝再次派出天津谈判中的两位搭档——桂良和花沙纳，会同两江总督何桂清，在上海与英法等国商谈修改关税则例。为了通过这事来解决公使驻京以及开放口岸等问题（主要是公使驻京），咸丰帝又想出了一个骇人听闻的解决方案：只要公使不驻京，一切海关关税全免，鸦片开禁，合法输入！咸丰帝甚至认为这么好的政策一定要给洋人宣示得明明白白，让洋人明白“此后该夷获利无穷”，从而“无须再赴天津申诉”，不再给他找不痛快。咸丰帝认为，自己都给出这么大的甜头了，应“为一劳永逸之计”了吧？

为了皇上和官员们所谓的颜面礼节，居然要牺牲事关国家经济命脉的实际利益，咸丰帝的愚昧昏庸与在外交上的无知，甚至已经超过了叶名琛。好在沿海官员都知道，关税是对抗太平军的生命钱，于是他们集体上奏，拼死拼活勉强劝住了咸丰帝，让此事暂告一段落。

咸丰帝极力避免一年后和洋人在北京换约，但无济于事。尽管桂良听从咸丰帝的指示做出最大的努力试图说服洋人在上海而不是在北京换约，但1859年6月初，列强们的新任公使抵达上海后，不与桂良多做纠缠，直接北上天津。

就在各国公使紧赶慢赶，生怕耽误换约时间，导致清廷找到类似于“换约期限已过”之类的借口，制造各种事端，给换约造成麻烦，而匆匆忙忙赶到大沽口外时，咸丰帝却要求各国公使转道距大沽口以北15公里的北塘，由陆路进京。在洋人看来，这似乎是咸丰帝有意拖延时间，以给换约找麻烦的鬼伎俩。

6月18日，直隶总督恒福得到咸丰帝指示：让英法使节勿入大沽，改道北塘。但是这一指示不管是咸丰帝有意无意地迟钝，还是清廷腐朽体制造成的处理延迟，都已经太晚了。

6月17日，恒福得到指示的前一天，英海军司令何伯（J.Hope）率先带领舰队到达大沽口外，并要求清军撤去拦河工事。

20日，英法使节到达大沽口外。对英法使节来说，“进京换约”本该是一项无关武力的和平外交使命，但为防变故，与之同行的还有一支强大舰队。

23日，恒福照会英国公使，要求在北塘登岸。

24日，英海军司令发出最后通牒，要求通过大沽口，甚至派出舰船于当夜闯入。大沽口的形式一度剑拔弩张。

当天，美国公使华若翰（J.EWard）派翻译上岸却受到一群乡勇（实际上是换装的正牌清军）阻拦。翻译要求递送美国公使名帖，但在一番扯皮后无疾而终。乡勇中的头目（官兵）则因为不分英美，而错误地以为已经“告诫”过了英国人：只要你们老老实实地不越过大沽口，就不会受到攻击。

那么，双方为何会围绕是否绕道北塘的问题，几乎大动干戈呢？首先，英法不顾清廷改道北塘的要求，而坚持要从大沽口通过，显然是不尊重清廷。当然，被清廷官员先头各种糊弄的英法公使，的确有理由担心清廷以换约期限已过为由，对换约一事进行干扰。再次，换约只规定了时间，并未规定要经过的路线，英法方面非要自行规划路线暴露出了其以势压人的强权本质。

6月24日晚，英军派出小舢板船炸断大沽口防御工事之一的拦江铁链，行动成功后随即退走，而清军则在英军退走后紧急修补，重新将铁链接上。

25日清晨，英军炮艇开始进入大沽口内进行定位，7艘包括英军司令何伯座舰在内的炮艇平行排列于大沽口南炮台前，进行威慑与施压，其他炮艇也分别针对大沽口南北岸各个炮台进行施压，还有3艘炮艇开始清除清军设置于河道内的拦江铁链等障碍物。未进入大沽口内的英军士兵则乘坐小船和抢到的沙船，在后方准备登陆作战。清军炮台内外则是一片寂静，无一人露面，也没有像之前一样派兵假扮乡勇进行阻拦，英法军队甚至没有观察到明显的炮窗、炮口等布防情况。种种迹象，让前次轻易取胜的英法联军对大沽口的布防情况更加蔑视，甚至怀疑清军已经逃走，轻敌之心愈甚。

下午2点左右，英军已经差不多清除完了第一道河障。半个小时后，英军炮艇开始冲击拦江铁链，清军方面这个时候由候补知县曹大绶等人出面前往交涉。通过之前观察到的种种迹象，认为大沽口地区清军布防极其虚弱的英法联军，认为清军这是“畏其兵势”，交涉未能成功，英法联军气焰高涨，“其势甚要开仗”。

没过多久，双方开始激烈交火。事后，列强纷纷指责清廷先开火，清廷方面先是语焉不详，后来则指责英法舰队先闯入内河向炮台开炮，方才被迫反击。双方各执一词，莫衷一是，不过这是后话不提，现在让我们回到战斗中。

相比前次清军炮手士气有余，但操练不足、射击精度严重堪忧的情况，这次清军炮手表现得出人意料。

清军的第一轮射击就准确命中了何伯的座舰，并将其本人击伤。清军普通士兵的士气更是前所未有的高涨：前次大沽口作战中，清军指挥官游击沙春元阵亡后，其部纷纷作鸟兽散，这次却截然不同。在南岸炮台中指挥作战的直隶提督史荣椿中炮身亡后，其部不但未崩溃，更是在千总戎发接管指挥权并“亲燃大炮，对准施放”后，“仍前镇静截击”。唯一表现出清军“光荣传统”的是北岸前炮台清军，他们在指挥官副将龙汝元阵亡后开始溃逃，但很快就被堵了回去。除去这支因为主将阵亡而溃逃的部队，其他地方的清军战斗极为奋勇。

清理完第一道河障的几艘英军炮艇首当其冲地遭到了清军的阻击，这些炮艇先是拥挤在河道内，因为重重工事而前进困难，后更是被清军凶猛的火力击退。

三小时后，英军炮艇一沉一瘫（失去战斗能力），瘫舰不久也彻底沉没。此时的英军炮艇不是在交战，就是受创严重，或者受困于水文问题，以致无法回转拖带大沽口外运载登陆部队的小船。在英军的主动请

▲ *在大沽附近作战的清军鸟枪手*

求下，在大沽口外观战的美国军舰“托依旺”号，打着“血浓于水”的口号，拖带英法联军的运兵船前往大沽口内助战。

又一个多小时过后，清军南北炮台相继停止开火，英军几乎每只舰船都带伤不说，更有 2 艘炮艇因为受损过于严重，为防沉没而抢滩搁浅。

傍晚 7 点 20 分，即清军南炮台停火约半个小时后，由水兵和少量工兵组成的英法联军登陆部队约 700 人于大沽口南岸登陆，意图攻取南岸炮台。他们随即遭到清军以大小火器展开的猛烈阻击，事先由清军挖好的壕沟进一步使英法联军的攻势裹足不前。鏖战数小时之后，伤亡惨重的英法登陆部队于凌晨时分后撤。

此次战斗中，清军约有 4500 人参战，阵亡士兵 25 人、军官 7 人，共折损 32 人。工事遭遇了不同程度的破坏，有些地方的炮墙加厚至六尺依然被击穿、击碎，火炮也有不同程度的损毁。

英法联军方面，损失相对严重。英军参战 1000 余人，在水面战斗中阵亡 25 人、受伤 93 人，登陆战斗中阵亡 64 人、受伤 252 人；11 艘炮艇，被击沉 4 艘，余下舰船也都负伤了。法军参战 60 人，阵亡 4 人，受伤 10 人。两军共计伤亡 448 人。

毫无疑问，清军赢得了一场重大胜利。而取得这场胜利的关键，其实可以追溯到一年之前咸丰帝的谋划与布局。

一年前，桂良与洋人签完《中英天津条约》《中法天津条约》后，在给咸丰帝请罪的奏折里，偷偷地夹了一段话：“此时英、佛（法）两国和约，万不可作为真凭实据，不过假此数纸，暂且退却海口兵船。将来尚欲背盟弃好，只须将奴才等治以办理不善之罪，即可作为废纸。”

这段话也从侧面反映出咸丰帝和他底下的官员，脑子里都没有国际条约的概念，想撕毁条约也就罢了，办法居然是将黑锅推给办理此事的官员。而且为了确保一年后洋人来换约时，不再仗势压人，咸丰帝祭出了自己的王牌——因击败太平天国北伐军而声名大振的蒙古猛将僧格林沁，调令他前往大沽口主持防务。僧格林沁也不负所托，开始热火朝天地在大沽口进行备战工作：

第一，集结精兵并改革大沽军制。改大沽协原设两营额兵 1600 人为六营 3000 人，以一营兵专守一炮台，并调集京师、蒙古等处援军：察哈尔官兵 1000 人，内蒙古哲里木盟、昭乌达盟官兵各 1000 人，京旗官兵 2000 人等。又针对大沽协官兵“操防难期得力”的问题，特地从京营等处抽精兵替换，以补充防线。

第二，重建大沽口炮台。第一次大沽口之战后，大沽口各处炮台均被联军毁坏，僧格林沁除了在原址重建5座炮台之外，又在北岸炮台外600米左右的位置新建炮台1座。新炮台比原炮台更为高大，且炮墙均被加厚为原来的两倍，并在炮台前后修建工事与兵营，挖掘壕沟以防敌军登陆包抄。为防止英法联军从大沽以北15公里的海口北塘闯入，僧格林沁还对北塘炮台进行了重建。

第三，设置拦河工事。英法舰艇使用的是蒸汽动力，可以快速通过大沽口清军火力区，使炮台难以发挥最大威力。僧格林沁便在海河河道设置铁戗、铁链等拦河工具，其中铁戗“计正身长二丈五尺，入土三尺，上长二丈二尺，为鼎脚式，两旁铁柱二枝，长一丈六尺二寸”“计重二千一百零三斤”，铁链“百丈者三根，用松杉八十根，凿三孔，铁链纳入之，每丈一根，取材质轻浮，以托铁链，始浮也”。后来的战役经过表明，这些工事给英法联军造成了极大的麻烦，对清军获胜起到了相当大的作用。

第四，筹集火炮。大沽口原有火炮在第一次大沽口之战中尽毁，于是僧格林沁在铸造大中型（8000—10000斤以上）铜铁炮的同时，又从京师等处抽调大小铜铁炮，加上沿海省份捐购输送充实防线的西洋铁炮，大沽口炮台的火力已经强于第一次大沽口之战时了。

第五，实弹训练。针对新近扩充的大沽协六营兵丁“大半无一技之长，不能谋生”“与一切操防，难能得力”的种种弊端，僧格林沁除将其与战技相对娴熟的京营进行混编之外，更让他们进行了大量的实弹操演。僧格林沁“以鸟枪、抬枪作为考验应习之技”，并奖赏打放有准头的士兵，尤以火炮操演为重，如“某炮台某炮相准击之”就赏给炮手一串钱或一两银不等。经此操练的清军，相比前次战斗中无畏但无战技的状态，一跃成为相对堪用的精兵，在之后的战斗中爆发出了极大的战斗力。

▲ *19世纪的欧洲水彩画——满洲骑兵*

经过以上种种布置，1859年4月，僧格林沁信心满满地宣称：“大沽海口布置均已周密。”去视察的清廷官员也称“拦挡严密”，认为对付洋人“应手无误”。

接着，本不同意让英法使节进京换约的咸丰帝，要求各国公使转道距大沽口以北 15 公里的北塘，由陆路进京。于是 6 月 18 日，直隶总督恒福得到了咸丰帝迟来的指示。

之后正如前面所述，双方剑拔弩张，最后交上了火。

英法联军之所以在大沽口外吃了大亏，除了僧格林沁对大沽口军备的整顿之外，还有其采用的示弱策略，比如：反复要求英法联军改道北塘；派官兵伪装乡勇应对洋人；不让英法联军观察到大沽口炮台的炮口和炮窗的详细布防情况；使炮台周围看起来无人防守；待联军开始清障后，才安排候补知县等人要求会面……

综合以上种种情况，僧格林沁的计划呼之欲出。

以翰林院编修入值南书房的郭嵩焘，是官位不显但能量极大的人，甚至曾帮忙挽救过晚清名臣左宗棠的性命。此时，郭嵩焘在僧格林沁军营中帮办文案，“随同布置一切”，对军务和僧格林沁的筹划“极为熟悉”。在郭嵩焘的日记里，对第二次大沽口之战整体经过的概述，他这样那写道：“僧邸于夷人之就换和约，则设诈以诱而击之。”

因为第一次大沽口之战的轻易取胜，英法联军对清军的战斗力蔑视到了极点，可以说骄狂到不可一世。僧格林沁正是看中了这一点，郭嵩焘在日记里如是说道：“僧邸之幸胜夷人，忿兵也，骄兵也。”

除去利用洋人轻敌的心理，僧格林沁更是故意示弱，让洋人相信大沽口防御极为虚弱。郭嵩焘形容其布置为：“泊夷船入内河九日，僧邸不遣一使往谕。去衣冠自称乡勇，诱致夷人，薄而击之。”

当然，也有说法认为，咸丰帝当时未必想打，只是旨意发出较晚。但无论是不是因为圣旨延误造成的阴差阳错，僧格林沁都成就了这一晚清对外战争中昙花一现的胜利！而且让咸丰帝喜出望外的是，洋人不知是被重创到失去继续作战的能力，抑或是因为其他什么原因，在大沽口惨败后，率舰队转而南下的英法公使，居然没有如他之前担心的那样窜扰其他地方。因此他又打算用传统御夷手法，“剿”完再“抚”，并且同意了美国公使进京换约以示“天朝”宽容。

可想赏个甜枣给洋人的咸丰帝，态度软化却欲“抚”不成，英法公使不断放出口风说要狠狠地报复回来！于是咸丰帝让僧格林沁继续率军驻守大沽口，哪怕是冬天海河封冻期间也没有撤防。

英法卷土重来

在此期间，僧格林沁进一步改革了大沽的军制，他一边征调一边募勇，最后使大沽口周边的清军兵力增至近 3 万人。大沽口周边清军驻守的村庄，就连天津城外之前并未设防的地区，也挖掘壕沟，做好了防御工事。清军之所以如此劳师动众，一方面是英法公使南撤途中不断扬言报复所致，另一方面则是因为上海方面的清廷官员打探到的两条情报：第一，英法两军增派了援军，光英军每日在上海采办的粮食就达 3 万磅；第二，英法联军卷土重来之时，不会再像上次那样硬碰硬地直接攻打炮台正面，很有可能会从大沽口附近某地登陆以包抄炮台，并截击清军后路。

1860 年 3 月，更准确的情报随奏折送至咸丰帝手中，内称：

> "英国发来中国之兵，现又加增"，除开水手外，又发"黑白夷兵"各 1 万，法军增派援军 1 万人，且相对上次仓促动员水手进行陆战，这次洋兵已经准备周全，连专门用以攻城的"浮水炮台""泥滩木排""上城轻梯"之类的装备也准备好了，还有骑兵支援，以应对我（清）军骑兵。除去这些，洋人似乎已经在大沽口附近的北塘一带选好了登陆地点，如果洋人从此处上岸侧袭大沽口炮台并截断我（清）军后路，再攻克天津直逼北京，后果将难以预料！

这份奏折随附的情报虽然也是"新闻纸"，但是准确性比叶名琛的那些玩意要高得多。然而，即便该情报着重强调了英法联军的数量、质量同上次大不相同，以及会在北塘一带登陆的极大可能性，僧格林沁依然拒绝防御北塘，并数次上奏说明理由：

第一，北塘南岸炮台离附近村庄极近，若在该处交战，炮火不免延及村庄，万一导致村民大乱，近万村民连士兵一起扰乱，可能会导致防线崩溃。

第二，即使将附近村民弄走，坚壁清野，但北塘北岸炮台地势较低，不利防御，一旦遇到潮水，会给营地内的清军造成极大困难。

第三，为防止敌军登陆占据北塘炮台，他会在炮台下面和周围挖设地道，埋设地雷[①]以行火攻等计。当然光靠诡雷不足用，所以他把原北塘的守军派去北塘西北设防，并在其周围布下重兵以互相援应。若敌军从北塘登陆，将受到优势兵力的夹击。

① 当时对埋在地下的爆炸物的统称。

简单来说，因为“北塘地方，断难守御”，僧格林沁干脆就“舍而不守，诱敌深入，以便兜击”。对于这套布置，僧格林沁信心满满，因为他一点也不怕情报中所述的英法联军“再来报复，由陆路抄袭”的计划，他认为：

首先，除去兵力上的数量优势，北塘西南有众多盐滩，极难行进，而且北塘到大沽口炮台侧后的新河只有一条路可通，称得上“一夫当关万夫莫开”，更别提清军还在此布下重兵，并加修工事重重设防。大沽口南北岸周围的村落为保险起见，皆如新河一般布下重兵并加修工事设防。虽然因为地理原因，英军不太可能在天津以及天津到北塘之间的地方登陆，但僧格林沁依然在天津派驻重兵并环城掘壕约15公里，设置大小炮台百余座。

再则，僧格林沁认为英法联军的陆战能力不足为惧。一方面，他受到了第一次鸦片战争以来，各种错误情报诱导的“夷兵不利陆战”的影响。当然僧格林沁毕竟在第二次大沽口之战中，与英法联军登陆部队交过手，起码比大部分认为洋人在陆地上腿脚都不会拐弯，抑或英军陆战能赢是因为雇用了“汉奸”[①]的清廷官员要好一些。另一方面，他认为洋人之所厉害是因为“恃究在船坚炮利”，“若使（洋人）舍舟登陆，弃其所长，用其所短，或当较为易制”。第二次大沽口之战中，那些由水兵临时抽调而成，并被工事阻碍裹足不前的英法联军登陆部队，让僧格林沁对洋人陆战不行这一点深信不疑。

最后，他以大清的船运条件推论，远道而来的英法联军不可能有太多骑兵，而且大沽口以及北塘周围的盐滩所造成的不利地形也难以使火炮通过。没有火炮，仅凭马步兵很难攻垒，因此骑兵数量上不占优势、陆战又不行的英法联军无疑不是他的对手。这显然是僧格林沁因知识水平的限制，对英法联军的兵力构成做出的又一错误判断。

我们不能说僧格林沁特别自大，因为他本就是以擅长马队作战出名的将领，本身出身骑兵不说，手下更是有大量关外的蒙古马队。这些在塞外吃苦耐劳的蒙古汉子，比在关内因为各种原因战斗力严重腐化、不堪大用的旗人强得多，而僧格林沁更是在内战中用以马队为主的战法，多次击败各路造反势力。由是，信心十足的僧格林沁多次在奏折中提到“不必禁其登岸”，甚至“可以使之深入”以便马队“出

① 清方官员曾将英军中的印度士兵误认为是清军遣散的壮勇。

壕抄击”。他更给咸丰帝打包票，说他把一切都布置得妥妥当当，“足资抵御”，绝对不会辜负皇上对他的信任。

英法联军这边同样在厉兵秣马，一刻不停地为侵略加强兵力。在陆续开至中国的英法联军中，英军共有大小军舰近80艘，这还不算为运载2万余名陆军士兵而雇用的100余艘民船；法军则有大小军舰65艘，士兵7600余人。

同时，英法联军为侵略所做的前奏军事行动也在有条不紊地执行中：4月21日，英军占领舟山；5月27日，英军占领大连；6月4日，法军占领芝罘。

于是至6月下旬，英法联军基本完成了第三次大沽口之战的准备工作，上海与舟山成了英法联军的转运兵站，至于大连、芝罘则成了前进基地，驻扎英军1万余人、法军近7000人。

6月26日，英法通告世界各国，对清廷正式宣战。

值得一提的是，英法联军做出上述军事行动时并未受到清军的任何阻拦。而更值得玩味的，是东南沿海官吏的态度。尽管对列强实力认知不完全，但山雨欲来风满楼，被英法联军此次大规模调动震惊到的沿海官员纷纷上奏，婉言主和。他们更是提出太平军威胁更大，安内应为第一要务（时值太平军二次攻破江南大营）。有官员直言：“速定和议，借（洋）兵助顺。”受一批官员的私下请求，英法不顾已与清廷开战的事实，反而派出数千兵力前往上海，意图从太平军手中保卫上海与其经济利益。由此产生了世界历史上难得一见的奇特景象：英法联军在北方与中央

▲ *第二次鸦片战争期间在南方守卫上海的洋人及其编练的洋枪队*

政府开战的同时，却又在南方与地方政府进行军事合作！

沿海官员的主和态度对咸丰帝也不是一点儿影响都没有：这次来报复的洋人似乎人多势众，他之前让清方官员对洋人进行开导好像也没什么效果，且这东南的太平军闹得已经够厉害了，万一太平军和洋人搭伙（双方控制区的确已经相连），一起来对付大清怎么办？

想到这里，咸丰帝的态度又软化了。他甚至不要求废除《天津条约》，公使驻京这点也不再阻拦，反正让臣子去丢脸，他不见就是，一样能保全“天朝”的脸面。

可就算这次清军被下令不得主动开火，因为“大皇帝宽其既往”，允许洋人“由北塘进京换约”，洋人也不答应了！数万士兵和数百艘军舰可不是来执行陪同换约的“和平使命”的，更别提经上次毁约之后，英法专使对清方根本再无信任。他们认为如果不给清廷重大军事打击，清方可能会依然如上次一样，不老老实实地进行正常的外交谈判。再加上这次有兵在手，他们的胃口就算是咸丰帝让步之后也依然无法得到满足，他们想要更多！

1860 年 8 月 1 日，英法联军果如先前清方情报所言，于北塘登陆。由于咸丰帝下达的不得率先攻击的命令，双方只在联军出兵侦察清军炮台后路布防情况时，爆发了小规模的斥候冲突，各有数人受伤，但是清军的布置却被全部摸清。最终，10000 多名英军、7000 余名法军以及从香港招募的近千名华人民夫，还有大量马匹、火炮和各类物资，在未受任何攻击的情况下经过持续 10 天的登陆，踏上了中国的土地。至于战前埋设在北塘炮台下和周围的爆炸物，因为过于明显早被英军发觉，没有起到任何作用。紧临炮台的北塘村，则被英法联军大批征用民房以充作军营，而原有居民或逃散或被联军驱逐，他们留下的财产则成了不少英法联军士兵在中国捞到的“第一桶金”。

直到此时，僧格林沁依然志得意满。8 月 3 日的斥候战，让他再次坚定了“洋人陆战不行”的这一结论。在之后由僧格林沁等人以直隶总督恒福的名义共同发出的照会中，僧格林沁更是趾高气扬地宣称：上次作战是自己留手了，只准让官兵迎敌，没让他们主动进攻，这都是因为皇上有“宽容之意”，你们这些洋人要是给脸不要脸，“仍复恃强”，那就莫怪我下狠手！想想看，你们的士兵要是“再经挫失”，不但不利于你们谈判，你们自己回国也不好交代！

在这封照会中，僧格林沁的自大与轻敌表露无遗，不过之后的战局发展却出乎他的预料。

8 月 12 日，英法联军进攻新河。一支英军在千余名法军的协同下，从北塘直奔新河；另一支英军则在骑兵和炮兵的支援下稍早出动，前往新河以西，试图从该处偷袭清军侧后。联军共出动兵力 8000 余人，而清军在新河的守军却只有 2000 余人。不过人数虽处劣势，但清军的士气却出乎意料的高昂，竟对英法联军发起主动进攻：清军骑兵冲向行军中的英军，企图将其队伍截断，而英军则立即予以反击。清军一度俘获了 3 门英军火炮，但最终在猛烈的火力下不支败退。不过部分官兵的勇敢行为甚至得到了对手的称赞，军官华斯莱就写道："在这样猛烈的炮火下，无人能比他们更勇敢地前进。我不得不认为，他们是最勇敢的骑兵。"

另一部留守新河的清军，凭借工事，以自产的鸟枪、抬枪等陈旧火器，节节抵抗英军与法军，但在先进的火器打击下，最终败退。英军占领新河后，试图追击这支溃败的清军，直到在塘沽受到炮击才退回。之后，英法联军在新河当地疯狂抢劫，甚至满村追逐打杀猪、牛、羊等家禽。此战，清军损失的兵力没有详细数据，联军方面的伤亡据统计约为 40 人。

8 月 14 日，英法联军进攻新河东南方的塘沽。早上 7 点，由英法各派 18 门火炮组成的联军炮兵在距塘沽约 1000 米处，对塘沽发起了持续两小时的炮击。第一发炮弹落下时，清军还在吃早饭，随着英军火力的不断输出，清军反击炮火越来越弱，英法联军逐渐抵近至距塘沽 300—500 米处射击。尽管期间个别清军作战表现十分英勇，"他们在某个时候打得很壮烈，我看见一个人裸着上半身，单独持枪作战，那时他附近的雉堞已被打得荡然无存了，而我们的炮弹在他周围如暴雨倾泻"，但清军微弱的反击炮火最终还是被彻底消灭了。约 3 个连队的法军和英军第 60 来复枪团分别从左右翼攻入村内，法军主力亦从中央攻入村中，清军彻底溃败了！此战，清军的损失依然不详，英法联军则受伤 15 人、死亡 1 人。

然而在奏折里，僧格林沁却把这场败仗描绘成另一幅景象："二十八日（8 月 14 日）之战，该夷炮车二百余辆，夷人五六千名，实系众寡不敌，然亦毙贼无数。我兵每发一炮，该夷成行倒毙，余贼不顾尸身，

▲ 追赶溃军的联军骑兵

仍向前进。”在不知内情的咸丰帝看来，还以为联军是靠人海战术取得惨胜的，纵然击败清军但是自身的伤亡也极为惨重，几成强弩之末。

虽然隐瞒了塘沽失守的真实情况，但新河与塘沽两战，还是让之前认为洋人陆战不行的僧格林沁慌了手脚。更让他惊惶的是，洋人避实击虚，绕过大沽口炮台防卫严密的正面，意图攻击炮台虚弱的侧后方。15 日，他在给咸丰帝的奏折中，一改之前的志得意满，反而悲观地表示：“现在南北两岸，惟有竭力支持，能否扼守，实无把握。”格林沁的语气中隐约透露出一股欲与英法联军血拼一场，即使玉石俱焚也要向咸丰帝尽忠的意味。次日，他依惯例以恒福的名义给英法联军发出照会，并一改之前的倨傲，态度有所转变。

看出僧格林沁打算背水一战的咸丰帝则极为惊慌。当时清廷除去不得已放权给汉人大臣所办的湘军之类以及似有军阀苗头的武装，剩下直属于国家的精锐兵力并不多了。在南方，兵勇一度达到近 10 万的重兵集团——江北、江南大营已经被太平军彻底毁灭；在北方，清廷唯一能指望的重兵集团就是僧格林沁这 3 万余人了。如果僧格林沁在大沽口和洋人玉石俱焚，那以后可怎么办？大惊失色的咸丰帝赶忙写下谕旨，劝僧格林沁：“万不能寄身命于炮台。切要！切要！”他更是着重强调了僧格林沁的重要性：“以国家倚赖之身，与丑夷拼命，太不值矣！”咸丰帝还进一步暗示，若形势实在难为，可从炮台撤退以保存兵力防卫更重要的京城……

8 月 18 日，英军以小船渡过海河，攻占新河对岸的大小梁子村。此役后，大沽口南岸炮台设防虚弱的背部彻底向英法联军敞开。

8 月 21 日，英法联军进攻石缝炮台。在开打之前，参战双方都没想到此战会成为第三次大沽口之战中最为惨烈的一役。石缝炮台原本是大沽口北岸炮台里最小的一座，距北岸主炮台一里左右，是僧格林沁为了策应主炮台后路所设。因为炮台较小，驻守士兵也不多，在之前的战斗中，并未受到重视。但因为英法联军在第三次大沽口之战中采用的是袭击大沽口炮台群后路的战略，石缝炮台反而由后路的策应之地变成了极为紧要的战略要点。因为其重要性，僧格林沁特派心腹直隶提督乐善防御此地。

21 日凌晨 5 点，1500 名英军同 1000 名法军在近 50 门火炮的掩护下，同清军激烈交火，石缝炮台附近的清军炮台也随即以火力支援友军。6 点 30 分左右，石缝炮台内的清军弹药库被炮火击中，当即爆炸。然而出人意料的是，清军并没有溃逃，反而依旧顽强作战。炮战持续了近 3 个小时，之后清军渐渐不支，火力明显减弱，联军步兵随即以攻城工具进攻炮台。

清军顽强的抵抗，给英法联军造成了较为惨重的伤亡。即使是被联军攻入炮台内部，清军依然坚持还击。一位英军工兵记载了他所见到的景象："一位勇士，一位所有炮队的仅存者，在他战友的尸体中间，独自操作他的炮——装上弹药，发射出去。旁边无人为他喝彩，也将无人目睹他的死亡。不管敌人多么强大，他总是继续战斗，直到也和他的战友一样倒下。"中午时分，石缝炮台彻底陷落。

▲ *联军进攻石缝炮台*

此次战斗中，英法联军共伤亡 411 人，其中阵亡及伤重不治者 62 人，受伤 349 人。清军的伤亡数据依然不详，但直隶提督乐善及部下大批将佐均在此战中阵亡，只有百余人逃脱。

相对于石缝炮台清军一反常态爆发出的惊人战斗力，大沽口北岸主炮台的清军却毫无表现可言。在 4 艘联军军舰的长时间炮击下，大沽口北岸清军的弹药库被击中。下午 2 点，该处守军未对逼近的联军做出任何抵抗，老老实实地做了俘虏。

见大沽口北岸炮台群纷纷陷落，知事不可为的僧格林沁为避免南炮台的清军也落得一样的下场，遵循咸丰帝的旨意，于下午 5 点左右主动率领所有清军撤离。他甚至连天津都顾不上，绕过后直接转进了通州。

僧格林沁全军撤退之后，联军派人前来劝降，无奈的直隶总督恒福只得同意，事后在照会中更是彻底表示服软："贵将军善能攻战，我军输服。"相比数日前，不知天高地厚的"宽容之意"，这个态度堪称一个天上一个地下。被英法联军的强

▲ *石缝炮台被攻克后的景象*

大战斗力所慑服的恒福，此后成了坚定的“主和派”，他不但接受了英法的所有要求，更是在奏折中反复向咸丰帝表示：这仗绝对不能再打了。

有句谚语说得好：“没有坚定的保卫者，天堑也是通途；有坚定保卫者的地方，通途也是天堑。”而大清接下来的情况，毫无疑问属于前一种。

8 月 24 日，英法联军未受任何抵抗就占领了布有重重工事但无人防守的天津。吓坏了的咸丰帝连忙派出大学士桂良，与英法联军进行全权谈判。清廷这次倒是极为老实，没有再试图玩弄手段，但是因为条约里部分条件过于苛刻，桂良等人要求宽限以备奏请商议。然而这次胃口与脾气剧增的英法一口回绝，咬定桂良“并无全权”，宣布谈判破裂，并于 9 月 8 日开始朝北京进军。

眼见桂良谈判失败，被英法联军向北京挺进的消息吓到的咸丰帝，连忙派出极得他信任的怡亲王载垣和英法公使再次展开谈判。

9月17日，载垣等人奉旨彻底向英法屈服，答应了对方的所有要求，本以为战事可以就此结束。不想次日，时任英国使团中文秘书的巴夏礼，却得寸进尺，提出换约时必须面见咸丰帝，以递交国书，并由咸丰帝亲自盖印后现场交回。

▲ 巴夏礼

这彻底超出了咸丰帝可以容忍的底线：公使进京朕忍了，各项苛刻条约朕也忍了！朕的忍耐，就是为了不堕皇家的威严，免得让我“天朝”礼乐崩坏，颜面扫地。没想到你们这群洋人得寸进尺，屡次三番触朕逆鳞！你们洋人怎么这么坏！

最后，咸丰帝将目光转向了巴夏礼，认为都是这个“洋人的阴损谋主”搞的鬼！

巴夏礼，出身贫寒，其父为铁厂普通工人，后来因为其姐夫——创立了香港汉会的普鲁士传教士郭士立（K.F.A.Gutzlaf）的缘故，在远东找到了一份翻译工作——充当英国公使代表的秘书。他不但全程参与了第一次鸦片战争，更是在代理广州领事后，极力为“亚罗”号事件扩大事态推波助澜。再之后，英军占领广州，扶持柏贵傀儡政权，巴夏礼遂成为该政权的实际掌权人。在英法联军数次北上期间，巴夏礼出任专使额尔金的中文秘书，由于出身贵族的额尔金对清方官员的做派极度厌恶，所以大多需要交涉的地方都由巴夏礼出面。与沿海清廷官员交涉次数最多的巴夏礼，也成了清方奏报中频繁提及的知名人物。当然，因为清廷对外的无知，巴夏礼的身份受到极多猜测。

人怕出名猪怕壮，在清廷那本就很“出名”的巴夏礼，这次因为提出让皇帝亲自参与换约这一要求，彻底触怒了咸丰帝，被盛怒的皇帝当成洋人一切恶毒计策的来源，即英方的“谋主”。

前面曾提到过，在第一次大沽口之战后的“驻京风波”里，有人提出将英方的“谋主”捉拿之后立即正法，这样失去“谋主”的洋人就成了没头的苍蝇，可以“一举破之”。于是，失去理智的咸丰帝专门下达指示，一定要把巴夏礼等人抓起来！“勿令折回以杜奸计！”

倒霉的巴夏礼等 39 人，被驻守在通州的僧格林沁部立即派兵捉获，丢进北京刑部大牢里，好好接受了来自主人的“热情款待”。

和因为暴怒加上无知，导致剑走偏锋的咸丰帝相比，僧格林沁也好不到哪儿去。之前因为咸丰帝对外态度软化，被下令不许主动出击的清军，没法让僧格林沁最擅长的骑兵战术得以发挥。而洋人不但舰船炮火凶猛，陆战炮火也同样犀利，几次守垒防御作战都在对方狂轰滥炸之下以惨败告终。于是僧格林沁的思维陷入了误区，认为“洋人火炮犀利，守垒是死路一条”。最终，对洋人陆战除了火炮以外轻视依旧的僧格林沁，提出了一个如今看来极为诡异的作战方针：要和洋人在野战中决出胜负，绝对不能“株守营垒”！

再加上，与僧格林沁共同审问过巴夏礼后，载垣在奏折中得意洋洋地对咸丰帝说：巴夏礼“善能用兵”，英法联军“均听其指使”，失去了谋主的洋人“兵心必乱”，清军绝对能“稳操胜算”。清军一方似乎又恢复了些底气，只不过战局并没有如他们预料的那样发展。

9 月 18 日，联军派出 4000 余人的先头部队突袭清军在张家湾的营地。尽管总体上清军有数量上的优势，然而驻守在张家湾的部队依然只有数千人。在猝不及防的攻势之下，清军来不及集结，一触即溃。联军仅伤亡 40 人不到，而清军据估算伤亡 1500 余人，损失火炮近百门。

不过如此大的失利，并未动摇僧格林沁继续贯彻其在野战中一决胜负的打算。在他看来，张家湾失利是因为被突然袭击，清军甚至都没完成集结就溃败了，并不能说明他的战略有问题。只是洋人似乎没像他想象中那样，因为“谋主”被抓就变成了无头苍蝇，不过不要紧，逼那位被“热情”招待的“谋主”巴夏礼，给洋人写“退兵书”不就行了？

然而巴夏礼提出的一个要求，却让清廷官员目瞪口呆：“该书只写英文，不写汉文。”这要求搁现在好像不算什么，然而问题在于，偌大个北京近百万人口，还真找不到一个懂英文的中国人。当然，北京城里有不少俄罗斯传教士，这群人倒是有懂英文的，但是“天朝上国”要求“藩属子民”，翻译“天朝”官兵被夷人打得一败涂地，不得不通过挟持人质逼令对方退兵的书信？就算这底下的臣子因为打败仗急了眼，不要脸了，他咸丰帝还要脸！更别提巴夏礼也没这个能力。巴夏礼后来回忆道：

（僧格林沁说）“写信告诉你们的人让他们停止进攻。”

“这根本无济于事，”我答道，“因为我根本无权控制或影响军事行动。我不能欺骗阁下，让你以为我写的信会有如此效果。”

“我看你是死不改悔，”他说，“你这小子对我也没有什么用处。”

此事最终不了了之。

清军的最后一搏

张家湾之战打响前，僧格林沁曾上一密折，希望咸丰帝“巡幸木兰”。“木兰”即指热河行宫西北的打猎场所，他肯定不是劝咸丰帝去那里打猎散心，而是隐晦地告诉皇上，洋人已经逼近了。之后僧格林沁又提及此事，暗示道：皇上您可以先做准备，倘若“奴才等万一先挫”，您“亦可不至落后”。

针对此提议，咸丰帝和大臣们上演了一番“臣子联名上奏要求皇上暂避”的戏码。最终，咸丰帝决定暂时不走，主要有两方面的原因：其一，皇帝一旦逃离京城，将对全国形势和朝廷声誉造成极为恶劣的影响；其二，咸丰帝依然相信僧格林沁这个当年阻止了太平天国北伐军的蒙古猛将，没准能给自己再次带来一场类似的奇迹。

此时的清军，撤退到了八里桥。为了即将到来的决战尽可能多地积累兵力，僧格林沁甚至大量招募蒙古牧民凑数，才勉强集结到 3 万余人。僧格林沁在八里桥附近构筑了连绵不绝的、以战壕为主的临时工事。

这一次他打算实现之前因种种原因而未能实施的野战策略。在他看来，此次清军准备周全，兵力集结完毕，且数量相对更有优势。至于他的计划，依然是“诱其深入……用马队冲击……聚而歼之”。

以八里桥为主战场，地形完全可以发挥骑兵优势，再加上部队集结完毕、战前准备充分，再次感到信心十足的僧格林沁上奏咸丰帝，宣称在接下来这一仗中愿“以死相拼”报答皇上的信任，不成功便成仁，绝对不会像之前一样一败再败，甚至还立下了军令状。

另一边，英法联军统帅蒙托邦认为：“不应给僧王以足够时间布置兵力，应速战速决。”于是21日清晨，英法联军开始向八里桥推进，随后双方在此处进行了第二次鸦片战争中的最后一场会战：八里桥之战。

▲ 英军指挥格兰特

八里桥，因为一座架在白河上，通向北京的大石桥而得名。上午7点，近万名联军分三路进入战斗位置，准备对清军发起攻击：东路为法军冉曼旅，西路为格兰特指挥的英军，他们的任务是从距清军阵地约6公里的上游处，架设浮桥穿过运河，以配合正面的联军攻势；而在冉曼旅和英军之间的，则是担任前锋的法军柯林诺旅。

战役开始后，清军发动了全线进攻，“鞑靼人开始了猛烈的攻击，他们的骑兵从我们阵地的右侧到左侧聚成一片，蜂拥而来”。法军在距八里桥4公里处遭遇清军：“我们先看到了一大群清军骑兵，他们秩序井然地朝我们小跑过来，队列非常整齐，分组变换队形时一点也没出现凌乱的现象。他们的战马看起来非常强壮。”顺着这股清军骑兵的来路，法军发现了跟随其后的大批清军步兵，以及隐藏起来的清军炮兵阵地。法军一直等到清军骑兵冲至距离其步兵阵线约50米的地方，才纷纷开火，以求获得最大的杀伤效果。“鞑靼骑兵立即开始行动，并且坚定地一直冲到离我们射手50码的地方，在那里他们遭到了密集的火力狙击，许多人和马都被打死了。”

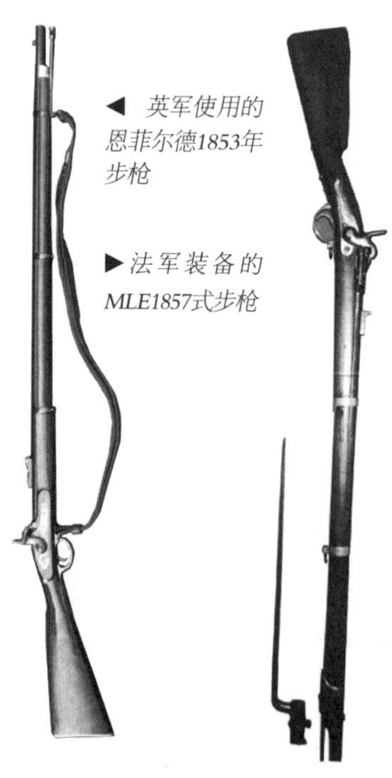
◀ 英军使用的恩菲尔德1853年步枪

▶ 法军装备的MLE1857式步枪

遭到猛烈排枪射击的清军骑兵队伍开始出现混乱，经过整队后，他们转向右边斜冲，试图包抄法军柯林诺旅的左翼。“有一个时候，全部（清军）骑兵都绕过了科林诺将军的左侧，因为格兰特将军带着他的骑兵和炮兵到左翼去发动攻击，这样就暴露了科林诺将军。”清军骑兵还试图进一步插入英法联军阵线之间的空隙，可惜此举在法军优势火力的压制下并未成功。“幸运的是，柯林诺始终保持着警惕，不一会儿，我们就很高兴地听到他的旅像一座火山一样喷发了。他的炮兵开始轰击，他的步兵也开始猛烈开火，从正面，从侧面，阻止这些骑兵的包抄……敌军的包抄行动差不多也就被摧毁了。”虽然清军试图包抄法军侧翼的行动失败了，但是拥有优势兵力的清军还是“组织非常周密的包围行动威胁着整支部队”。

英军格兰特部那边此时也遇到了同样的情况，大批清军骑兵突然出现在他们左侧，他们赶忙将火炮从车上卸下飞速架好。当清军冲至距英军火炮 200 码左右的位置时，大量霰弹配合阵地前沿的散兵，无情地收割了大批清军骑兵的性命，“在第 2（女王）团投放到前沿的散兵的协助下，凭借射击霰弹就将他们击退”。当清军陷入混乱并暂时退却时，英军骑兵当即抓住战机出击：“敌人的骑兵被我们的火力从右侧驱走，大批地停在我们左侧，为我们的骑兵冲击创造了一次极好的机会。尤其是塞耶斯中校率领的国王近卫龙骑兵，给敌人造成了非常巨大的损失。在他们的左面，费恩骑兵队非常英勇地冲击了一支类似的部队……”尽管双方人数差距极为悬殊，但在优势火力的掩护下，英军骑兵攻势凌厉，清军骑兵节节败退，而随后跟进的英军炮兵，则开始用新式的线膛炮与开花榴弹疯狂杀伤半径内的清军：“带着三门罗利上尉下辖的阿姆斯特朗炮，我们间或单个向他们密集的人群发射榴弹。这些以缓慢间隔各自发射的榴弹干得很好，足以说明阿姆斯特朗炮的良好品质：没有一发不能给稠密的敌人造成杀伤。”

画面切回法军这边，面对再次如潮水般涌来的清军骑兵，法军多次以步兵近距离排枪射击将其击退，然而清军仍然一次次地聚集起来，重新发起进攻：“鞑靼骑兵的人数每时每刻都在不断增加，很快我们整个战线都遭到了迂回和包抄。一时我们都认为已经被密云一般

▲ *英军装备的阿姆斯特朗野战炮*

的骑兵团团围住了，他们的人数真是多得吓人。科林诺将军很快部署好了他的炮兵，大炮发射出去的许多炮弹在敌骑兵中引起了混乱，迫使他们向后逃跑，然而敌人很快又卷土重来，并且发出野蛮的呼喊声。”

除去潮水般的清军骑兵，清军为数不少的炮兵和小型火器也一刻不停地在朝法军招呼，不过清军炮兵的表现同其英法同行一比简直堪称耻辱：“虽然中国人的炮兵比骑兵要强大很多，但是我们所有人还是在这片漂亮的平原上坚持了下来，幸运的是所有的炮弹都只是从我们的头顶上飞过，因此这种情形尽管有点可怕，但并不致命。他们拼命地朝人多的地方射击，结果像是朝着一大群山鹑随便放枪的打猎新手。他们的大炮一旦瞄准我们某群士兵所处的位置，每次开炮就不会改变方向，这些抛射物往往都错过了目标。”

而与此形成明显对比的，是架设好炮兵阵地的法军炮兵，他们将死亡与恐惧通过炮管不断带到清军队伍中：“炮兵司令本茨曼（de Bentzman）上校很快就给我们带来了好消息。他的部下先是发射了几枚降低了高度的引信炮弹，这些炮弹贴着地面飞射，在战马的脚下爆炸，以致敌军骑兵阵型大乱。当中国步兵跑来救援骑兵时，迪斯普上尉的炮排猛烈开炮，炮弹在这群密集的士兵和战马中间炸出了许多窟窿。敌军骑兵开始出现撤退迹象，他们的队形虽然不停地在恢复，不过已经在朝桥上退去了。”

在清军开始朝大桥溃退后，蒙托邦命令两个旅团趁机发起冲锋：“我下令向前冲击，以便利用炮兵在鞑靼人中制造的混乱，因为那时他们正在无秩序地后退。科林诺将军把他们全都驱向左侧，赶到了八里桥上，这里正是我们的攻击目标。这时，雅曼旅直接向这座桥扑过去，在这座桥的一端有着僧格林沁的旗兵。”

▲ *法军士兵攻上八里桥*

尽管桥上的清军也有火炮用于防守，但是拙劣的射击技术和落后的武器在联军面前是那样无力：“大桥有10门大炮防守，它们的威力比其他的炮排好不了多少，炮弹也都是从我们头顶飞过去的。这场战斗如同做梦一般，我们前进、射击、杀敌，没有一个人牺牲，或者说几乎没人牺牲。”桥上的清军奋力抵抗，直至阵亡。“桥口站着一个高大的鞑坦人，他看起来像是总司令（即僧格林沁）的旗手，他手执一面写有黑字的大黄旗，并且把这面旗帜不时指向所有方向，此乃僧王之旗。它正在向全体中国军队下达命令。此刻，全军精锐竭力保卫的那座桥业已堆满尸体，然而这个鞑坦人尽管孑然一身，却仍挺立在那里。子弹、炮弹在他周围呼呼作响，飞啸而过，而他却依然岿然不动，直到霰弹把他击倒在地。大旗向一边倒去，随着它的旗杆而去的是一只紧紧抓住它的痉挛的手……”联军最终占领了该处阵地，也宣告了清军的彻底失败。

尽管清军士兵爆发出了极为罕见的高昂士气，并且多次在溃败后又重组投入战场，表现出了相比以往堪称惊人的纪律与组织能力；但是在绝对的武器和技巧优势面前，清军士兵遭受了一个上午的近乎单方面的屠杀后，不得不带着惨重的损失逐渐退出战场。“正当英军向着左翼迂回的时候，镇静地待在极左端的蒙托邦将军下令科林诺将军包抄雅曼将军正面攻击的这几个村庄。队伍跑步前进。在经过二十分钟的激烈战斗后，敌人被从这三个村庄里赶了出来，并向后退却，但

▲ *战后的八里桥*

▲ *被缴获的僧格林沁亲兵营军旗*

他们仍然勇敢地争夺着每一寸土地。英勇的抵抗似乎激起了更猛烈的进攻，最后在经过近乎绝望的抵抗后，敌人无秩序地溃退到了大运河的左岸，许多骑兵和步兵都战死在那里。”

值得一提的是，号称不成功便成仁并要和洋人“以死相拼”的僧格林沁在部下大部溃散后“撤队而逃”。而另一位在镇压太平天国运动中打滑头仗的胜保，反倒在僧部全面溃退后，继续督军奋战直至身中数弹落马。

此次战斗，联军缴获了大批军械，如铸铁炮、铜炮以及“大量的组合炮（可能指继承自明军的佛郎机）、整箱整箱的箭、弓、箭袋、数千支引信火枪、10000 公斤火药”；还有大量军旗，甚至包括僧格林沁本人的统帅旗。

清军阵亡人数据当时打扫战场的联军估算在 1000 人以上，而通过后来从圆明园抄出的文件得知，清军伤亡人数约为 3000 人；英法联军方面，法军仅死亡 3 人、受伤 17 人，英军仅死亡 2 人、受伤 29 人。尽管伤亡差距如此悬殊，但是此次战斗清军表现出来的绝无仅有的高昂士气和屡败屡战的斗志，让身为敌手的联军也不得不赞叹（也有可能是通过抬高敌人来夸耀自己的功绩，这一点并不鲜见）：“炮弹和子弹无法彻底消灭他们，骑兵们似乎从灰烬中得到重生。他们如此顽强，以至于会拼命地冲到距大炮只有 30 米远的地方。我们的大炮持续和反复地射击，炮弹在他们身旁飞驰，最终使他们在炮火中倒下。”

指挥此役的联军司令蒙托邦也不禁感叹道：“八里桥成了这一天最动人的一幕。早晨还斗志昂扬的那些清军骑兵，现在都已消失得无影无踪了。这座桥是一种古老文明造就的伟大古迹，那些衣着华丽的骑兵，在桥上挥动旗帜，毫无掩护地以一种对我军大炮无法造成伤害的炮火进行着反击。”

八里桥之战的惨败，宣告了清朝在第二次鸦片战争中的对外抵抗彻底落下帷幕，而这之后，则是让人不忍卒读的屈辱史……

火烧圆明园

八里桥失守后，居住在战场附近甚至直隶周围的居民人人自危，如临大敌，倒不是因为洋人，而是害怕失控的清军败兵。清军似乎是在八里桥透支了所有的纪律和组织，自从战败之后便开始疯狂祸害直隶居民："独是达兵连次败走，并不归伍，散向各村庄，寻乞饮食，或夺财物；亦有带伤浑身浴血者，窜入人家，妇女误以为贼，惊惶失措，有投水者，有投缳者，有先杀子女而后自杀者。未被夷人之害，先遭达子之殃，僧王不能辞其责矣。"败兵甚至与地方上组织的民团屡次爆发大规模冲突："我军饥不能堪，到处抢掠，游骑往来与沙河、齐化二门之间。打杂老郑来言，伊家距沙河门十里，夷兵屯扎俞家围，距其家二里……蒙古兵自初八一败后，抢杀甚恣，与十八里店民团接仗，杀人极多。"除直隶地区有败兵流窜之外，"附京远近"亦是"土匪横行"。天子脚下乱成这样却没人来管，这是为何？因为上到咸丰帝下到地方官，这时候都泥菩萨过河——自身难保了！

僧格林沁在八里桥惨败的消息传到京城后，咸丰帝立即召集亲信大臣彻夜商议，决定施行以下两项对策：首先，咸丰帝前往热河避难，名曰"北狩"；其次，恭亲王奕䜣留在北京，代替皇帝"全权"处理与英法的交涉事务。这固然是咸丰帝推出自家兄弟代替他到洋人跟前顶缸，但他倒也没有把话说死，反而暗示奕䜣："若实在不支，即全身而退，速赴行在（热河行宫）。"

▲ *恭亲王奕䜣*

仓促地布置好一切之后，咸丰帝匆忙前往热河"北狩"。咸丰帝估计也很憋屈，这段时间他底下的官员苦思冥想，给他贡献了一个又一个的破夷"妙计"，结果什么都用不上。

詹事殷兆镛听说洋人火器厉害，于是遍访古书并询问了打过仗的士兵后，想出个“好办法”，上奏说：可以用棉被蘸水抵挡洋人的枪炮，古人攻城就是用这个办法挡火蔽箭的。他认为，这招除去挡火蔽箭的效果外，还可以克制洋人的爆炸弹。怎么克制呢，就是洋人炮弹打过来后，立马上前拿湿棉被盖住，这样炮弹就炸不开了……他甚至认为，将湿棉被“上下贯以粗索，两旁缚以竹竿。竿末缚以小铁刀”，就可以插在地上组成大阵御敌了。己方棉被大军一马当先，遇到洋人就架设湿棉被遮蔽全军，当然需留点空隙放火器，等大阵摆好，不管洋人怎么冲突，我军都不动如山，等敌人折腾累了，我军再借着湿棉被掩护杀过去……

山西道御史朱潮也提出了他的“妙计”：派身轻如燕的健儿去烧洋船；派善水性之人偷偷潜行到洋船底下把船凿洞弄沉。他还听说洋人晚上一睡就醒不过来，睡得比猪还沉，所以要夜袭！他更听说洋人的腿不能打弯，所以要多挖陷阱，摔进去他们就爬不起来了……

诸如此类纸上谈兵的意见还有很多，当然其中倒也有勉强在理，然而实际上几乎不可能实现的提议：比如掘深沟、筑高垒，和洋人打持久战，让洋人断绝补给，再加上水土不服，洋人最后势必会退却；而且提出这一计策的官员认为洋人不耐冻。

这样看来，得亏咸丰帝跑得快没来得及实施，不然清政府怕是要在世界战争史上留下更多的笑话和更深的屈辱了。

顺带一提的是，相比平常皇帝出巡时华丽庄严的铺张准备，此次“北狩”还未起行，就有地方官闻警而逃了。行进途中所遇情形亦十分凄凉，甚至连咸丰帝的禁军都缺衣少食几近溃散，而咸丰帝本人的待遇自然也好不到哪儿去：不但“扈从无多，车马寥寥”，就连吃饭都“仅咽鸡子两枚，次日食小米粥数碗”，以至于最后都委屈地哭了出来。然而哭归哭，出逃还得继续，因为英法联军此时正逐渐抵近北京。

9 月 24 日，即咸丰帝出逃两天后，英军占领通州。在咸丰帝出逃的当日，奕䜣已经派恒祺将巴夏礼调出监房，然后派出一位低级官员与之会面，之后甚至让恒祺亲自上阵，假惺惺地对巴夏礼的状况表示同情，劝巴夏礼写信给额尔金以求和平，但双方再度产生了和以往一样的分歧：巴夏礼要求用英文写，恒祺自然不许。此事又一次不了了之。

25 日，额尔金发出照会，称如果三天内交出全部俘虏并接受他们的条件，联军可以停止进军，否则一定攻下北京，并暗示这是最后通牒。

同样在当天，咸丰帝在出逃途中，一改三次大沽口之战前后的战略，推翻了各路兵力专注内战，统统不许御外的做法。之前，江南大营数万绿营精锐还没有覆灭时，曾国藩曾表示自己有余力勤王，但被咸丰帝拒绝；此时洋人即将攻入京城，咸丰帝再也顾不得江南大营已覆灭、太平军在东南几乎无人可制、其他起义军也闹得越来越厉害的现状，开始接连要求各路专注内战的大臣抽调精锐勤王。

10 月 2 日，咸丰帝更是直接钦点盛京将军玉明、山西巡抚英桂等官员亲自率领精锐速速勤王，并在 10 月 10 日催促这些勤王部队尽快入援。但可惜的是，在咸丰帝 9 月 25 日疯狂要求各路大臣抽调精锐勤王的次日，英法联军一部已经进至朝阳门外。

留在北京的恭亲王奕䜣，看到英法联军要求释放全部俘虏的通牒，再结合之前他们对巴夏礼的身份即“谋主”一事的误解，反而越发以为巴夏礼此人极为重要而不想放手。在清方一厢情愿的误解下，谈判重点反倒转移到了巴夏礼身上，巴夏礼的待遇也因此获得了极大的提升，不但每日早晨有上好的水果食用，所用茶叶也是“极其名贵，原是专为皇室而生产的，味香都特别好”，更是数次参加有 48 个菜和无数酒水的宴席。奕䜣甚至开始允许俘虏同外界通信，巴夏礼等人遂趁机传递情报。在巴夏礼写的一封经过奕䜣过目的信件中，他说：“现在中国官员以礼相待，我二人闻得是恭亲王令其如此。据云恭亲王人甚明……”看起来巴夏礼对奕䜣极为

▲ *英法联军和清军在北京附近展开的战斗*

赞赏，并乐于传递清方的求和意愿，但实际上在这封信件旁边还有数行外文，巴夏礼等人告诉清方：“系名字及年月日，不关紧要。”然而这多半是对不懂英文的清方官员的推诿之语，名字和年月日怎能写出数行来？

10月5日，英法联军到达北京城外已有半月，但谈判结果仍不明朗，最终他们决定用武力施压以推动谈判进展，于是又开始进军。当晚，联军宿营于北京城外东北方向约4.8公里处。次日中午，联军进抵德胜门外，同僧格林沁等部清军展开小规模战斗。早已一败再败、如同惊弓之鸟的清军“不战自溃，败兵纷纷退至圆明园”。法军一部尾随攻入圆明园，之后展开大规模抢劫。奕䜣等人逃往万寿寺，并痛哭“事机如此，万不能再议抚局”。直到此刻，他们还试图用传统的那一套羁縻剿抚的落后思想和伎俩去应付洋人，其愚钝腐朽可见一斑。

7日下午，双方再次进行会面，清廷许诺会将俘虏全部释放。8日，清廷官员当着巴夏礼的面商议释放俘虏一事时，光禄寺卿胜保跳出来反对，并大骂英法联军“狂悖异常”，竟然敢占据圆明园并且在北京城外放火，简直是“殊堪发指”，所以绝对不能放巴夏礼回去。但是奕䜣的代表恒祺表示这是为了“保全京城”，所以俘虏还是得放。做完这出戏后，巴夏礼于当日下午被放回，其他随行人员则于12—16日期间被陆续释放。

10日，英法联军发出真正意义上的最后通牒，要求清廷于13日正午前交出安定门，不然即行攻城。然而事实上，对于巍峨的北京城墙的坚固程度，即使是一路上表现得无坚不摧的联军炮兵，也对在其上打开一个缺口并无太大信心。法军炮兵指挥官本茨曼上校曾说，即使他的炮火可以打开一个缺口，但其作用也仅限于吸引清军的注意力而已。他的心态和想法已经算是乐观的了，英军炮兵军官华斯莱上校对此更为悲观：“直到限期前十分钟，敌人还没有投降的迹象。我们的炮衣揭开了，炮身经过细心地拭净、装弹，排列起来，对着要打的城墙瞄准。我屏住气息，心情沉重。因为我太清楚了，用我们的所有炮弹，要打开一个有用的缺口是没有希望的。”

然而，此时的清军中尽管仍有人坚持主守，认为“各门城上大小炮位数千，守兵数万，城池如此高深，如此坚固”，定能守住京城，等到各路勤王之师赶来救援；但屡战屡败的清军已经是惊弓之鸟，数量再多也只是一触即溃的乌合之众，更别提清廷方面，也被洋人在数次会战中展现出的破坏力所震慑。最终，清廷乖乖交出了城门。前面那位悲观的华斯莱上校则“舒了一口长气，十分满意这个结果”。联军不费一枪一弹便进入了北京城，期间他们一直牢牢控制着安定与德胜二门作为出入

▲ 北京附近的清军士兵

▲ 摄于1860年的安定门

口，直到最后从北京退出。

16 日，额尔金逼迫清廷于 22 日前交付给英国人 30 万两白银，更要在 23 日签订续增条约，否则英军便要进攻北京城内的宫殿。就在双方针对城门和条约问题进行磋商之际，中国近代史上极为屈辱的一幕发生了——英法联军火烧圆明园！

圆明园自康熙年间起修，历经五朝，终于建成了一座占地五千余亩，包容海内外百余景观的皇家园林。乾隆年间来大清访问的英国使臣马戛尔尼，曾受邀在其中游览，他返回欧洲后，将其间的华丽景象描述于世人，使其以“夏宫”的名字流传欧洲，并引起后世无数文人墨客的遐想与赞美。即使是从未到过该处的文豪雨果，也根据传说和自己的想象，描述出了如下的动人美景：

“在世界的某个角落，有一个世界奇迹。这个奇迹叫圆明园。艺术有两个来源，一是理想，理想产生欧洲艺术；一是幻想，幻想产生东方艺术。圆明园在幻想艺术中的地位就如同巴特农神庙在理想艺术中的地位。一个几乎是超人的民族的想象力所能产生的成就尽在于此。和巴特农神庙不一样，这不是一件稀有的、独一无二的作品；这是幻想的某种规模巨大的典范，如果幻想能有一个典范的话。请您想象有一座言语无法形容的建筑，某种恍若月宫的建筑，这就是圆明园。请您用大理石，用玉石，用青铜，用瓷器建造一个梦，用雪松做它的屋架，给它上上下下缀满宝石，披上绸缎，这儿盖神殿，那儿建后宫，造城楼，里面放上神像，放上异兽，饰以琉璃，饰以珐琅，饰以黄金，施以脂粉，请同是诗人的建筑师建造一千零一夜的一千零一个梦，再添上一座座花园，一方方水池，一眼眼喷泉，加上成群的天鹅、朱鹭和孔雀。总而言之，请您假设人类幻想的某种令人眼花缭乱的洞府，其外貌是神庙，是宫殿，其实是一个世间独一无二的奇迹，那就是这座名园。为了创建圆明园，曾经耗费了两代人的长期劳动。这座大得犹如一座城市的建筑物是世世代代的结晶……这是某种令人惊骇而不知名的杰作，在不可名状的晨曦中依稀可见，宛如在欧洲文明的地平线上瞥见的亚洲文明的剪影。”

那么，这座“令人惊骇而不知名的杰作”，是怎么遭受到令世人震惊的野蛮暴行的呢？

10月6日，德胜门外的溃逃清军进入圆明园，法军一部紧随其后，园内守军微弱的抵抗旋遭击败。在守军溃逃后，法军便开始洗劫圆明园。次日，英军闻风而来，两军一起开始对圆明园进行洗劫。法军高层告诉英方他们曾试图阻止士兵抢劫，以便双方平分赃物，但是目击者却指出“法军各级军官、文职人员以及士兵，全都在放肆劫掠”。相比法国人不顾脸面的明抢，英军一开始还有点遮遮掩掩，放不开手脚。先是英军高层装模作样地在正式报告里说，为了不让军队受到法国人放肆劫掠的影响导致士气败坏，格兰特等人特意将军队限制在营地里，只派出军官“尽可能收集应归于英国人的物品”。次日，即7日，英国人则同法国人一样变得无所顾

▲ *正在抢劫的英法联军*

忌，彻底抛开了假面具：“每一个被许离开营房的人，都到圆明园去了，因为将军现在已不反对劫掠。”随后，英军里的随军中国苦力，甚至于胆大的本地人也纷纷开始趁火打劫。

抢劫的过程则混乱而又疯狂：

“这一大群各种肤色、各式各样的人……他们全都闹哄哄地蜂拥而上，扑向这一堆无价之宝，他们用各种语言呼喊着，争先恐后，相互扭打，跌跌撞撞，摔倒又爬起，赌咒着，辱骂着，呼喊着，各自都带走了自己的战利品。初看起来真像是一个被人踏翻了的蚂蚁窝，那些受惊了的勤快的黑色小动物带着谷粒、蛹虫、卵或口衔麦秆向四面八方跑去。一些士兵头顶着皇后的红漆箱，一些士兵半身缠满织锦、丝绸，还有一些士兵把红宝石、蓝宝石、珍珠和一块块水晶放在自己的口袋里……工兵们带来了他们的大斧，把家具统统砸碎，然后取下镶在上面的宝石……这一幅情景只有吞食大麻酚的人才能胡思乱想出来……在园里，到处都有人群，他们奔向楼阁，奔向宫殿，奔向宝塔，奔向书室……”

除去以上种种疯狂场面，这群强盗的某些表现着实令人无语。

有联军军官背着一堆抢来的赃物挣扎着行进。因为抢到的东西太多太重了，当他碰到来趁火打劫的本地人时，那个本地人本以为自己要没命了，但是想不到这个联军军官只是逼着他丢掉抢到的东西，来替自己运送赃物。而英军高层访问法军司令部时，则看到许多法国兵穿着妇女的绣花旗袍，戴着中国帽。还有一名英军军官，把抢到的赃物用马驮着，自己牵着马走了 24 公里。事后他成了全军的笑柄，因为当他走回来后，才得知上面刚发布了新命令：所有劫掠之物都要上交给所谓的战利品管理处以便公开拍卖，赃款则由全军分配……

除开疯狂而又混乱的抢劫，更令人痛心的则是对圆明园本身的破坏。仅在英军开始抢劫的 7 日里，额尔金就看到他所至的每一间房子里的东西，不是被拿走了就是被破坏殆尽，他在家信里感叹：“劫掠和蹂躏这样一个地方，已够坏了，但更坏得多的是破毁，原来总值一百万磅的财产，现在我敢说五万磅也不值了。”《泰晤士报》其后刊登的一封信件，也佐证了这一点：“据估计，被劫掠和破坏的财产，总值超过六百万磅。在场的每一个军人，都掠夺了很多，在进入皇宫的宫殿后，谁也不知该拿什么东西。为了拿金子而把银子丢了，为了拿镶有珠玉的时计和宝石又把金子丢了，无价的瓷器和珐琅瓶，因太大不能运走，竟被打碎……”

然而圆明园受到的劫难并没有就此结束。

▲ 圆明园遗址

10 月 18 日，英军士兵根据额尔金下达的命令，开始在圆明园中放火，至于原因，则要追溯到几天之前。

巴夏礼等人被俘后，巴夏礼本人吃了些苦头却并未遭受更严重的虐待，但等其余随行人员陆续返回军营后，联军才得知有 20 人受不住“款待”已经死亡。其中有些随行人员如《泰晤士报》的记者居然惨遭分尸，尸体更是被喂了猪，愤怒的联军士兵因此烧毁了其附近的民房。

10 月 14 日，额尔金要求清方对虐杀使团的欺骗行为（清方之前称使团并未遭到虐待，更不用说虐杀）负责，接着提出要焚毁圆明园作为对这一背信弃义行为的惩罚，巴夏礼也表示赞同。之后的几天里，英法双方开始就焚园问题进行磋商。在圆明园抢劫中尝到甜头的法方表示反正都是惩罚，不如连紫禁城也抢了，再一把火烧掉紫禁城，这样才能给清廷留下深刻印象。英方则认为不妥，如果烧了紫禁城，则可能使失去皇权象征的清廷认他们试图颠覆其统治，导致谈判破裂，甚至使政府开始垮台，这样费力谈到手的利益就没有了；但是烧毁圆明园则可以在不突破清廷底线的情况下，充分威慑对方，有助于同时进行的谈判，更可以出口恶气。当然，并不是只有焚园才能出气，但是考虑到清廷万万不可能交出涉及虐杀使团的高层——如僧格林沁、载垣等，他们才决定出此下策。

▲ 圆明园被毁后咸丰帝做出的批示

无论如何，额尔金焚园之心已定，他在北京公开张贴告示，宣传火烧圆明园的原因（当然是冠冕之词）：

“宇宙之中，任何人物，无论其贵如帝王，既犯虚伪欺诈之行为，即不能逃其所应受之责任与刑罚也。兹为责罚清帝不守前言及违反合约起见，决于十八日焚烧圆明园，所有种种违约举动，人民既未参与其间，决不加以伤害，惟于清室政府，不能不一惩之也。”

18 日，英军开始焚烧圆明园，这座“万园之园”，终成一片火海。三日间，火光未熄，烟雾满天。时人有诗叹曰：“五朝神御翼皇州，纵火连宵烛九幽，法物尽随群盗去，仙山真见万灵愁。”烟雾散开之后，只余一片废墟……

焚烧圆明园的次日，咸丰帝便立即同意了和谈，于是这天晚上，收到指令的奕䜣同意了英法的一切要求。

5 日后，清廷与英法公使交换了《天津条约》，随即又签下《北京条约》。如果说以上不平等条约是因为英法大军兵临城下，不得不签，那么和俄国签下的条约，则是清廷为自己的落后和愚昧付出的沉重代价。

10 月 13 日，英法联军占领安定门后，慌得六神无主的奕䜣突然想起，之前好像有那么个国家的使者，曾表示愿意给大清在列强中间说说话，搞搞调停。这就是觊觎中国领土，装作站在清廷这边的俄国。

5 个月前，俄国公使同清廷谈判失败后，打道返回上海。在上海，他一面向英法提供清廷在直隶地区包括军情在内的各类情报，煽动英法扩大侵略；一面又向清廷假意示好，表示愿意为其调停，“善为说合”。

5 个月后，被英法联军攻入北京城的事实吓得魂不附体的奕䜣，想起了这根“救命稻草”。于是他立刻同俄国公使接洽，请求其出面“说合”，俄方自然欢喜答应。但实际上，俄国公使并未做出任何调停之举，只是诱导奕䜣等人答应英法的要求。

《中英北京条约》《中法北京条约》签订后，英法使者对俄国公使出色的“调停”工作感激无比，而不知真相的奕䜣也以为其“调停”有功，打算酬谢对方。

但俄国狮子大开口，摆出的条约草案居然多达15条，其中某些条件苛刻异常，甚至要求开放北京作为通商口岸。然而，尽管条约如此苛刻，奕䜣也很难拒绝：俄国公使准确地抓住了清廷的弱点，用所谓不同意俄方条件则“兵端不难屡兴”来威胁清廷。奕䜣这边已经被打怕了，也完全不知道，俄国根本没有动员任何军队，更不可能召回英法联军；他们甚至天真地相信，如果不答应俄国的条件，即使已经签订了《北京条约》，英法也会在北京留下驻军。

于是，当俄国公使假意松口，表示愿意放弃开放北京作为通商口岸后，奕䜣和同样惊惶的咸丰帝立即同意签约。

11月4日，中俄双方签订了《中俄北京条约》。

《中俄北京条约》的签订，使乌苏里江以东包括库页岛在内的约40万平方公里的领土被割给了俄国，并为俄国之后进一步割占中国西部领土制造了“条约依据”；而英法这两头真虎，带着数万大军前来逼清廷签约，也只不过要走了九龙半岛。

咸丰帝本人对条约内容倒是无甚意见，但却经常以“致令夷酋面见朕弟，已属不成事体”之类的理由斥责奕䜣，全然看不见奕䜣为签订条约苦苦在列强之间周旋，可见直到这种时候，他都认为皇家的脸面重过国家的实际利益。至于《中俄北京条约》，在咸丰帝看来，用割掉一些关外的不毛之地，换来免于开战和英法不在北京驻军，简直是物有所值；但是手下的臣子们在办事的时候，不小心有损“天朝”威严，他却是要严加斥责的。也正因为这种认知，咸丰帝才会对条约中的割地一条一言不发，反倒大骂奕䜣在某些礼节方面处理不当。

一年后，奕䜣在同某位洋人外交官闲谈时，意外得知英法联军本就没有打算在条约签订后“在中国留下一兵一卒”，顿时呆愣住了。他佯装镇定地询问：“你是不是说我们被欺骗了？”对方诚实地回答：“完完全全地被欺骗了。”

现在的人们无法得知奕䜣知道真相时的心情，但绝对好不到哪里去。因为根据记载，奕䜣本人甚至被打击到露出了明显的灰心丧气的神态。而与将要一生背负此屈辱和不甘的奕䜣相比，咸丰帝无疑是极为幸福的，因为当奕䜣得知真相的时候，咸丰帝已经死去一个多月了。

从某种意义上来看，尽管第二次鸦片战争中，清方输得一败涂地，但是咸丰帝却达成了其目的：从始至终都没有让各路列强面见他。当然，毕竟利益到手，列强们也不再坚持。1860 年 11 月 3 日，额尔金明确表示放弃面见咸丰帝。因此，在避而不见洋人公使以及维护皇家威严和“天朝”体面这事上，咸丰帝算是坚持到了最后，当然付出的代价是：巨额的赔款、被迫割让的领土和无尽的屈辱……

参考文献

[1] 筹办夷务始末（道光朝）[M]. 北京 : 中华书局 ,1960.

[2] 筹办夷务始末（咸丰朝）[M]. 北京 : 中华书局 ,1979.

[3] 大清文宗显皇帝实录 [M]. 北京 : 中华书局 ,1985.

[4] 华廷杰 . 触藩始末 [M]// 近代史资料（1956 年第二期）. 北京 : 科学出版社 ,1956.

[5] 夏燮 . 粤氛纪事 [M]. 欧阳路峰 , 校 . 北京 : 中华书局 ,2008.

[6] 夏燮 . 中西纪事 [M]. 高鸿志 , 校 . 长沙 : 岳麓书社 ,1988.

[7] 赘漫野叟 . 庚申夷氛纪略 [M].1860.

[8] 赵尔巽 . 清史稿 [M]. 北京 : 中华书局 ,1977.

[9] 薛福成 . 书汉阳叶相广州之变 [M]// 中国近代史资料丛刊 . 第二次鸦片战争 (第一卷). 上海 : 人民出版社 ,1978.

[10] 薛福成 . 庸庵全集 [M].1897.

[11] 丙辰粤事公牍要略 [M]// 近代史资料文库(第三卷). 上海: 上海书店出版社 ,2009.

[12] 沈国威 , 编著 . 六合丛谈（附解题 · 索引）[M]. 上海 : 上海辞书出版社 ,2006.

[13] 郭嵩焘 . 郭嵩焘日记 [M]. 湖南 : 湖南人民出版社 ,1982.

[14] 潘颐福 , 编 . 东华续录 [M]. 上海 : 上海古籍出版社 ,2007.

[15] 故宫博物院明清档案部 , 编 . 第二次鸦片战争 [M]. 上海 : 上海人民出版社 ,1979.

[16] 英国议会文件选译 [M]// 中国第一历史档案馆 , 福建师范大学历史系 , 合编 . 清末教案（第 6 册）. 北京 : 中华书局 ,2006.

[17] 马士 . 中华帝国对外关系史(第一卷)[M]. 北京 : 生活 · 读书 · 新知三联书店 ,1957.

[18] 汪洪章 . 额尔金勋爵的信件和日记选 [M]. 上海 : 中西书局 ,2011.

[19] 霍普 · 格兰特 , 诺利斯格 . 兰特将军私人日记选 [M]. 陈洁华 , 译 . 上海 : 中西书局 ,2011.

[20] 斯温合 .1860 年华北战役纪要 [M]. 上海 : 中西书局 ,2011.

[21] 德里松伯爵 . 翻译官手记 [M]. 上海 : 中西书局 ,2011.
[22] 茅海建 , 近代的尺度：两次鸦片战争军事与外交 [M]. 上海 : 上海三联书店 ,1998.
[23] 蒋孟引 . 第二次鸦片战争 [M]. 北京 : 三联书店 ,1965.
[24] 李浩 . 试论八里桥清军惨败的原因及其影响 [D]. 郑州 : 郑州大学历史学院 ,2016.
[25] 王雷 . 巴夏礼与中英关系 1841—1861[D]. 上海 : 华东师范大学 ,2008.
[26] 刘礼飞 . 额尔金眼中的中国形象 [D]. 南京 : 南京大学 ,2013.
[27] 吴继轩 , 李胜斌 . 再论英法联军火烧圆明园的主要目的 [D]. 山东 : 山东师范大学 ,2011.
[28] S Lane-Poole .*The life of Sir Harry Parkes : sometime Her Majesty's minister to China & Japan Macmillan*[M].London : Macmillan ,1894.
[29] Laurence Oliphant .*Narrative of the Earl of Elgin's Mission to China and Japan in the Years 1857, 1858,1859*[M]. New York : Augustus M. Kelley,1859.
[30] Field-Marshal Viscount Wolseley .*The Story of a Soldier's Life*[M]. London: Archibald Constable and Company, Limited. 1903.
[31] Fisher, Arthur A'Court. *Personal narrative of three years' service in China*[M]. London: Richard Bentley, 1863

大厦将倾、独臂难支

明末军事危局与卢象升传略

作者 / 佑陵

明朝末年，天灾频发，兵灾连连，明思宗朱由检便在这内忧外患的局势下继承了大明皇位，改元崇祯。崇祯元年（1628年），陕西发生民变；崇祯二年（1629年），长达7个月的己巳之变将大明王朝推向了崩溃的边缘。大厦将倾之际，王朝内涌现了许多忧国忧民之人，卢象升就是其中一位。他以书生身份点兵，转战南北意图挽滔天之狂澜，但却挡不住来自朝廷内部的明枪暗箭，最终战死沙场，成为大明黄昏中最耀眼的暮光，也是极具悲剧性的暮光。

己巳入卫

崇祯二年（后金天聪三年）十月二十六日，龙井关的天还未亮，守关的明军士卒正处于一天中最疲惫的时候，岂知边墙之外的黑暗中却静候着一支大军！

这支军队就是从沈阳出发，一路西行上千里的后金左翼军。后金军这次西行与上一年的西行虽然路线相同，但并不是与蒙古会盟那么简单——这次皇太极决定“征明”。这支军队绕过了层层设防的辽西防线，于十月二十五日到达蓟镇长城之外。对于后金军的到来，蓟镇的明军没有多少防备。虽然蓟辽督师袁崇焕在去年已经做了提醒，但当后金军出现在长城口外时，明军的战备依旧极为虚弱。在昏暗天色的掩护下，后金的精锐护军迅速登上龙井关，在粉碎了明军微弱的抵抗之后控制了关口。看到前锋得手，后金军主力也迅速冲进边墙。这是后金政权建立十多年来，首次进入长城以南，此后后金军将不断深入，直到最终成为长城内外的主人。

▲ *袁崇焕彩像（清人绘）*

此次，后金军分三路入关，其他两路——中路和右翼分别从洪山口、大安口突入关内。后金左翼军与中路军会合之后，打了明军一个措手不及，以致连连失利，汉儿庄副将易爱、洪山口参将王遵臣相继战死。再看右翼军方向，同样是进展神速，于十月二十六日从大安口进关，半天之内连续击垮明军五营兵马，至此长城防线洞开。到了十月三十日，后金各路大军会师遵化。

十月二十七日，得知后金军入关的蓟辽督师袁崇焕反应非常迅速，立刻派遣山海关总兵赵率教前去支援；他自己则亲自带副总兵张弘漠、参将张存仁、游击曹文昭等入关驰援。第二天，他又派遣辽东总兵祖大寿前往遵化，接应赵率教。不过，祖大寿晚了一步，赵率教增援心切，已于十月二十九日亲自带领 4000 名骑兵三昼夜奔驰 350 余里赶到三屯营。到达三屯营时明军已经人困马乏，赵率教准备休整之后再增援遵化，但三屯营总兵朱国颜这时却拒绝了赵率教进城的请求。赵率教没有办法只得再次启程，驰援遵化。

赵率教不知道的是，后金军这时正在设伏，准备围歼前来增援的明军。十一月一日，后金伏兵突然出现，截住赶往遵化的赵率教部。这支伏兵为阿济格率领的 4 旗八旗兵和此次入关的蒙古军。遭到突袭的明军防备不及，纷纷败退。这时，皇太极也亲自率军进入战场，攻击正在撤退的明军。遭到这突如其来的打击，明军顿时陷入一片混乱，与此同时，阿济格又率军追击了过来。作为老将，赵率教亲自带人断后，但身先士卒的他却成了战场上后金军的主要打击目标。阿济格在重新加入战斗之后，带兵冲向赵率教的中军。明军正值混乱之际，阿济格的攻击迅速得手，赵率教在混战中被阿济格阵斩。明军看到主帅战死，顿时士气大衰，全线崩溃，后金军乘势扩大战果，全歼了这支明军。歼灭赵率教的援军之后，后金军于十一月三日攻陷遵化，巡抚王元雅自尽。同日，明廷宣布京师戒严，命令天下各路大军勤王。

▲ *卢象升像，取自清光绪元年重刻本《明大司马卢公集》*

一时之间，各地兵马纷纷踏上前往京师的道路。山西总兵张鸿功带晋兵 5000 人前去增援；山西巡抚耿如杞也带领自己的抚标和太原营 3000 人马赴援；远在陕西的三边总督杨鹤，从各镇抽出精兵 17000 人交给总兵吴自勉、侯世禄、杨麒、王承恩、杨嘉谟率领赴援。在这些援军中，有一支军队极为显眼，那就是来自大名府的 1 万[①]乡勇，而领军的是他们的父母官——知府卢象升。

在所有人眼中，卢象升是一个文质彬彬的文士。时任大名知府的卢象升出生于一个殷实的家庭，他的祖父做过县令，家中有田产二十余顷，在后来的岁月中，卢象升便多次拿出家产来报效国家。卢象升从小就很聪明，不到 22 岁就中了举人，第二年便中了进士，高居二甲第 25 名。卢象升对自己极为严格，在中了进士回乡途经扬州时，一名漂亮的歌姬看到卢象升少年登科、相貌堂堂，就想以身相许，但卢象升不为所动，拒绝了这名歌姬。事后，卢象升向旁人解释说，他不愿意将自己的精力浪费在粉黛之上。

卢象升入朝时正值魏忠贤当道。早在少年时期，卢象升就与东林“诸君子”有往来，因此在政治上是同情东林党的，也不愿与魏忠贤一党同流合污，于是向朝廷提出辞去户部贵州司主事一职，选择出外为官。朝廷便任命卢象升为员外郎，出监临清仓（今山东临清）。当时河南遇到旱灾，卢象升就奏请朝廷将原先的加纳粮食改为纳银，这一改动大大减轻了河南百姓的负担。在监管临清仓这几年中，卢象升的政绩一直很优异，所以在天启七年，他被升为山东按察副使，管大名府事。当时各地都为魏忠贤立生祠，山东也不例外，时任山东巡抚的李精白就上书朝廷，请求给魏忠贤立生祠，还要求卢象升和他一起上书。卢象升毫不迟疑地拒绝了上司的要求。这样的拒绝自然很令李精白恼火，但卢象升却不在乎。在这点上，卢象升与当时的“清流”并无二致，所以在为官初期，他并不得志，但依旧兢兢业业。

卢象升在担任大名知府时极为勤恳，一上任就昼夜不停地整理遗留下来的疑难杂案，只用了一个多月就将这些案件整理完毕，可见其精力过人。当时卢象升每天都办公到很晚才休息，但清晨只要鸡一打鸣他就起床梳洗办公，在辛劳程度上丝毫不逊于处理具体事务的吏员。崇祯元年，他还特地来到京师为大名府的 17 桩冤狱申诉，这样的地方官自然是极受百姓诚挚爱戴的。卢象升不但治理地方时极为用心，对完成朝廷的各项任务也很利索：在崇祯元年他就以“辽饷”之功升官一级。

此时整个大明王朝都处于多事之秋，卢象升十分警觉，他刻意整顿武备，招募民壮进行训练。值得一提的是，卢象升虽然是个文士但却精通军事。明朝的读书人大部分都将科举应试书籍作为主要阅读书目，也把完成科举考试作为主要目标，但

①《大司马卢公年谱》记载的是 3000 人。

卢象升不同，他喜欢探究古代名臣名将的方略，并以岳飞、张巡为榜样。闲暇时间，卢象升喜欢练习骑射武功，而且箭术很高明，50 步内射必中。他练武时锻炼体力用的大刀，现在依旧保存在卢象升故居，重达 140 斤。卢象升肤色白皙，身形偏瘦，但因常年练武身体十分结实。因此，他虽看着是一副羸弱的书生模样，实则身手矫健，一点也不输于武人。由于卢象升对练兵颇有心得，他招募的这支民壮战斗力提升得很快。

当时大名府有一个豪强叫马翩翩，他伙同各地的盗匪打家劫舍，对外号称“九省通家”，为害齐、鲁、燕、晋四省，成了一个“毒瘤”。各地的官府都不敢抓捕马翩翩，因为其部众多达四百多人，都是悍匪，一旦抓捕不成功恐会激起更大的变故。但卢象升却打破常规，率领民壮实施斩首行动：卢象升找准马翩翩落单的机会，带着士卒迅速将其抓捕。为了防止事情出现变故，他毫不犹豫地直接将马翩翩斩首示众。至此，为害四省的一个巨寇就这样灰飞烟灭了。卢象升在此次行动中展现出的杀伐果断，将在他今后的用兵中发挥重要作用。

现在，来到京师的卢象升面临的是什么样的情况呢？

得知后金军队逼近京师，刚刚登基不到两年的崇祯皇帝也慌了神。在下达勤王诏书之后，他又下了一封诏书：“各路援兵，俱令听督师袁崇焕调度。”袁崇焕接到命令之后，也开始行使自己总督天下勤王兵马的权力，调遣军队。他先是命令总兵官朱梅防守山海关，参将杨春防守永平，游击满库守迁安，都司刘振华守建昌，参将邹宗武守丰润，游击蔡欲守玉田；又命令已经前来增援的昌平总兵尤世威回防昌平，以保卫陵寝；再派前来支援的宣府总兵侯世禄守三河，以防止后金军 西进（到达三河后，侯世禄又被袁崇焕下令守通州）；还派遣保定总兵曹鸣雷、辽东总兵祖

▲ *卢象升练武时用的大刀*

大寿防守蓟州；前来勤王的保定巡抚刘策也被袁崇焕命令返回密云。这样一番调遣下来，各路援军基本上都被袁崇焕调离了京师附近；而防守京师的任务，袁崇焕决定由自己来承担。但实际情况却出乎了所有人的意料。

十一月十日，崇祯皇帝命令袁崇焕必须在蓟镇挡住后金军，袁崇焕信誓旦旦地承诺“必不令越蓟西一步”。早在十一月九日，袁崇焕就带着关宁军赶到了蓟镇。十二日，袁崇焕部在马伸桥与后金军前锋相遇，两军激战一场，最终明军取胜。这时袁崇焕的副将周文郁对他说：“马伸桥离蓟州城二十里，我们现在遇到的一定是后金军的前锋，他们的主力还在后面，我们当有所准备才是。”袁崇焕于是命令大军夜宿城东，以待后金军主力。第二天，后金军在清晨攻陷了石门驿，斩杀了驿卒。袁崇焕带兵来到城外，但后金军只派出200名骑兵对袁崇焕军进行监视。反常的是，明军也停止了前进，仅用炮火攻击后金骑兵。在打退后金骑兵之后，战场上居然诡异地恢复了平静，整整一天看不到一个后金兵，明军则依旧在蓟州城外列营以待。到了十四日，袁崇焕有些着急了，为保险起见，他派出500名骑兵前出进行侦察。这些骑兵深入战场周围，在东边没发现后金军的踪影，于是转向西边。突然，侦察队看到大队后金军，而后金军的反应比明军还快，其远哨骑兵迅速向明军发起了攻击。一场短暂的交战之后，明军骑兵被击败，后金军生擒明军15人，缴获战马24匹。明军终于获知了后金军的动向，袁崇焕通过侥幸逃脱的侦察骑兵得知，后金军已经越过蓟州向西而去，那赫然是京城的方向！

总体来看，后金军越过蓟州与袁崇焕自身失误不无关系。就在十一月九日袁崇焕尚未到达蓟州前，蓟州已经有来勤王的保定巡抚刘策、昌平总兵尤世威所率两支军队，可袁崇焕在接到崇祯皇帝授予的调度各路援兵之权后，却命令两支军队离开蓟州，前往密云和昌平，而当时那两个方向没有一支后金军队。当袁崇焕到达蓟州后，又一味等待后金军主动进攻，丝毫没有采取积极的行动对战场局势进行干预。袁崇焕这样做，一方面是想复制以前在宁远、松锦之战中的成功经验：无论是宁远之战还是松锦之战，明军都是依靠固守坚城来获得最终胜利的。另一方面，他确实是对自己所率领的关宁军的野战能力不太放心。这次袁崇焕带领的关宁军，据朝鲜《仁祖实录》记载：“军门领诸将及一万四千兵……由间道驰进北京。”而根据孙承宗在祖大寿私自逃往辽东后所上奏折来看，跟着祖大寿一起出关的关宁军不下15000人。由此可以估计，此次勤王，袁崇焕所率军队应该在15000人上下。袁崇焕当面的后金军却是主力尽出，所以袁崇焕在兵力上是远远低于后金军的。在战斗力这个问题上，十一月十四日的塘马[①]遭遇战就验证了袁崇焕的担忧。明军 500 塘马侦察骑兵在与后金哨探骑兵作战时，完全处于下风，可无论是明军的塘马，还是后金军的哨探，都是军中精锐。这也可以解释为什么明明是在长城以南作战，后金军却可以屡屡获得战场主动权，甚至可以组织敌前伏击。但袁崇焕没有时间细究这次作战失利了，他只有截住后金军才能阻止其“潜越”蓟州造成的不利形势继续恶劣下去。

后金军越过蓟州后没有多做停留，迅速前进，于十一月十四日招降三河县。十一月十五日，后金军分兵两路：莽古尔泰率 3000 人赶到通州河，查看渡口，并派骑兵沿途捕杀明军的哨探，打掉明军的“眼睛”和“耳朵”；皇太极自己则率领一路人马从后面跟进。这时后金军抓捕了一个汉人，从他口中获知，在顺义有明军宣、大两支军队。听到这个消息后，皇太极立刻调兵遣将，命令阿巴泰和岳托率领 2 个旗的满洲八旗军和 2 个旗的蒙古八旗军，前去攻击顺义的明军。顺义这边是满桂率领的 5000 大同精骑和侯世禄率领的 5000 宣府精骑，两军当时正在奉命合营，准备东进攻击后金军。后金军突然来到顺义，双方爆发激战。明军两支骑兵一共 1 万人，而后金军有 2 个旗的满洲军、2 个旗的蒙古军，在兵力上远远多于明军，但明军依然义无反顾地投入战斗。两军激战良久，明军终于不支开始后撤，但在战斗中占有优势的后金军没有发起追击。根据《清实录》记载，后金军这一战只缴获战马千匹、骆驼百余只；而根据明朝方面的奏折，此战宣镇军战死千余人，后金军死伤相当。根据《清实录》透露的信息，可以看出这一战后金军赢得并不轻松，所以在取得胜利之后没有发动追击。明军虽然受挫，但实力还在。然而，战场之外的人却看不到这些，顺义知县看到明军失利后，当日，即十一月十五日，就向后金军开城投降了。

这时袁崇焕总算是追到后金军了。同日，袁崇焕到达河西务[②]，他打算直接前往北京，这时副将周文郁又谏言说：“我们应该把敌人挡在京师外面，而不是在京师挡住敌军。敌军在通州，我们就该在通州挡住敌军。现在我们屯驻在张湾，离通州只有 15 里，旁边就是河西务，我们的军械粮草完全可以仰仗河西务的供给。如果敌军弱，我们就可以乘势进攻；敌军强，我们就守在这里挡住敌军。”但袁崇焕拒绝了周文郁的提议，继续率军向京师前进。明军没在通州挡住后金军，后金军也迅速西进。这时的战场上，诡异地出现了两支军队互不干扰地向北京挺进的现象，

① 塘马为承担侦察和刺探情报任务的军队。
② 河西务是明朝大运河的中转枢纽，粮草充足。

更加诡异的是，这还是两支正在交战的军队。十一月十七日，后金军夺取了距北京 20 里的牧马场。明廷方面早在清晨就将马匹转移，所以后金方面收获很少，只缴获了马骡 235 匹、骆驼 6 只，另俘虏了 2 名管马太监和 300 多名牧马人。

这时，崇祯皇帝已经对袁崇焕有点失望了。十一月十日，崇祯决定启用原蓟辽督师孙承宗。在平台召见孙承宗之后，崇祯就任命孙承宗为少师兼太子太师、兵部尚书、中极殿大学士，督理兵马钱粮，驻扎通州。十七日，孙承宗赴通州。

袁崇焕总算在十一月十六日到达北京城下，崇祯皇帝命令他率军驻扎在左安门防守,不许入城。而十五日与后金在顺义野战一场的宣大军,此时也到达了北京城下。

在袁崇焕勤王之初，京师百姓就盛传袁崇焕与后金勾结，故意纵敌入关。而袁崇焕在蓟州和通州的所作所为，也很难不让崇祯心中有所怀疑，不过这时后金军已经兵临城下，为了京师安全，他必须对袁崇焕表示信任。袁崇焕到达京师的第二天，即十一月十七日，崇祯皇帝派遣太监吕直芳携带白银万两、青盐千斤、米百石、酒十樽、羊百头犒赏军队，以示信任。十九日，崇祯又赏赐袁崇焕彩币六枚，赐祖大寿彩币四枚，其他大将每人受赐蟒衣一袭。

期间，后金军驻扎在土城关以东，分成两翼。袁崇焕派遣参将刘天禄夜袭后金军，但刘天禄到达高庙店时，看到后金军已有防备，只好终止夜袭。

十一月二十日，后金军向明军发起全面进攻。皇太极亲自率领右翼军攻击满桂的宣大军。大贝勒代善和贝勒济尔哈朗、岳托、杜度、萨哈连等人皆在右翼军中，该翼以蒙古军队为前阵，最精锐的白甲护军在后面跟进，可以说集中了后金军的主力。皇太极又命令左翼军前去攻击袁崇焕。左翼军中有大贝勒莽古尔泰和贝勒阿巴泰、多尔衮、多铎、豪格等人，力量也不可小觑。从这个部署可以看出，后金方面明显更重视满桂所在的宣大军。

▲ *孙承宗彩像（清人绘）*

当天的战斗率先在右路爆发。皇太极命令火器营士兵尽量靠近射击，又命令护军和蒙古兵在明军炮火减弱时才发起攻击。之后，后金军在己方炮火的掩护下，向德胜门的明军发起了攻击。后金军的进攻顺序是蒙古兵和正红旗护军从西面急攻，正黄旗护军从侧翼夹击。

驻扎在德胜门外的宣府兵首先开始动摇。宣府军在顺义之战中就损失了五分之一的兵力，战斗力受损很大。侯世禄看到自己的士兵抵挡不住，就下令向后撤退以避敌锋芒，于是战场上就只剩下满桂的5000大同精骑。满桂军死战不退，这时城上的京营士兵开炮支援，但来自城头的火炮却大量打到了明军自己人头上。已经血战良久的满桂军突遭己方攻击，士气大幅下降。皇太极抓住机会，亲自率领御前兵发起攻击。雪上加霜的是，满桂受伤了，但他依旧率军节节抵抗，一直撤到关帝庙才摆脱了后金军的攻击，下令休整。后金军打到最后，也没有找到机会歼灭德胜门外的明军。看到自己的军队已经失去了攻击的劲头，皇太极只好下令停止战斗，转入休整。至此，德胜门的战斗告一段落。

德胜门那边战斗正酣之际，广渠门外的战斗也进入了白热化。当时进攻广渠门的是莽古尔泰率领的左翼军。最开始，莽古尔泰并没有率大军进攻，只是带了护军和蒙古兵2000人发起攻击；而广渠门外袁崇焕手中有20000人的军队。袁崇焕命令祖大寿在南面布阵，王承胤在西北面布阵，他自己在西面布阵。从这个部署可以看出，明军力量是偏向右翼也就是西北面的。后金军在进攻之前，也将军队分成三队，并下令打开突破口后，全力向右打击明军，不遵命令者，罪同避敌。担任后金左翼军大前锋的是纛额真，他率领精锐护军从东南面插入明军阵线，明军虽然拼死抵抗，可阵线还是被后金军打开了一道缺口。这时大部分后金军忘记了战前的命令，除了豪格仍向右打击之外，其他三个贝勒都从正面突击。明军虽然挡住了第一波冲击，但在后金军一波接一波的后续攻击下，渐感不支。

最先出现动摇的是在西北面防守的王承胤部。在豪格军队的冲击下，王承胤选择南下避敌。之后，后金军从西面和东面两个方向杀向了袁崇焕的主阵。当时战场情况极为危急，一名后金骑兵突进明军战线，拿着战刀向袁崇焕砍去，幸亏袁崇焕旁边的材官袁升高眼明手快，用刀挡住了这一击。形势到了最危急的时刻，明军也拼死抵抗。混战中，阿济格的战马被射杀。在这关键时刻，祖大寿率军从南面赶来增援。随着这支生力军的加入，明军开始全面反击；而后金军已经是强弩之末，开始节节败退。明军骑兵抓住战机，在游击刘应国、罗景荣和千总窦浚的率领下发起追击，一路追到运河。后金军慌不择路，全都涌向冰封的河面，当时河面的冰并不结实，大批后金士卒掉进了冰冷的河水中。至此，后金左翼军的攻势完全失败。这一战，后金军伤亡上千人，而袁崇焕的关宁军也损失了数百人。

可以说，这一天的作战，后金军没有讨到半点便宜：皇太极自己率领的右翼军仅仅和满桂打了一个平手，而左翼军却遭遇了严重的失败。皇太极在战后也做出了相应的惩罚，比如阿巴泰就被削去了爵位。

见硬碰硬解决不了问题，皇太极转而决定采取政治攻势。十一月二十二日，皇太极将先前俘虏的明廷一个姓王的太监释放，让他带着自己的书信向崇祯皇帝表示后金有意议和。此时，广渠门的胜利并没有帮袁崇焕破除谣言，相反京师之人对他是愈发怀疑。而袁崇焕的表现也十分消极，只在城南修筑营垒，丝毫没有进攻后金军的心思，这导致崇祯对袁崇焕的怀疑也越来越重了。

袁崇焕也觉察到了皇帝的怀疑。比如崇祯在德胜门大战的第二天（十一月二十一日）就命令打开德胜门，让满桂军进城休整，但却拒绝了袁崇焕的开城请求。很显然，崇祯已经对袁崇焕及其关宁军不太信任了。

▲ 皇太极

十一月二十三日，崇祯在平台召见袁崇焕、满桂、祖大寿、黑云龙（接替赵率教担任山海关总兵）和兵部尚书申用懋。当宦官宣读完圣旨之后，袁崇焕将随从留在营中，自己只穿戴着青衣玄帽来到皇宫，这样的装束已经是一种请罪的姿态了。崇祯并没有治罪袁崇焕，反倒是赐给他貂裘、银盔甲。袁崇焕遂又请求带兵入城，但皇帝再次拒绝了这个请求。之后崇祯召见满桂，满桂将衣服解开展示自己的创伤。召见结束后，袁崇焕与满桂一同出城，但两人的关系早已没有宁远之战时那样和睦。这次平台召见不仅没有改善这对君臣的关系，反而使崇祯皇帝更加怀疑袁崇焕与后金有密谋。

这时，被后金故意放回的两个太监带来的消息，又引起了轩然大波。根据《清太宗实录》记载，皇太极在牧马场俘获的两个太监，由副将高鸿中和参将鲍承先、宁完我、巴克什达海负责看守。这其中，高鸿中和鲍承先原先都是明朝的将官。十一月二十七日，后金军准备北返时，皇太极召这两个汉将面授机宜。这两位汉将回到大营后，故意在离关押太监很近的地方说话："今天撤兵是我们大汗的计谋，刚才看见大汗单骑去向明军大营，明军大营中来了两个人要见我们大汗，大汗和他们交谈了很久，想来我们与袁巡抚有密约，攻取北京很快就能成功。"这两个太监中的一个杨姓太监，将以上内容全部记在了心中。[①]二十九日，后金军故意将两名太监放归。十一月二十六日皇太极攻击南城失利，二十七日袁崇焕派遣向导任守忠与500士卒携带火器突袭后金军大营，这两桩事竟然都合上了，这就让人不能不揣测袁崇焕与皇太极是不是真的有关系了。当时，京师内部谣言四起，纷纷传言袁崇焕与后金有密约。等杨姓太监回到宫中向崇祯汇报所听"秘闻"后，皇帝也觉得事态严重了。

十二月一日，崇祯皇帝以商议军饷的名义在平台召见袁崇焕、祖大寿、黑云龙等关宁将领。满桂先袁崇焕到达平台，并向崇祯控诉袁崇焕军想要射杀自己的事，还对崇祯说，射向自己的箭矢都是袁军的。袁崇焕进入平台之后，崇祯却并没有问通敌之事，而是直接问杀毛文龙、后金犯阙、满桂中箭三事。袁崇焕顿时被问得哑口无言。崇祯越说越气，下令锦衣卫将袁崇焕拿下。于是，10位锦衣卫校尉迅速将袁崇焕的朝服扒下，将他扭送到西长安门外锦衣卫大堂，发送南镇抚司监候。

崇祯三年八月，袁崇焕以"付讫不效，专事欺隐，市粟谋款，不战散遣援兵，潜移喇嘛僧入城"等罪被磔杀于西市。崇祯还下了这样一封诏书："袁崇焕以复辽自任，功在五年，朕是以遣兵凑饷，无请不发。不意专事欺隐，以市米则资盗，以谋款而斩帅，纵敌入犯，顿兵不战，援兵四集，尽行散遣。及贼兵薄城下，又潜携喇嘛僧于军中，坚请入城。敕法司定罪，依律，家属十六岁以上处斩，十五岁以下给配，朕今流他子女妻妾兄弟，释放不问，崇焕本犯置极刑。"当时京畿百姓对袁崇焕痛恨至极，纷纷争食其肉。

袁崇焕的悲剧自然影响到了同在京师勤王的卢象升。此后崇祯十一年清军入塞时，卢象升担任的职务便是崇祯二年时袁崇焕担任的职务。在最后时刻，卢象升对

① "先是，获明太监二人，令副将高鸿中，参将鲍承先、宁完我、巴克什达海监守之。至是还兵，高鸿中、鲍承先遵上所授密计，坐近二太监，故作耳语云：'今日撤兵，乃上计也。顷见上单骑向敌，敌有二人来见上，语良久乃去。意袁巡抚有密约，此事可立就矣。'时杨太监者，佯卧窃听，悉记其言。"（《清太宗实录》）

身边的人说道："宁死疆场，不辱西市。"足见这件事对他影响之大。

崇祯皇帝逮捕了袁崇焕后，设馔款待满桂等人，并派太监车天祥谕慰辽东将士，同时宣布任命满桂总理援兵、节制诸将；又将自柳河之败后被关押的马世龙放出来，与祖大寿一起管理入援的关宁军。无论是满桂还是马世龙，都是关宁军的老上司，而崇祯任用他们的目的很明显，就是想稳住关宁军，将袁崇焕入狱的动荡降到最低。但是关宁军还是出了乱子：祖大寿回到军营之后，带着关宁军一路劫掠，向东跑出了山海关。如前文所说，根据孙承宗的奏报，跟着祖大寿跑到关外的关宁军多达 15000 人。

同时，各路援军的情况也极为糟糕，部署相当混乱。比如，山西总兵张鸿功率领的勤王军队到达京畿附近后，兵部传令其部驻守通州，第二天又命令调防昌平，到了第三天就要求调守良乡。按照当时的规定，军队到达汛地的当天是不准开粮的，这支山西军连续三天调防三个地方，于是三天都没有领到粮草，无奈之下只有抢掠。崇祯看到军队发生劫掠行为就追究负责人，将山西巡抚耿如杞、总兵张鸿功逮捕问罪。下面的官兵看到上司被抓更没有了约束，5000 勤王士卒一哄而散，逃回了山西。崇祯皇帝见状大怒，处决了耿如杞和张鸿功。

其他明军同样由于后勤问题导致士气极为低下，只有卢象升所率的勤王军队并未出现这些问题。卢象升在勤王之前就预先准备好了所需粮草，而大名府距离京师也很近，所以在粮草后勤上能直接得到后方接济，但这一切都离不开卢象升个人的精心准备。通过这次勤王入卫的表现来看，卢象升已经完全具备一个军事文官应有的素质了。

后金军在十一月二十九日撤退时并没有出关，而是在长城周围徘徊，攻击冀北的城池。十二月一日，后金军攻克良乡；十二月二日，后金军攻克固安，并对固安进行屠城。见明军并没有反攻，皇太极决定再次南下。

十二月十六日，皇太极率领后金军来到卢沟桥，遭遇了明朝副将申甫率领的 7000 士兵的抵抗。申甫早年尚义任侠，后被当时的兵部右侍郎刘之纶引荐给了崇祯皇帝。刘之纶崇祯元年才中进士，己巳之变前仅仅是一个庶吉士（相当于储备干部），但在后金军入关时他慷慨请命，于是被崇祯任命为兵部右侍郎。申甫在平日里就喜言兵事，口才也很好，这时也慷慨请命，于是刘之纶很快就把申甫引为同道中人，并向崇祯引荐，崇祯病急乱投医也就召见了申甫。见面后，崇祯对申甫的行为大为赞赏，申甫也很感动地对崇祯说："臣不才，愿以死自效。"听到这番表态，崇祯激动得当即就任命申甫为京营副将。申甫做了副将却没有兵，只好从京城的穷人、乞丐中招募。显然，这些人根本不知道如何使用武器，更别说列阵抗敌了。但是朝廷却命令申甫率军去抵抗南下的后金军队，连续的催战命令使他没有时间迟疑，只好率军连夜出城，前往卢沟桥作战。后金军看到这支军容不整的军队，立刻发起了进攻。皇太极命令右翼军的 5 旗兵马对明军发起攻击，结果这支仓促成立的军队战斗力极为虚弱，不一会儿就全军覆没了，申甫本人也力战而死。此外，通过《清实录》的一个细节可以看出，这支军队的装备极差：战后皇太极下令“择甲胄马匹之善者取之，余悉弃置”。

对于大明王朝来说，申甫惨败所展现出来的崇祯皇帝贫弱的军政能力和胡乱指挥的习惯，比这支明军的覆灭更为可怕。

在击败申甫后，皇太极继续南下，在距北京 20 里的地方又歼灭了一营明军。当时，皇太极往往是以重兵压顶的方式来作战。歼灭这一营明军时，皇太极依然是命令 5 旗八旗军同时上阵。针对分散在京师附近的明军，这样的打法自然是极为恰当的，也可以看出皇太极用兵的谨慎。

就这样，在十二月十六日晚，离开北京半个月的后金军再次兵临北京城下。

当晚，后金军探知永定门外两里处有满桂、黑云龙、麻登云、孙祖寿四总兵率领的 4 万明军。于是皇太极命令八旗军停止休息，立刻拔营出发，准备在第二天天明时分进攻这股明军。

满桂的明军最初是在德胜门的瓮城休整，但是崇祯皇帝一味催战，满桂只好率领军队出城作战。十二月十七日清晨，太阳刚刚升起，明军就吃惊地发现在自己的营垒前方后金军正列阵以待。震惊过后，他们迅速开始防御准备。

此战，后金军集中了入关的全部兵力——10 个旗的军队（含 2 个旗的蒙古人）。待军队全部到位后，皇太极下令发起攻击。后金军鼓噪着发起冲锋，并对明军营垒的栅栏进行毁坏，明军也集中火力射击破坏栅栏的后金军。后金军不断向明军营垒发起冲击，虽然伤亡很大但依旧打开了突破口。接下来的战况十分惨烈，皇太极直言“心伤陨涕”，为后金军捏了一把汗。明军虽然抵抗极为顽强，可惜还是被后金军击败，满桂、孙祖寿当场战死，麻登云、黑云龙被俘。

此役中后金军的伤亡，《清实录》只是留下轻描淡写的一句：“我军无一伤者。”对比前文皇太极“怜惜将士，心伤陨涕”，这样前后矛盾的记述，肯定是不符合真实战况的。另外，此战之后，后金军就放弃了进攻北京的计划，改为劫掠京师周边地区。可见这一战，后金的损失不会小。

而大明王朝这边，最能作战的满桂军在这场战斗中全军覆没，京师周围就只有任由后金军劫掠了。后金军在十二月二十二日开始撤离北京附近，将进攻重点改为蓟北一带。在攻陷了蓟北各城之后，皇太极于崇祯三年三月二十二日离开蓟北回到辽东。在后金军主力撤退之后，孙承宗集中各路勤王兵马恢复了关内四城（永平、滦州、迁安、遵化）。这一阶段的作战一直到五月十一日才结束，至此长达 7 个多月的己巳之变宣告结束。此次，大明王朝损失惨重，并彻底让后金探知了己方的虚弱。期间，卢象升并没有出彩的表现，中规中矩地完成了自己的任务，但他在战后获得了崇祯的嘉奖并被升为右参政兼副使，受命整饬大名、广平、顺德三府兵备。

就这样，卢象升正式走上了军事文官的道路。

初鸣畿南

己巳之变被大明君臣勉强应付了过去，但此变犹如打开了潘多拉魔盒：大明王朝的内部正酝酿着一场巨大的动荡，它将以摧枯拉朽之势崩坏整个王朝。不过，这场动荡不是来自东北，而是发源于帝国西部。要理清其中关系，还得从最初的一场民变讲起。

天启七年，繁重的苛捐杂税在陕西澄城县激起了民变，走投无路的农民打死了知县。这一事件标志着明末农民起义正式拉开帷幕。

澄城爆发起义之后，陕西全境都陷入了不安之中：府谷县农民王嘉胤率众起义，并与澄城起义军会合，人数增至五六千，他们聚集在延安、庆阳附近的黄龙山中；安塞人高迎祥也揭竿而起，一时间陕西地区的民变多如星火。到了崇祯朝，情况变本加厉。崇祯年间甚至有民谣呼“崇祯”为“重征”，这与嘉靖年间海瑞在奏疏里面呼“嘉靖”为“家净”如出一辙，普通农民身上的压力可见一斑。

民变还不是最可怕的，可怕的是很快明军兵卒跟着掀起了兵变。大明朝在陕西设置了四个边镇，一省之内设置四镇，这是其他任何地区都没有的现象。这四镇的后勤补给大多需要陕西民众负担，而陕西的情况却是灾害连连，根本供给不上。此外，大明朝在万历末年将军事重心由西部转向了东北，陕西军镇不再如以往那般受重视，再加上严重的财政紧缩，一连串变故竟使宁夏、固原、延绥三镇缺饷 36 个月。士兵们没有了活路，只好采取最后的办法——兵变。

崇祯元年十二月，明朝九边重镇之一的固原镇由于常年欠饷发生了兵变。当时陕西地区的大部分士卒都已经缺饷很久了，固原镇带头之后，陕西各地驻军都出现了不稳的趋势。崇祯二年，阶州士兵又发动兵变。虽然这些兵变都被镇压了下去，但是陕北地区常年处于对抗蒙古的前线，兵力屯驻极多，而这些士兵衣食无着，自然不能等着被活活饿死，所以大批士兵逃出兵营加入了农民起义军的队伍。

在己巳之变中，同样发生了大批勤王军队哗变事件。比如崇祯三年，甘肃勤王军队发生哗变。当时朝廷催调急促，但从甘肃到京师6000里的路途却不给任何安家费。官员迫于命令，逼迫士兵快走，士兵怨气极大，终于在定西发生哗变。愤怒的士兵格杀了参将孙怀忠，夺取饷银后返回驻地。刚回到驻地，甘肃巡抚便迅速将带头闹事的王进才诱杀，而底下的士兵则有一部分逃向了农民军。延绥镇勤王军由于总兵克扣行粮，又勒索不愿勤王的士兵加纳银钱，导致大批士兵纷纷逃离军营，这些逃兵的最终去向都是抗拒官府的起义军。在这些逃兵中，就包括后来纵横中原的张献忠。而随着这些正规军的加入，起义军的战斗力得到了迅速提升。

此外，另一起偶然事件，给风雨飘摇的大明王朝带来了不可挽回的损失。

崇祯初年，财政负担异常沉重，辽东战场就如一只吸金巨兽，每年都要花费数百万两白银以维持战争开支。根据《明代中叶太仓银支出研究》，崇祯元年的岁入为7064200两白银，可支出却高达9568942两白银，仅一年就亏空200万两银子之多。为了摆脱财政困境，刑部给事中刘懋提出了一个方案，这个方案从帝国的驿递入手，大规模裁减驿递开支。他粗略估算，光这一项就能为帝国节约几十万两白银的开支，而这些钱又可以用于当前急需的军务。崇祯皇帝对这个提议极为赞赏，就任命刘懋为兵科左给事中，授权他负责驿递整顿计划。于是，刘懋迅速削减各驿所经费，并对人员进行了裁减。

但是，驿所是维持一个庞大帝国运转所不可缺少的设施。明朝每10里设一铺，每铺设铺长1人、铺兵10人；每60里设置一驿，驿所分为要冲和非要冲两种，要冲驿所配置30—80匹驿马，非要冲驿所也配备了5—20匹驿马。除了驿马之外，驿所还配备了车辆：每个驿所有大车1辆，配车夫3人、牛3头，可以载米10石；有小车1辆，配车夫1人、牛1头，可以载米3石。除此之外，驿所还有大量其他人员。可以说，大明王朝的驿传体系是极为完善的。

陕西的驿所数量在全国占比很高，全国设水马驿一千余处，陕西就占约十分之一。在规模上，陕西驿所驴、马、牛、骡之数总共万余，保守估计全省有驿夫三四万之众。现在，裁减驿递的决策下来了，陕西自然是首当其冲，大批驿所或精简，或裁撤，使大量为驿所服务的人员失去了生计。这其中，就包括在银川驿工作的马夫李自成。23岁的李自成在突然失去生计之后，就和其他失去生计的大部分人一样，加入了起义军。谁也不会想到，这个年轻人将在未来的岁月里，成为大明王朝的掘墓人。这些被裁撤的驿递人员大多都擅长弓马，因此这些人的加入，同样加强了农民起义军的战斗力。

雪上加霜的是，朝廷还对陕西的边军进行了裁撤。当时明朝的主要军事威胁已经从蒙古转变为东边的女真，为了节省军费，崇祯索性就在边镇裁汰军额。陕西军镇最多，被裁汰的士卒自然也最多。这些士兵失去了生计，自然只有加入起义军了。如前文所说，就算是没被裁汰的士卒，也面临着缺饷的困境，这使更多无法生存的士卒逃离军队变成逃兵，而这些逃兵同样成了起义军的重要组成部分。

更为可怕的是，参加起义军的，不仅仅是饥民、逃兵，甚至还包括一些陕西当地的世家将门。《怀陵流寇始终录》中就记载了这样一个现象："一时贼首，多边军之豪及良家世职，不欲以姓名闻，恐为亲族累，固相率立诨名。"这表明，在残酷的战场环境中，起义军的领袖很快就从农民转变为以边军士卒、失业驿卒和不得志的军官为主的职业军人。

面对起义军，朝廷首先想到的应对之策是招抚。三边总督杨鹤就向崇祯皇帝提出，招抚因饥荒而起的农民起义军。当时由于后金军入关，京师附近战火连天，明朝大批军力集中在京畿，客观上很难抽调军队大规模进剿起义军。虽然当时明廷中早就有人意识到，帝国的财政根本无力支撑招抚所用的巨额银钱，但是为了争取时间，防止农民起义的规模继续扩大，明廷还是同意了招抚。

崇祯四年，崇祯皇帝下发10万两内帑，交由御史吴甡前往陕西赈济灾民。刚开始效果极好。当时起义军正在进攻庆阳，杨鹤手上已经拿不出兵力去解围，吴甡到了后，杨鹤立刻派宁州知州前去招抚。起义军得知朝廷的政策后，立刻向明军投降，接受招安，基本上留在陕西的所有起义军都被杨鹤招安。但是，招安并没有实行多久就宣告失败。

首先，明廷的财政根本支持不了招抚行动。崇祯发的10万两内帑和亲王捐助的5万两银子、2万石粮对于全陕的饥民来说，根本是杯水车薪。当时有人算了一笔账，就算一两银子可以救济一个灾民，十多万两银子也只能救济十多万灾民，陕西的情况却是全境都出现大规模的饥荒。从前文描述可以看出，崇祯在金钱的使用上是极其吝啬的，史家说他“言腴削则喜，请兵食则怒”，因此他不可能舍得在饥民身上花大钱。

其次，招抚本来就是权宜之计。入关的清军既已被明军打退，大批勤王军队开始西返，朝廷便不需要再采取缓兵之计了，于是明军内部出现了杀降行为。崇祯三年八月，洪承畴在清涧诱杀王左桂等 98 人；第二年四月，他又安排贺人龙诱杀前来投降的起义军 320 人。接连出现的杀降事件使起义军不再信任朝廷所谓的“招抚”，没受抚的起义军也不再向官军投降，已经受抚的起义军由于灾荒又再次起义。

面对这势如烈火的起义势头，杨鹤显然应付不了。崇祯皇帝看杨鹤对起义军束手无策，就罢免他，改由对起义军持镇压主张的洪承畴出任三边总督。就此，明廷政策也从招抚变成了武力镇压。

当然，明廷并没有彻底放弃对起义军的招抚，因为在明朝君臣看来，这些起义军毕竟还是大明的“臣民”，依旧有招抚的必要，然而这时的局势却不是朝廷所能控制的了。在朝廷还没有大举进剿之前，起义军就已经扩展到陕西以外的广阔天地去了。

早在崇祯三年，就有大批起义军渡过黄河来到山西。山西一直以来都是人多地少，而崇祯初年陕西受灾，山西同样没有幸免，所以起义军来到了山西后势力大涨。当时在山西活动的起义军以紫金梁为首，号称“三十六营”，这其中就包括李自成和张献忠，人数达到 20 万。山西当局根本没有办法镇压起义军，只有向崇祯求援。崇祯于是让洪承畴东进山西追剿起义军。

▲ 洪承畴

崇祯四年七月，洪承畴携曹文诏率军追击陕西起义军来到山西。当时起义军活动的主要区域有三个：晋南（今临汾一带）、晋东南（今晋城、长治一带）、晋中。明廷意识到，光靠洪承畴带领的陕西追剿部队是远远不够的，于是又从宣府、大同调兵南下。宣大总督张宗衡亲自带白安、虎大威、左良玉等8000边军南下，进驻平阳，负责晋南、晋东南方向的围剿。山西巡抚徐鼎臣也带领张应昌等7000人，进驻汾州，负责晋中地区的围剿。

但官军在兵力上依旧处于劣势，所以在很长时间里都没有取得重大战果，而起义军则愈发声势浩大。崇祯五年七月，李自成、张献忠等人率军攻击蒲县，在攻城受阻之后，又突袭大宁；八月，起义军攻克隰州。之后，起义军开始向东发展。为防止往东的起义军兵锋接近明朝的核心重地京畿，朝廷加紧了围剿起义军的步伐。

崇祯五年十二月二十四日，李自成夺取了辽州。正在追击紫金梁的宣大明军听到这个消息后，立刻转变方向，扑向辽州。此前在陕西取得重大战果的曹文诏军①也开始转向山西。十二月七日，曹文诏和马科、曹变蛟率马步精锐3500人，从甘肃庆阳出发前往山西。宣大边军则在尤世禄的率领下于十二月二十八日来到辽州城下，经过三天猛攻总算攻克辽州，李自成带着残兵突出城去。此战明军打得极为艰难，总兵尤世禄和他的儿子副将尤人龙都被起义军射伤，但是起义军也损失惨重。战后，尤世禄上奏崇祯皇帝，此战斩首1300级。起义军见明军重兵已经涌向山西，只得向其他地方转移。起义军选中的方向正是明朝的核心区域直隶，而等待他们的是早已准备多时的卢象升。

其实早在起义军刚渡过黄河时，卢象升就已经开始在加强战备了。卢象升在辖区各地巡视一番之后，认为光是修缮城池是远远不能遏制住起义军的，于是提出了自己的方案：靠近山区的老百姓依险立寨，平原的百姓则进行并村。

在具体操作上，卢象升也有清晰的安排。他要求，设置山寨要选择山顶平坦、四面陡峻之处，若只有一条窄路攀援而上则最好，山上还得有水源，这样才能确保长久坚持。同时，卢象升要求三五里到十里以内的居民都编成十家，在平时就将自己的金钱粮草都搬运上去。他还在这十家中选择壮丁，进行训练。一旦起义军靠近，这些壮丁将掩护百姓上山，并作为侦察力量随时向官军报告起义军的动向。

而在平原地区并村的具体措施是，将周边十多里的小村变成一个大村寨，同样将财产物资运入其中。这种村寨的防御，卢象升也有设计：他规定在村寨外面挖掘一条深八尺、宽一丈二尺的壕沟；村寨的百姓编成保甲，设立团练，利用农闲时间

① 曹文诏七月到达山西后，由于陕西局势吃紧，又回援陕西。

进行操练，在起义军到来时进行守卫。这样的村寨对起义军来说往往是最难攻击的，因为要是强攻则必然造成伤亡；要是不予以攻击，则始终达不到控制地方的目的。要知道，起义军的粮草必须通过掠夺百姓来进行补充，这样起义军就不得不进攻这些村寨，而进攻恰恰会陷入僵局；在起义军进退两难时，大队官军又可以乘势攻击起义军。

卢象升在搞村寨、设团练的时候也没忘记训练自己的军队。如前文所说，卢象升在上任初期就在训练兵马，现在这支兵马已经颇具战斗力。因为大名府在唐代又被称为天雄军，所以卢象升这支精心训练的子弟兵也被冠以“天雄军”的称号。

很快，起义军的兵锋就直指顺德了。崇祯六年正月，起义军进入西山，而西山距离顺德不到 100 里。正月初八，卢象升接到起义军兵临西山的消息后，迅速带步骑兵 1600 人前往黄寺安抚军民。这时，卢象升突然发现数十名起义军骑兵出现在自己的视线范围内，而起义军的数量还在不停地增长，不一会儿就达到了数千人之多，于是他迅速命令部下开始列阵。这支军队虽然已经训练多日，但终究是第一次上战场，而且面对的还是起义军主力，军心不免动摇。看到这个情况后，卢象升意识到必须稳住军心才能死中求生。这时，有士兵开始向后跑，卢象升迅速斩杀了一名逃兵，以示惩戒。斩杀了逃兵之后，躁动的明军逐渐安静下来，卢象升骑着马走到阵前鼓舞军心。稳定下来的明军开始列阵，用火器向起义军射击。在一阵射击之后，卢象升下令进攻并带头向起义军发起冲击。

起义军没有料到会在这里遇到官军，更没料到这支数量不多的官军敢主动向自己发起进攻。遭到一轮火器射击后，起义军阵形大乱。接着，卢象升又亲自带兵发起冲锋，起义军全线崩溃。一战下来，明军不但击退了起义军，还斩首 14 人，用火器打死打伤百余人，而明军仅仅损失了 13 人。就这样，“天雄军”这支初出茅庐的军队取得了建军以来的首场胜利。当然，这场战斗也是极为惊险的，卢象升自己带的都是新兵，要不是他在开战之初就果断处理逃兵并亲临一线督战，这支军队很可能当场就崩溃了。

值得一提的是，在战斗中，卢象升曾登高督战。起义军首领蝎子块见状，派出箭法高超之人对卢象升进行狙杀，连发三箭，一支箭射落了卢象升的貂领，一支箭将卢象升的中军军官给射杀了，而第三支箭则从卢象升的眉间擦过。结果，起义军看到眉间有血却依旧活着的卢象升，以为是二郎神下凡，吃惊地不敢再射，卢象升却手持弓箭射立时射杀了两名起义军。

在击退了起义军的初次进攻之后，卢象升并未被小胜冲昏头脑，他意识到光靠自己的力量是无法击败起义军的，于是迅速向朝廷请求援兵。

崇祯得知起义军出现在畿南的消息后，赶紧调集通州兵 2000 人、昌平兵 2000 人，会同保定总兵梁甫所部 8000 人南下，配合卢象升堵截起义军。可这时畿南的形势已是万分危急了：参将杨遇春率军攻击起义军，却被起义军伏击，不仅本人战死，这支明军也全军覆没了。之后，起义军攻入赵州，当地的乡兵在武举李调及其弟李让的率领下拼死抵抗，但依旧阻挡不住起义军的攻势，李氏兄弟二人战死沙场。

这一战后，起义军再次接近卢象升的防区，而且声势较上一次更加浩大。见此情景，参议寇从化内心焦急，急令守备李定、王国玺出击。可当时官军实力太过虚弱，在援军未到之前，根本没有办法在野战中取胜。最终，两人战败，起义军乘势进攻内丘。内丘知县王世泰与弟弟王世宁率军死守隘口，虽然有地形优势，但是依旧抵挡不住起义军的攻势，两人皆力战而死。

在起义军势力正盛之时，卢象升并没有轻易出战，而是采取守势。援军到来后，卢象升立刻转守为攻，与总兵梁甫一起对起义军发起攻击，畿南局势开始转好。

这时一个突发事件又险些改变了畿南局势。由于卢象升防守的畿南比较棘手，各路起义军开始云集西山，仅聚集的骑兵就多达数万。游击董维坤轻敌冒进，被起义军围困在冷水村。一般情况下，明军的反应都是快速支援，但卢象升却有另外的看法。他认为，起义军势大，即便快速支援依旧没有办法解围，很可能援军到达时这支明军已经被歼灭了；而且起义军极有可能在半路上张网以待，伏击因为快速行军而成为强弩之末的明军。因此，卢象升选择反其道而行之：他估计起义军在击败董维坤之后会立刻扩大战果，进攻石城，于是率军在石城南面设伏。果然如卢象升所料，起义军击败董维坤后，向石城前进。卢象升抓住战机，指挥官军向行进中的起义军发起冲击，他自己也手持大刀冲进敌阵。

一开始，起义军在明军的攻击之下惊慌失措，纷纷溃退；但起义军毕竟已经不是初出茅庐的新手了，在这生死存亡的关头，纷纷以命相搏。在交战中，卢象升的战马被砍杀，他就下马提刀步战，带着明军一路猛追，将起义军一直追到一处危崖。起义军看着无路可逃，就向明军射箭。卢象升的仆从被射杀，他自己的额头也被射伤，但卢象升毫不畏惧，显然已经杀红了眼，提着战刀继续向起义军发起冲击。在官军的猛烈攻势下，起义军彻底崩溃了。

这一战，光是起义军头目就被斩杀了 11 人。此后，畿南局势转危为安。此战是卢象升亲自指挥的第一场重要战役，如果不是他当机立断，改支援为就地设伏，结局将是另一种情况。特别是这一战中起义军的战斗力、战斗精神毫不逊于明军，在兵力上甚至还优于明军，明军是以有心算无心，经过苦战才赢得了这场生死存亡的大战的。此役后，各路明军都不禁对一介文官的卢象升刮目相看，赞叹“卢公真能将也”。

没过多久，畿南的平静就因为一起突发事件被打破：一直充当追剿主力的左良玉军在武安被起义军击败。说起来，左良玉之败其实与卢象升石城之胜有密切的联系。进入顺德的起义军遭到卢象升军的重大打击之后，开始向武安转移，正好与被左良玉追击的农民起义军会合。两股力量合并后，起义军的实力得到了极大的提升，因此在武安附近折返，回来与左良玉军作战。左良玉军虽然先前屡屡获胜，但毕竟兵力有限，只有 2000 昌平兵，而且连日征战损耗极大。但左良玉本人却极为乐观，依然在武安主簿吴应科所率民兵的配合下，向起义军发起了攻击。此时的起义军在实力上已经具备了压倒性优势，结果左良玉大败，守备曹鸣鹗战死，配合左良玉军作战的武安主簿吴应科也一同战死。刚刚转危为安的畿南形势又有了新的变化。

卢象升认识到，光守住自己的防区是不能改变整体局势的，于是决定率军主动出击。崇祯六年五月，卢象升在青龙冈一举击破起义军，之后又在武安再次大败起义军。两战下来，他歼灭起义军数千人，夺回被起义军掳掠走的百姓 2 万余人。他的声威也随之传遍起义军，起义军纷说：“卢廉使，遇即死。”从此再也不敢侵犯卢象升的防区。

崇祯六年八月，一支起义军进入广平境内。城中的官员赶紧将城门关闭，但还有大批百姓滞留在城外，看到起义军逼近，城外的百姓号哭动天。这时卢象升赶到了，他要求城内的官员迅速收纳百姓，并对他们保证，要是起义军敢来，一定将其挡在城外。城中官员这才打开城门放百姓进城。而进入广平的起义军听闻卢象升到来，连夜撤出了广平。

于是，在卢象升的统御下，大名地区即使在起义军声势最浩大时也没有遭受兵灾。起义军东进之路被卢象升挡住了，整个直隶和山东都得以幸免。若是起义军突破畿南涌向山东，那局势将会变得一发而不可收拾：当时正好是登州兵变的高潮时期，如果起义军与孔友德的叛军会合，整个大明王朝北方将就此战火纷飞。从这个角度来说，卢象升在畿南坚持的一年，成为北方避免战乱的关键。但是整个帝国依旧不太平，起义军虽然北进失败，但主力犹存，他们转变方向，南下大明王朝的腹心之地——中原，并在那里掀起一场前所未有的兵灾，卢象升的命运也将就此改变。

荆湖烽火

起义军在畿南方向受挫之后，调转方向进入了太行山。明朝调遣在登州平叛中有出色表现的川军邓玘部，会合奉命北上的石柱土司兵马凤仪部，前去增援豫北。这支新锐明军战斗力极为强悍，刚到豫北就在善阳山遭遇战中射杀了起义军头领紫金梁。在击败起义军后，川军乘势追击，前锋参将杨遇春[①]一军独出，一路追击起义军到林县。但起义军毕竟是久战之师，在生死存亡的最后关头突然回头一击，斩杀了杨遇春。杨遇春一军全军覆没。获胜后，起义军没有继续撤退，而是利用缴获的明军旗帜将自己伪装成明军，并趁其他各路明军尚未察觉之际，突然对邓玘的川军发起猛攻。邓玘部猝不及防之下，大败而归；协同邓玘追剿起义军的马凤仪部，也在侯家庄全军覆没。

吃了大亏的玘只得收拢残兵北撤休整，而起义军则在击败邓玘部川军之后，将进攻矛头立刻指向了明朝宗室潞王的封地卫辉府。潞王看到卫辉府有被起义军攻击的可能，立刻向崇祯皇帝求援。然而，此时的河南省额兵不过 7000 人，还不满编；加之河南兵与起义军多次作战损失极大，而作为追剿主力的左良玉军同样战损较大，兵力实为不足。就在这时，曹文诏带五营兵赶到了！曹文诏看到各路明军都士气低落，决定通过一场大捷来振奋士气，遂带兵连夜突袭起义军的驻地柴陵村。起义军完全想不到明军会在大败之后，仍能突袭自己，所以完全没有防备，起义军头目滚地龙被斩杀，另一头目老回回连夜奔逃；之后，曹文诏率军又在济源大败起义军。但这时，意料之外的情况发生了：在河南战场上打得顺风顺水的曹文诏被调离河南，出任大同总兵官。

这件事还得从曹文诏与御史刘令誉的私人恩怨说起。之前，曹文诏在洪洞时就与在家闲居的刘令誉发生过矛盾。后来刘令誉起复，做了河南巡按御史。手握监

① 此处杨遇春为邓玘部下，与前文的杨遇春重名而已。

察大权之后，刘令誉就一直在找曹文诏的麻烦。此次，刘令誉将马凤仪部全军覆没于侯家庄的全部责任归咎于曹文诏。刘令誉的理由很简单：曹文诏在崇祯五年就被授权“节制诸将”，手下打了败仗，那就是做主帅的曹文诏的过错。曹文诏当然很不服气，当场就和刘令誉爆发了冲突，刘令誉事后就向朝廷上奏弹劾曹文诏。恰逢兵部也认为曹文诏“怙胜而骄”，于是将其调往大同，命令他的副手李卑接替他。李卑自然是远远比不上曹文诏的，因此河南巡抚就上奏崇祯皇帝提出将曹文诏留在河南，但被否决。随同曹文诏离开前线的还有他的侄子曹变蛟。

▲《出警图》中的明军形象

围剿战场一下子失去了两位骁将，这对明军即将展开的总会战是极为不利的。这时，另一起事件又使明军失去了一名骁将。在当时，有一个与曹文诏齐名的锦衣卫将领张道濬，史载：“贼于诸军中最惮文诏，其次则锦衣卫佥事张道濬。”（夏燮《明通鉴》）张道濬早年与阉党交往过密，本人亦是阉党成员，因此在崇祯上台之后的大清洗中，作为锦衣卫佥事的张道濬丢官回乡，回到了老家沁水县窦庄。在起义军席卷山西的浪潮中，张道濬指挥乡人将窦庄变成了一座军事要塞，修筑堡垒54座，还铸造佛郎机大炮。起义军进入沁河流域后，连克沁水、阳城，连城防坚固的泽州城都被起义军攻破了，但小小一个窦庄起义军却连续攻击5次都没有攻下，成了矗立于汪洋大海中的一块礁石。

崇祯六年八月，由于曹文诏调任大同，起义军再次攻陷沁水。虽然张道濬亲自率家众300人攻击起义军，并将起义军击退到15里之外，但依旧被人弹劾，最后以“离伍冒功”被贬斥到宁海卫。

曹文诏善攻，张道濬善守，两人配合，使起义军坐立难安，这下两人都被调走了，起义军压力骤减。但还没等起义军缓过神，明军的增援力量又来了。崇祯六年九月，崇祯任命倪宠、王朴为总兵官，率京营劲旅6000人南下讨伐起义军。为了表示对两位总兵的重视，崇祯特地赏赐两位总兵弓矢1500副、战马300匹、健丁300人。随着这支军队的加入，豫北的明军兵力已经超过了3万人。战场局势渐渐向对明军有利的方向转变，到了岁末，明军已经对起义军形成了合围的态势。

明军这时虽然兵多将广，但是也出现了将领之间互相倾轧的情况。早在京军出战之前，兵部的职方郎中李继贞就看出了将领不和的苗头，对崇祯皇帝说："良玉、李卑，身经百战，位反在宠、朴下，恐闻而解体。"（夏燮《明通鉴》）崇祯意识到这个疏忽后，迅速调整，将左良玉和李卑都提升为都督佥事、援剿总兵官，但官位还是没有超过来自京军的倪宠和王朴。前线苦战已久的将官，看到未经一战就成为总兵官的倪宠、王朴，心态肯定是不平衡的，所以在京军来到前线之后，明军反倒失去了往日的那种进取心，转而互相观望。明军出现这种情况，除了因为将领心态不平衡外，还因为明军缺乏统一的指挥。在原先的战事中，陕西、山西由洪承畴指挥协调；而直隶地区，崇祯则任命曹文诏负责指挥。眼下，曹文诏已经被北调大同防边，作为三边总督的洪承畴也因为林丹汗入寇而忧心如焚，因此明军虽然集结了极为庞大的优势兵力，但实际上却面临着指挥困难的问题。然而即便明军全都静止不动，形势对起义军而言也不会发生任何转变，于是起义军想出了诈降一策。

崇祯六年十一月初，起义军首领高迎祥、张献忠、闯踏天、李自成等向总兵王朴请求招安，声称自己都是良民，只是因为陕西荒旱才造反，现在请求归降，回到故土恢复旧业。作为武将，王朴自己是不能决定招安事宜的，于是他找到自己的上司，即崇祯派到京营的太监杨进朝和卢九德。此前在崇祯六年五月，崇祯就派了太监陈大奎、阎思印、谢文举、孙茂霖分别担任曹文诏、张应昌、左良玉、邓玘四部的监军。此时，杨进朝、卢九德两人听到这个消息，是满心欢喜，以为可以不费一兵一卒就能彻底解决祸患，当即同意与起义军接触。十一月十九日，起义军首领贺双全、张妙手等12人来到河南彰德府武安县会见王朴、杨进朝、卢九德和兵备道常道立，表示愿意接受招安。杨进朝信以为真，立刻向崇祯皇帝汇报，并勒令军队停止进攻。然而事实上，起义军却在等待时机，准备偷渡黄河。在明朝，黄河每年都会封冻，而崇祯六年的冬天特别冷。

十一月二十四日，气温骤降，一夜之间黄河全部封冻成桥。起义军抓住机会，全军南下冲过黄河，而明军这时还全都在包围圈外待命。因此当起义军冲过黄河时，只有渑池的教谕（明朝县一级主管教育的官员）罗世济带着民兵前来阻挡。起义军一下子就击败了前来阻击的民兵，罗世济兵败身亡。至此，明军辛辛苦苦营造的围歼起义军的大好局势遭到彻底破坏，起义军如溃堤之水向南方浩浩荡荡冲去。

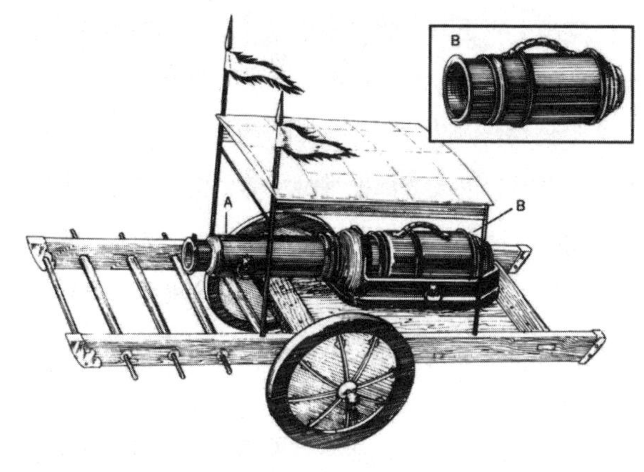

▲ 明军中大量装备的佛郎机炮

起义军突破黄河天险之后，势不可挡地冲向了河南。当时河南的情况极为危急：连续四年大旱导致河南境内十室九空，一斗米居然卖到了五钱银的价格，百姓的状况是“有工作一日不得升米者，有采草根树叶充饥者”（郑廉《豫变纪略》）。起义军来到河南后，靠着大量吸收饥民，实力得到迅速壮大。虽然崇祯皇帝命令明军加紧追击，同时让河南各地进行拦截，但收效甚微。

在河南稍事休整之后，起义军在崇祯七年兵分两路，一路由闯王高迎祥、李自成、张献忠、马守应等人率领南下，进入卢氏山，向湖广方向前进；一路由混天星、扫地王率领，重新折返陕西。崇祯皇帝赶忙命令洪承畴负责陕西方面的“剿寇”大局。在洪承畴的指挥下，陕西战局渐趋稳定，但南下的起义军却势头不减，开始向荆襄地区挺进。

直面起义军兵锋的，首当其冲便是郧阳地区。郧阳是在成化时期为安置流民而新设的行政区划，崇祯时期郧阳的最高行政机构是郧阳提督抚治都御史行台，这个机构最初仅仅是一个临时性的派出部门，而这个地区也一直没有被明朝纳入行省这个框架内，各种配置都极为简陋，所以算得上是帝国统治较薄弱的地区。当时，郧阳地区正聚集着一批因为丧失土地而私自开矿的“矿盗”。这批从事开采行业的矿工，在组织性上远远优于普通流民，等起义军主力来到郧阳地区后，这批明朝官员眼中的“矿盗”立刻加入了起义军。这批人对郧阳的情形了如指掌，他们的加入使起义军的实力又增加了一大截。

崇祯七年正月，起义军连续攻破郧阳境内的郧西、上津、房县、保康。郧阳抚治蒋允仪面对这样的局势束手无措，只能上书请死。

眼见局势愈发失控，朝野一致认为应该指派专门的人员来负责处理“剿寇”事宜。当时朝臣大多都推举洪承畴，但崇祯皇帝认为洪承畴还需要防御蒙古，不便专心剿贼，遂选用了延绥巡抚陈奇瑜。陈奇瑜巡抚延绥时，屡次奏捷，先后两战斩杀起义军 2000 余人，彻底肃清了农民起义首发地——延水流域，一时威震关陕。这次，崇祯任命陈奇瑜为兵部侍郎，总督河南、山、陕、川、湖五省军务，负责中原“剿寇”事宜。

陈奇瑜上任后，迅速与洪承畴合兵一处，首先攻击进入陕西的起义军。当时陈奇瑜与洪承畴率兵南下，而山西总兵张应昌也率军东进，并在灵宝击败起义军。起义军看明军来势汹汹，就向四川进攻，郧阳一带的起义军见势也跟着西进。

崇祯七年二月，起义军攻陷兴山，斩杀知县刘定国，之后又一路劫掠归州、巴东、夷陵，进入川东地区。四川省的官员对起义军完全没有防备，当起义军杀到夔州时，当地官员自恃夔关天险，认为起义军无法在短期内突破，以致城中毫无防备。当起义军杀到城下时，夔州的通判、推官都逃散一空，只有同知何承光率官民固守，但由于防备不足，夔州城很快就失陷了。夔州陷落之后，起义军继续西进攻陷大宁，俘杀知县高日临，在这之后又连陷巫山、通江。

这期间，明廷也在调整部署，命令老将张令前往川北战场支援。张令人称“神弩将”，年过七旬依旧能在马上使用五石弩，且射术高超；其弩箭威力巨大，史书称之“中必洞胸”。当时四川总兵张尔奇以张令为先锋，副将陈一龙、武声华为左右翼，在员山进行反击。张令打得极为勇猛，一直将起义军追到龙潭。在龙潭，虽然陈一龙并未按时赶来支援，但张令带着明军毫不犹豫地向起义军发起了猛攻。战斗打得极为激烈，张令本人都“面中三矢”，但仍以明军获胜告终。在这之后，张令又在略阳再次击败南下的起义军。经过这两战，明军总算稳住了北部防线。

与此同时，明廷在东线也派出了自己的王牌将领，这就是中国历史上的著名女将——秦良玉。秦良玉率领石柱兵迅速东进，一出马就在太平县击败张献忠，稳定了川东战局。起义军入川不成，只得再次改变方向，这次起义军同样分为两支：一支北返再次进入陕西，一支向东进攻湖广。进入湖广的起义军不仅有张献忠、李自成、高迎祥这些西进不成再次折返的军队，还包括了原先进入陕西又南下不成的一部分起义军。根据《延绥纪略》的记载，“贼之入蜀者未逾月而返楚又二三万”。

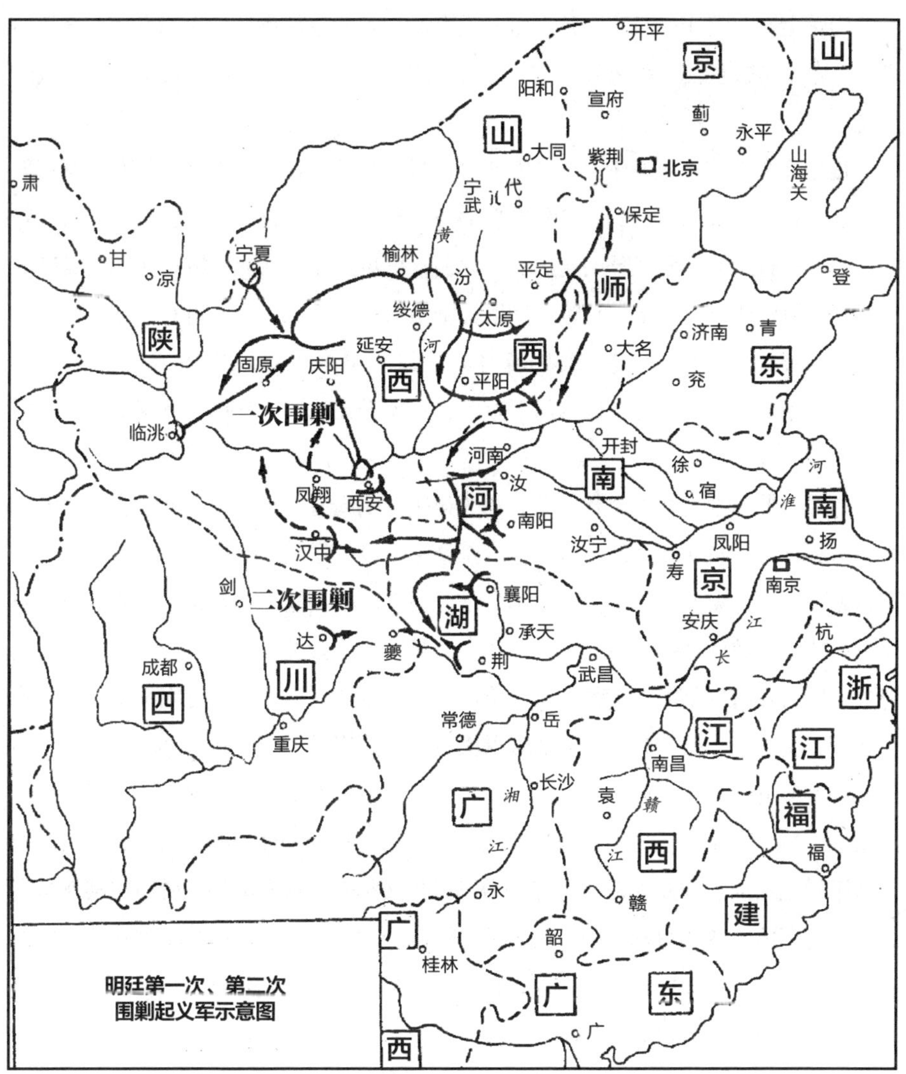

▲ 明末头两次农民起义形势图

这一次，首先遭遇起义军冲击的又是郧阳地区。郧阳抚治蒋允仪在正月起义军进入郧阳时就拿对方毫无办法，此时照样抵挡不住，很快郧阳全境七城被起义军攻陷六城，局势一片混乱。这时，崇祯想到了去年在畿南战场上表现优异的卢象升。

崇祯七年三月十八日，崇祯皇帝升大名道兵备按察使卢象升为都察院右佥都御史、提督军务兼抚治郧阳等处地方。随着这道命令的下达，卢象升再次被推上风口浪尖。

接到命令后，卢象升于三月二十四日进行了交接工作，两天后就从大名府启程单骑赶往郧阳。畿南民众听到卢象升要离开，纷纷前来送行，送行者多达万人，有些送行者一直送到500里外的黄河边才返回；可见卢象升在大名府这几年，确确实实赢得了百姓的衷心爱戴。卢象升知道郧阳情形极为危急，容不得有丝毫拖沓，于是快马加鞭赶在四月八日进入郧阳境内。7天后，卢象升来到郧阳的治所襄阳，这时前任郧阳抚治蒋允仪还在郧西料理军务，卢象升无法进行交接，就来到承天府拜谒显陵。

卢象升此举显得极有政治头脑，因为显陵是明朝皇室最为重要的陵寝。要解释个中缘故，还得从明朝正德皇帝说起。正德皇帝没有子嗣，所以皇位就由他的堂弟朱厚熜继任，也就是大名鼎鼎的嘉靖皇帝，后来的明朝皇室都是这一脉的子孙。朱厚熜在即位之后就开始为自己的父亲正名，想通过“大礼议”将自己的父亲朱祐杬尊为“知天守道洪德渊仁宽穆纯圣恭俭敬文献皇帝”，而显陵正是嘉靖皇帝父母的合葬墓。所以，卢象升此举显然能获得极高的政治赞誉。

在卢象升拜谒完显陵之后，蒋允仪也回到了襄阳开始进行交接。四月二十日完成交接之后，卢象升正式接管郧阳军政。等待他的是一个极其困难的局面。当时整个郧阳的主兵只有500人，靠这点兵力镇压起义军是远远不够的。所谓主兵就是当地筹建的军队，这还得从郧阳尴尬的位置说起。如前文所说，郧阳本来就是新建的行政区，而这个行政区又处于内地，在农民大起义之前，朝廷自然不会在这里设立主兵。爆发农民起义之后，郧阳倒是设立了主兵，但兵额仅仅只有500人。正因为这样，当地围剿起义军的主力是来自四面八方的客军。当时郧阳有筸兵3400人、石柱兵600人、毛兵500人、川军三营5000人，还有总督陈奇瑜的标军，这些军队加起来一共有2万人。而明末客军每次出战都需要计算本色（粮食）、折色（军饷）、行粮（出征时的粮草）、坐粮（防守时需要的粮草），一名士兵一个月就需要三两六钱之多，于是卢象升面前最急迫的问题是军费不足。郧阳是明朝财政比较吃紧的地区，崇祯也知道这个情况，此前就下令由湖广接济郧阳军饷12万两白银。但是卢象升清查账目发现，12万两只运到了39999两，而就这39999两，已经被前任抚治蒋允仪用去了29494两，只剩下10505两。这剩下的军费首先要给郧阳本地的主兵发军饷，主兵的费用比客兵要少，每个士兵每月需要军饷一两二钱。饶是如此，这500名主兵一年就需要6000两白银，瞬间就用去存银的一大半。所以卢象升来到郧阳的第一件事就是向朝廷请求军费支援。

为解燃眉之急，卢象升将自己以前受赐的银器统统熔化，买了一些牛羊犒赏三军，并告诉士卒军饷马上就到。这样一番举动下来，下面的士卒自然是大为感动。

可此时，前方的军情又紧急起来。当时留在郧阳境内的起义军不下数万，而从四川折回郧阳的起义军又有数万，并且起义军所盘踞的地区都是深山穷谷，进兵极为不易。卢象升认识到，当前围剿作战的决定性因素是后勤，明军要想大规模进军，首先要解决的便是粮草辎重的运送问题。他想出了一个办法：利用郧阳河流纵横的自然条件，由水路进行粮草辎重的运输。卢象升征集民夫和小船，以数十名民夫拉载重30石的小船，快速运输粮草。这个方法效率极高，不过旬日就向前线输送了4000石粮食。有了这批粮草，明军总算可以发动一场攻势了。

崇祯七年六月，陈奇瑜与卢象升在上津对起义军发起会战。作为久历沙场的老将，陈奇瑜对全盘战略早有考量，他来到郧阳之后，命令陕西巡抚练国事移驻商南，遏制起义军向西北流窜；河南巡抚元默进驻卢氏，以阻遏起义军流窜东北；湖广巡抚唐晖进驻南漳，以阻遏起义军流窜东南。安排妥当之后，陈奇瑜才开始与卢象升一同进兵。

两人聚集各路客兵共计万余，从竹溪启程一路前进，在乌林关遭遇起义军。当时天降大雨，明军冒雨向起义军发起进攻，两军打得极为激烈，一天之内就打了十余战。明军在陈奇瑜和卢象升的督战下，大获全胜，斩首1750级。起义军连忙后撤，明军发动追击作战，总兵官邓玘率杨化麟、杨世恩、周任凤分道追击，又在乜家沟、石泉坝、康宁坪等处与起义军展开交战。起义军三战皆败，被明军斩首5600多级。这一战之后，起义军元气大伤。据卢象升写给崇祯的奏折上说，战后的情景是“尸蔽汉江”，可见这一战的惨烈。

这一战之后，郧阳局势得到了稳定，卢象升也借此在郧阳站稳了脚跟。

局势稍稳之后，卢象升开始对郧阳进行整顿。他首先向朝廷提出增加主兵3000人，但是这个计划实在是太大了，所耗银两对当时捉襟见肘的明朝财政来说很是吃不消。最后，兵部仅仅同意卢象升再增加500主兵；作为交换条件，明廷将来自河南的600毛兵也交给卢象升指挥。这样，作为郧阳抚治的卢象升总算有了一支1600人的直属兵力。但仅仅靠这些人是绝对无法保证郧阳的长治久安的，所以卢象升决定再次使用以前在畿南所采用的办法：靠近山区的百姓修建堡垒，地处平原的地方则进行并村。此外，针对郧阳遭受兵灾后社会生产力遭到严重破坏的情况，卢象升又提出了屯田之法。

这两个措施一下解决了郧阳的两大难题。首先是解决了兵力不足的问题，通过设寨并村、练保甲，郧阳获得了大批乡兵，这些乡兵虽然在野战中无法取得好的成绩，但是守卫地方还是绰绰有余的。屯田之法则解决了郧阳地区物价腾涨、生产力被破坏的问题，郧阳地区的生产力在很短的时间内得以恢复。

除了处理军政之外，在出任郧阳抚治期间，卢象升对地方事务也提出了许多具有建设性的意见。卢象升看到了明末农民的负担，提出“酌缓征以延民”的建议。他在基层多年，深知官员的很多行为是造成百姓负担的重要因素，于是严格约束手下官吏的行为，尽量减少百姓的负担。郧阳经过战火之后，百姓房屋受损严重，卢象升就命令官员在两个月内帮助百姓修缮房屋。卢象升又看到郧阳受到战祸后，贸易不便，许多官吏大发国难财，买进卖出，以高价卖给百姓物资，于是他就下发文件，要求各衙门一律用平价交易，不得盘剥。在明末，驿政一直是老大难问题，国家在这上面花的钱很多，但效率却不见得很高。更加麻烦的是，不但国家投入大量金钱维持这一系统，民间同样深受其害：朝廷使用驿递时不可避免地要征用民间的马匹。郧阳的驿递线路为襄阳到汉中，全程水陆2000余里，沿线百姓自然是大受其害。再加上许多官员都养成习惯，经常为私事使用驿递，以致官员的往来成了驿递费用居高不下的重要原因。于是，卢象升就出台政策，下令除了紧急军务一律不得使用驿递，凡是使用驿递者都要有关部门发给“照牌”，如果有人敢额外多索取一马，立刻将其押到自己面前进行处理。这样雷厉风行的举措，立刻就起了效果，百姓的负担也得到了减轻。卢象升对驿递系统还有创造性改革，他认为从汉中到襄阳一路上是顺流，大可以利用水路交通来进行驿递，这样又能节约一半马力，这些节约的钱粮也能用于更多有价值的地方。

卢象升还是个理财的专家。郧阳需要重建，各路客兵的军饷需要支付，主兵需要装备训练，这一切都需要钱，而卢象升不但擅长节流，更擅长开源。郧阳境内有铜铅等矿产，卢象升就召集民众开矿铸钱。所以在卢象升执掌郧阳期间，该地居然还有余力建立一支300多人的骑兵。

在处理民政上，卢象升也很有一套，他下令禁止诉讼，并约束胥吏，禁止扰民，以休养民力，减轻民众负担。这一系列主张都显示出了卢象升的能吏风采。

卢象升认识到在这战乱时刻，最要紧的是备战，所以将备战作为一个最重要的事情来做。明朝后期军队纪律很坏，卢象升认为要解决这个问题需从纪律和粮饷两方面入手。卢象升在担任郧阳抚治期间，要使用大量的客兵，其中数量最多、战斗力最强的就是川军邓玘部。

邓玘于天启初年从军，在席卷半个西南的奢安之乱中表现突出，并在战役的最后阶段斩杀了叛军头目安邦彦。崇祯二年，他又带兵勤王，在收复关内四城之战中也有突出表现。在这之后，这支川军就成了明朝的机动兵力，崇祯五年参与了平定登州孔友德之战，同样表现突出，并与金国奇一起收复了登莱二地。崇祯六年，他又射杀起义军头目紫金梁，虽然在此之后遭遇林县兵败，但是邓玘部川军依旧是明军平乱战场上的劲旅。崇祯七年，邓玘所率领的川军更是捷报频传，先后斩杀起义军首领闯天王、九条龙、草上飞、抓山虎、双翼虎，剿灭一只虎、满天飞所率起义军，可谓是连战连捷。但这支军队也有一个致命的缺陷——容易哗变。在卢象升刚刚担任郧阳抚治时，川军就发生了哗变。卢象升当时立刻赶到现场，平息了哗变。卢象升认识到，要使这支劲旅发挥应有的战力，应该保证其充足的粮饷。他的解决之法是迅速从郧阳财政中挤出3万两白银发放给川军。在发放完军饷之后，卢象升开始整顿纪律了。他规定了六条纪律：凡有官兵奸污妇女、抢掠财物者，军法处斩；兵丁临阵退缩、见贼不杀者，军法处斩；兵丁杀良冒功及私通流贼者，审明后，军前处斩；兵丁私自离开队伍，进入百姓房屋者，捆打80棍并贯耳游示；兵丁强宰耕牛及抢夺马骡者，捆打80棍，贯耳游示；兵丁减价强买民间食用器具者，捆打80棍，贯耳游示。当时邓玘部有一个士兵强征民船，卢象升知道后立刻命令将其军前正法，一时三军悚然。

卢象升一面确保军队正常的后勤补给，一面强调纪律，总算是彻底规范了郧阳地区明军的军纪。通过这些举措，明军的战斗力也得到了迅速提升。由于卢象升手中直辖兵力有限，所以他就格外重视乡兵的训练。他在乡兵中设立练兵千总1人、乡兵教头2人，以此来加强乡兵的训练。卢象升深知大明官员的拖沓，为此他将设立乡兵作为一个重要任务下发给各州县，规定各州县在得到命令的半月之内必须将辖区内的乡勇登记造册，呈报到院。

▲ 《入跸图》中的明军士兵

就算这样，卢象升对郧阳的防务还是不放心。作为久经沙场的将领，他深知侦察的重要性，为此他特地调整了郧阳地区的侦察系统。考虑到郧阳河流极多，他决定采用兵船巡江，巡逻范围是从洵阳到襄阳。他设置兵船60艘，派遣标兵进行巡江。这样做的目的，一方面是训练标兵的水战能力，一方面是让他们随时处于战备状态之中，以便作为精锐力量的标兵能随时投入作战。

卢象升对巡江也做了细致的安排，他了解到洵阳和襄阳两地之间顺流只需要3天，逆流需要6天，也就是说一条船巡逻一个来回是9天时间，于是命令船队设置9条兵船，按照天地玄黄的字号进行排序，规定初一发天字号，初二发地字号，这样不断循环往复，可以使整个江面上都有官军的巡逻船只。对于兵船的武器配备，卢象升也有规定。巡逻使用的兵船，卢象升强调其轻便快捷，所以官军的巡逻兵船都是轻便小船，每条船载重二三十石，可以搭载十五六人，而卢象升规定每条兵船搭载官兵12人。这12人都有各自的分工：水性最好、能力最突出的那个人做甲长兼做舵工，负责整条兵船的操作；1人作为火兵，协助甲长管理兵船；其余10人里，2人做长枪手，2人使用钩镰枪，2人使用三眼火铳，2人做神箭手，2人做弓箭手。每条战船的武器为火罐20个、火砖10块、火箭10支、火药15斤、大小铅弹10斤。可以看出兵船的主要火力为远程打击兵器，考虑到兵船可能会遇到近战，卢象升又命令所有士兵依旧要携带配发的近战兵器，如腰刀和板斧。当时卢象升手下的标兵有1000人，很显然不可能在巡江时就将所有标兵全部派出去，所以他规定在水操时，就全员上船；平时巡江，除了甲长和火兵外，只派遣10名标兵中的一半出去巡逻，另一半则在岸上操练。

兵船巡江还有一个目的就是节省驿递成本。当时淘阳到襄阳600里，用驿马需要三天半，但用兵船进行传递只需要三天。而且陆上传递还有一个问题，那就是很多重要的军情因为明末复杂的内部局势很容易在传递途中被人截取，这样对情报安全来说无疑是一个巨大的隐患，采用兵船就没有这些弊端。更重要的是，驿递传送太费钱。卢象升算了一笔账，光郧阳境内的郧、钧、光、谷四州一个月改用兵船传送，就可以省400两白银，一年下来就能省四五千两白银。算好了这笔账，卢象升就下令驿递顺流用船，逆流用马。

郧阳不光有水路通道，还有范围很大的陆上区域，这同样需要侦察。卢象升在陆上设置塘兵，以加强明军的侦察能力。他每10里就设置一拨塘兵，每一拨用兵丁2人，选派地方的快壮衙役、卫所的士兵担任。这些人虽然战斗力不强，但好在数量充足，可以实施大范围的情报侦察。至此，郧阳的防务被卢象升安排得井井有条。虽然郧阳依旧存在兵力不足的缺陷，但卢象升在郧阳已经做到了他能做到的最好，而检验这一切的将是起义军凌厉的兵锋。

起义军先前在郧阳战场上没占到便宜，之后便开始再次向陕西转移。作为总督五省军务的陈奇瑜则加紧带兵追剿，并在七月将起义军赶入了汉中栈道。栈道中山高路陡，人烟稀少，而明军已将出口围得严严密密。当时正是七月，汉中的阴雨连下七十多天，起义军“弩解刀蚀，衣甲浸，马蹄穿，数日不能一食”（傅永淳《劾总督陈奇瑜疏》），陷入了前所未有的绝境。这时起义军想出了假投降的办法以图脱离困境，于是将军中所有的金银财宝都集中起来贿赂明军。陈奇瑜看到起义军已经陷入困境，加上左右的人都主张招抚，他就也主张招抚，并上奏朝廷。当时的兵部尚书张凤翼也支持招抚，就联名上奏崇祯皇帝。崇祯听到不费一兵一卒就能解决起义军问题，当然很高兴，也就同意了。

接到崇祯的命令之后，陈奇瑜立刻对起义军进行招安。陈奇瑜对起义军的人数进行了清点，清点的结果是“八大王部一万三千人，蝎子块部一万零五百人，张妙手部九千一百人，八大王另一部八千三百人”。在清点完起义军的数目之后，陈奇瑜就下令每100名起义军选派一位安抚官进行监视，负责将其遣返原籍，并命令官兵解除封锁。起义军顺势随着安抚官离开栈道，出了栈道之后起义军也很机智，与明军打成一片。根据傅永淳在《劾总督陈奇瑜疏》中的记载，起义军与官兵酣饮，易马而乘，抵足而眠，到了最后起义军“无衣甲者皆整矣，无弓矢者皆砺矣，数日不食者皆饱腹矣”。等一切都准备好之后，起义军突然在某个晚上同时发难，一夜之间将明军的安抚官“或杀，或割耳，或杖责，或缚而掷之道旁”。在解决掉安抚官之后，起义军迅速进入陕西，攻掠宝鸡、麟游等七个州县，一时声威大振。

重新回到策源地的起义军实力迅速大增，达到 20 余万人，其兵锋甚至直指西安，而整个陕西的明军只有 2 万多人。在陕西巡抚练国事的奏疏中可以看到陕西明军的组成：榆林兵 5000 人，由总督陈奇瑜率领；三边总督洪承畴有标兵 3000 人；汉中兵 3400 人，由总兵左光先率领；临巩兵 3500 人，由总兵孙显祖率领；平凉兵 1000 人，由副总兵艾万年率领；总兵张全昌有 6000 人，乃机动兵力。这其中，陈奇瑜的 5000 榆林兵还要承担秋防的任务，所以在进入八月以后，明军的兵力更加不足，以致在围剿起义军时，兵力时常捉襟见肘。这时起义军的战斗力有了很大的提高，甚至会主动围歼官军。比如在一场遭遇战中，固原参政陆梦龙率游击贺奇勋、都司石崇德进攻起义军，当时起义军人数不过千余人，但不到一会儿就达到了上万人马，而明军仅仅只有 300 人。两个将官看到起义军庞大的声势，居然失态地抱着陆梦龙痛哭。陆梦龙看到这个情况斥责道：“何作此妇孺态？”他义无反顾地率领明军冲向起义军，最终全军覆没。

作为围剿起义军的得力干将，洪承畴当然知道起义军的变化，也加紧率军追剿，但这时起义军已经突出潼关，兵锋直指河南。此时朝廷却有了新的方案，兵部命令河南兵进入同州、华阴，湖广兵进入商雒，四川兵进入汉中兴平一带，山西兵进入韩城、蒲州，准备在此豫陕交界处合围起义军，而奉调北上的军队中就包括卢象升的郧阳军。

接到朝廷的调令后，卢象升在崇祯七年九月二十七日离开襄阳赶到光华、谷城、均州一带整顿兵马。在卢象升集结兵力准备北上时，情况又发生了变化：起义军兵锋指向商州，而商州兵力极为空虚，原先驻防商州的副将来允昌、游击费昌宰、守备王玉都被调到凤翔去了。当时商州被朝廷划分给郧阳抚治管辖，同时划归卢象升管辖的还包括汉中。汉中的情况同样不妙，当地只有明军唐游击的 300 人和关南道参政樊一蘅的家丁 60 人，于是兵部命令川军进入汉中一线。这样川军的补给就需要汉中供给，但汉中本身已经捉襟见肘，根本无力供给，所以樊一蘅就将这个困难当成皮球踢给了卢象升，向卢象升请求白银 1 万两作为军饷。卢象升自己也没有多余的钱，只有向湖广请求支援，所幸湖广接到卢象升的请求后，迅速给齐了军饷。

这个举动看似平常，实则是极为不易。明朝后期的官场拖沓、扯皮之风盛行，卢象升本身并没有任何权力可以要求湖广必须支付军饷，他之所以能很顺利地要到军饷，与其自身的情商有很大关系。他当初到达郧阳时，湖广原要支付的 12 万两军饷没有到位，但是卢象升很有策略，他在给崇祯皇帝的奏疏中，在提及军饷没到位这个现实的同时，很聪明地从侧面为湖广官员进行了辩解。后来在郧阳取得的历次战功中，卢象升都会或多或少地提及湖广官员的功劳。这一切自然被湖广官员看在眼里，所以彼此之间相处得极为和谐。这次湖广不但给了卢象升军饷，还将湖广行省中最精锐的 5000 筸军派到郧阳境内，接替空缺的防务。筸军由湘西土著组成，战斗力十分强悍。总兵许成名带筸军 1000 余人进驻均州，以护卫襄阳；参将张大节带 600 人驻防房县、竹山，并派 500 人守卫光华；此外，许成名还特地派镇筸营副总兵杨正芳率军 1000 人，与郧阳军共同北进。

前面说到起义军已经兵临商州，局势万分紧急，而卢象升手上只有原先的标兵 500 人和毛兵 600 人。毛兵又称为“毛葫芦兵”，是明军中特殊的募兵，以猎户、山民、矿徒为主，主要来自豫北地区。根据《明史》记载，“河南嵩县曰毛葫芦”，毛兵由此得名。这些人“习短兵，长于走山。以毒药渍矢，以射兽应弦而倒”，极其擅长山地作战。在平定播州之乱时，李化龙评价道：“毛葫芦坚悍真可摧坚。”在后来平定奢安之战中，他们更是有突出表现。不过毛兵虽然精锐，但人数太少了。卢象升招募的 500 新兵也还没有进行训练，无法使用。即便如此，卢象升还是派中军都司李玉华带 1000 人北援商州。商州离郧阳七百多里，沿途都是崎岖山地，路途十分艰险；更糟糕的是，由于起义军的破坏，沿途荒无人烟，明军只有自己携带粮草出发。但即使条件如此恶劣，卢象升也没有降低要求，命令明军必须在 10 天内赶到商州。经过两天准备，明军在十月十一日正式北上。

可是，迎接明军的却是起义军气势汹汹的大军。当时起义军人数已经多达 20 余万，连营百里，其主力正在进攻商州。明军这边，骁将贺人龙被起义军包围在了陇州。北援的郧阳军首先在地花铺与起义军大战一场，斩首 160 级。这时陈奇瑜也调兵前来支援，领兵的是潼关道中军孙绍烈和韩郃营中军李国政，他们在景屯取得胜利，斩首 70 级，初步稳定了商州局势。但起义军兵力依旧很多，并于十月二十八日到二十九日包围了雒南县城，不间断地发起攻击。这时来自湖广的镇筸营也到达了商州，两军合兵一处，向起义军发起进攻。明军的最高指挥官是副总兵杨正芳，他意气风发，对手下的将官说：“见贼不杀，何处寻觅？”杨正芳立即分配了任务：他自己与张上选率军出击，考虑到郧阳兵连续作战已经疲惫，就下令由郧阳兵负责守卫老营。杨正芳还规定，次日二更做饭，四更杀入贼营，只许杀死，不许割首级，更不能抢夺战利品。第二天拂晓，明军开始进攻，张上选率军从东路向起义军发起冲击，杨正芳率军从西路冲击起义军。起义军的作息时间是在鸡鸣之时整顿起营，因此完全没料到明军会在这个时候发动攻击，措手不及之下被打得大败。经战后清点，此战明军斩首500余级，缴获战马110匹，还阵斩了一个叫飞天虎的起义军头目。但杨正芳不知道的是，在他进攻起义军时，起义军主力也在进攻留守老营的明军。

当时，十多万起义军主力蜂拥而来，而明军把守老营的就只有李玉华率领的1000郧阳兵，情况十分危急。所幸经过卢象升苦心训练的郧阳兵在关键时刻经受住了考验，从早晨一直打到了下午，起义军始终没有突破明军的防线。在起义军疲惫之时，后方突然杀出一支明军：韩部营中军李国政率领骑兵数百人冲入起义军阵线！李国政部冲开了起义军的包围圈后，李玉华赶紧带郧阳兵撤到县城。就在明军庆幸逃脱死亡深渊时，他们却忘记了出击的明军还不知道这些情况。到了晚上，在攻击行动中取得重大战果的杨正芳部开始回营，而在他们回营的同时起义军也在回营。杨正芳见情况不对，迅速占领制高点与起义军对峙。起义军发现明军兵少，也立刻发起进攻。起义军攻击前山受阻之后，从后山冲入明军阵中，杨正芳拼死力战，但也无法抵挡，最后筸军全军覆没，杨正芳、张上选战死沙场。随着筸军的覆没，明军围剿起义军的企图全面落空，起义军开始全力东进，进入河南。

起义军进入河南之后一路高歌猛进，连续斩杀明军总兵殷体信、游击丁孔应、指挥李学牧、守备史大勋、千总蔡应昌，一时之间中原满地烽火。在这极其危险的环境中，卢象升的郧阳军却奇迹般地突出重围重新回到了郧阳。面对眼前的情况，卢象升有了新的看法。

卢象升认为，现在的问题不在于剿贼而在于防贼，他在奏折上说：“未易使贼即化为民，要当使民不复为贼；未易使贼尽授首于兵，要当使兵不复为贼。”当时的情况是百姓多从于起义军，对此卢象升总结原因为百姓被裹挟。他认为现在这样“剿贼”杀的都是百姓，于是对崇祯说：“杀一贼而从贼者百，杀贼百而从贼千，所杀者皆民也。”所以他认为，围剿起义军的当务之急是稳定地方。

至于如何稳定地方，卢象升提出了三条建议：头两条是他在畿南实行的并村设寨之法，而第三条是坚壁清野、训练乡兵。卢象升认为整个荆楚大地只有筸军5000人、郧阳兵2200人（新旧标兵1000人以及石柱毛兵1200人），靠这7200人完全无法做到全面设防，需得训练乡兵，还应在险要之处埋设地雷、挖掘陷阱以削弱起义军的优势。崇祯皇帝对卢象升的建议也表示认可，于是卢象升就迅速在郧阳布置起来。

这些布置很快便在与起义军的作战中发挥了重要作用。之后，20万起义军进攻郧阳，他们没有像以前那样逐城争夺，而是主力一下子就冲到了襄阳城下。此时的卢象升手上就只有几百标军，情况十分危急，但好在他到郧阳后训练的乡兵在这时发挥了作用。乡兵首先在城外设置陷阱地雷，等这一切都做好之后，就撤到城上坚守不出。

起义军来到襄阳城下准备攻城，但攻城战刚开始就出现了伤亡。一拥而上的起义军进入明军设置的地雷区后，瞬间被杀伤无数。经此打击，起义军只好对明军在城外设置的各种陷阱进行排除，等排除完毕时天已经黑了，起义军只得鸣金收兵。晚上，疲惫的起义军刚刚入睡，卢象升就率军冲出城门进行突袭。面对明军的夜袭，起义军显得惊慌失措，这时城里的军民又大声鼓噪，使起义军更加混乱。由于处于黑夜，起义军根本不知道明军到底有多少人，为保险起见，他们连夜向北撤退。起义军的撤退之路也是艰辛万分，他们在渡江时又遇到了明军设置的地雷，损失惨重。黑灯瞎火的谁也不知道到底江边还有多少地雷，于是起义军都不敢向江边靠拢。这时郧阳的乡兵开始出击了，他们在黑夜中四处袭击落单的起义军残兵。原先驻防于郧阳的明军也会合起来向起义军发起攻击。最后，一条窄窄的汉江，起义军花了三天才渡过去。在郧阳受挫的起义军只得改变前进方向，而新方向正是帝国最为富饶的东南半壁。

进剿东南

在起义军发起的一连串攻势下，明军内部出现了新的问题。崇祯皇帝认为陈奇瑜进剿不力，恼怒地将其撤职查办。陈奇瑜被撤职了，但围剿起义军的行动还在继续。这时崇祯提拔三边总督洪承畴为兵部尚书，总督陕西、山西、四川、河南军务。但洪承畴刚刚上任，西宁却发生了兵变，他只得西返解决西宁兵变。当洪承畴再次东返时，起义军已经冲进了河南，而整个河南有战斗力的就只有左良玉的几千兵马。于是，崇祯又立刻下令各路兵马进入河南参与围剿。赶到河南的军队有张全昌、曹文诏的晋兵，秦翼明、邓玘的川军。这些军队看着军号虽多，但是“兵皆不满千”（彭孙贻《平寇志》）。当然，对于河南兵力不足的现状，崇祯是清楚的。崇祯八年正月十三日，崇祯皇帝命令兵部“将各处兵马通行打算，责成督抚大举会剿，可期尽灭，以图底定”。正月十九日，兵部尚书张凤翼与户部尚书侯恂将商议的调兵64000人、筹银78万两的方案送报崇祯，这里面还包括从辽东征调的3000铁骑。崇祯看后还是觉得不足，对张凤翼说：“铁骑三千是否足用？”张凤翼见状，立即追加辽东铁骑2000名、天津兵3000名、白杆兵3000名，使最后的总兵力达到72000人；军饷也随即再增加15万两，总计达到93万两。正月二十三日，崇祯批准了这个方案，同时下达命令：“限六个月扫荡廓清。”

起义军并没有在河南等着明军到来，而是在明军到来之前就已经东进了，他们分兵三路，一路向六安方向攻击，一路向颍州、亳州方向攻击，主力则指向了明朝的中都凤阳。负责南方防务的南京兵部尚书吕维祺看到了情况的严重性，向北京兵部尚书张凤翼请求调兵，但张凤翼却给出了一个令人捧腹的回复：“贼起西北，不食稻米，贼马不饲江南草。”（夏燮《明通鉴》）不久，起义军便进入了安徽。正月十三日，也就是朝廷内部还在讨论调兵之事的时候，起义军已经攻陷了颍州，俘杀了前兵部尚书张鹤鸣。这时张凤翼才匆匆调兵，但为时已晚。

正月十五日，也就是元宵节这天，起义军突然攻进凤阳。凤阳虽然是明朝的中都，但是为了不破坏风水龙脉，凤阳并没有城垣等防御工事，因此当起义军攻进来时，明军无所依凭，被起义军全部击溃。起义军占领凤阳之后将皇陵和龙兴寺一并烧毁，并在凤阳大掠三日。听到凤阳失陷，崇祯立刻命令洪承畴赶到凤阳，围剿起义军。起义军看到明军主力将至，迅速转移。

面对祖坟被烧，崇祯也痛定思痛，从内库中发放内帑20万两，并从太仆寺调发马价银10万两送到西安，以备征剿之用。这时明军在前线的兵力达到了空前规模，主客兵加起来共计7万余人，战马计15000匹。这7万多的大军所耗军需极大。当时户部做了一个统计，每个士兵一天就需要银三分、米一升五合，战马一天就需要草一束、豆三升；光这两项5个月就需要11万两白银，对帝国的财政而言负担极大。但崇祯决心已定，命令明军迅速出击，以图尽快荡平起义军。

起义军也很聪明，并未选择与明军硬碰硬地决战，而是采取机动作战的办法，始终不与明军主力交战。洪承畴也随即调整部署，命令四川巡抚坐镇夔门、达州一线就近指挥，进援襄阳、汉中；湖广巡抚坐镇承天；郧阳抚治进驻颍、亳一线，就近指挥明军进援汝宁、归德；山东巡抚移驻曹州、濮州一线，指挥明军进援江北；山西巡抚移驻蒲州，以指挥明军进援灵宝、陕州；陕西巡抚移驻商州，以负责兴安、汉中一线的防御。就这样，明军对起义军形成了四面夹击的态势。在这之后，战场态势开始逐渐向对明军有利的方向转变。在汉中，明将左光先率军击败起义军，起义军随即再次转向陕西。这时陕西又因为饥荒导致饥民满地，起义军一到陕西，实力便迅速得到补充，人数一度号称达到 200 万人。

看到起义军西移，洪承畴跟着调整部署。崇祯八年三月，洪承畴来到信阳亲自部署对起义军的攻击。这时明军围剿起义军的主力干将是骁将曹文诏。曹文诏先前在宣大抗清战场上失利，被崇祯惩罚，现在他急于洗刷耻辱。一来到剿寇战场，曹文诏就显得斗志十足，冒雨急进冲到了起义军占领的随州，一战下来斩首 380 级。

可这时明军内部又出了问题。四月，邓玘所率川军发生兵变，主将邓玘在兵变中身亡。这支部队在兵变之后，战斗力大打折扣，已经不能再被称为劲旅了。洪承畴看到六个月的剿贼期限将近，心急如焚。他一面命令秦翼明前去接替邓玘指挥川军；一面亲自带着贺人龙、张全昌西进，并急令曹文诏赶快与自己会合。

曹文诏到达之后，洪承畴召开了战前会议。洪承畴认为现在起义军在商雒一带，听到官兵到来必然会向汉中撤退，明军如果就这样从潼关按部就班地追击，很难重创起义军。洪承畴最后决定反其道而行之，命令曹文诏从阌乡走小路直接截住起义军，而自己则率主力从山阳、镇安、洵阳进入汉中。洪承畴知道此行的难度，在曹文诏出发前抚着他的背说："此行也，道路回远，将军甚劳苦。吾集关中兵以待将军。"（夏燮《明通鉴》）

曹文诏得到命令之后，迅速出发，一路急行来到商州，在离起义军还有 30 里的地方停了下来。曹文诏意识到明军现在人困马乏，如果贸然出击很难取得理想的战果，所以他准备等到夜半时分才发起进攻。夜幕降临后，漫山遍野都是起义军的营火。到了夜半时分，曹文诏带着侄子曹变蛟、曹鼎蛟以及都司白广恩冲入起义军营中，将起义军杀得大败。起义军连夜逃窜，曹文诏率军发起追击，一路追到金岭，这时起义军却回过头来发起反击。曹变蛟冲入敌阵，奋力砍杀，明军看到这个情况士气大振也跟着发起冲锋，将起义军杀得大败。这一战后，曹变蛟就与叔叔曹文诏齐名，二人被称为大、小曹将军。听到大、小曹将军的名号，起义军都闻风丧胆。

洪承畴方向也很顺利，一路将起义军往西追击；而贺人龙亦不负众望，在鄜县击败起义军。但这时明军兵力不足的问题也越来越明显了。

当时闯王（高迎祥）、八大王（张献忠）围攻凤翔，过天星、蝎子块围攻平凉，洪承畴只得率军从盩厔出发，经鄜县渡河解救平凉。但到了平凉之后，起义军已经兵分三路，向东进攻泾州、镇原、宁州了；原先进攻凤翔的起义军也改变路线，转而进攻泾阳、陇州。明军只得分头追击，将起义军赶到了静宁、秦安、清水、秦州这一片区域。起义军主力尚存，依旧有20万人之多；而明军的情况却是大为不妙，曹文诏与张全昌、张外嘉三支军队加起来才6000人，兵力极为不够。洪承畴只得向朝廷请求援兵，但援兵还没到，局势就发生了逆转。

崇祯八年六月，明军与起义军在乱马川遭遇，明军战败，前锋中军刘宏烈被俘杀。这里需要解释一下中军，中军一般是明军总督标营的实际指挥官，而总督标营往往是最精锐的军队。可以说，这一场败仗使洪承畴的总督标营大为受损。

但明军战败的势头并没有就此止住。李自成围攻宁州，洪承畴命令副总兵艾万年、刘成功、柳国镇前去解围，但由于兵力捉襟见肘，只给了他们3000士兵。李自成得知明军前来后，准备一口吃掉这支明军，于是命令起义军在襄乐与明军交战，然后通过佯败将明军引入事先准备的包围圈。明军中招后，艾万年、柳国镇被起义军斩杀，刘成功与游击王锡命则率全军奋勇突围，在损失1000多人后，才突出包围圈。在清水一线，总兵张全昌同样遭遇失败，都司田应龙、张应春战死。接连的战败，尤其是老部下艾万年的战死，让曹文诏气愤不已。他拔刀砍地，大骂起义军的同时向洪承畴请命讨伐。看到曹文诏这个态度，洪承畴高兴地说道：“非将军不足办此。顾吾兵已分，无可策应者。将军行，吾将有泾阳趋淳化，以为将军后劲。”（吴伟业《绥寇纪略》）意思就是：“现在只有将军你能制住起义军了，只是我军已经分兵，没有兵力策应将军，不过别担心，我会亲自带兵做你的后卫。”

率3000人前往宁州攻击起义军的曹文诏，在真宁的湫头镇撞上了一支起义军。曹文诏让参将曹变蛟做前锋，向起义军发起攻击。曹变蛟打得极其勇猛，一下子就将起义军击败了，斩首500余级。曹文诏见势率军跟着发起追击，但是这时，曹变蛟的骑兵冲得太猛，与曹文诏率领的步卒拉开了一个大大的口子。起义军发现了这个漏洞，于是早就埋伏在周围的数万人瞬间冲出来对明军发起了攻击。

起义军起初并不知道这支军队中有他们的死对头曹文诏，但这时一个明军小兵被起义军围攻，情急之下对着曹文诏喊出：“将军救我！”起义军的注意力一下子就转向了曹文诏方向。一名起义军士卒认出了曹文诏，就对身边的头目说：“此曹将军也。”起义军听到死敌曹文诏在此，立刻涌过来将其团团包围。曹文诏也是勇武非凡，在包围圈中左右冲突，连续斩杀了数十人，直到最后力气不支才拔刀自刎。这一战也是陕西明军的一场大惨败，明军游击以下的军官就阵亡了二十多人。除了曹变蛟的前锋突围而出以外，其他的军队都被起义军歼灭。曹文诏一军的战败，是明朝“剿寇”战局中最惨痛的失败之一。曹文诏被称为“良将第一”，在围剿起义军的战场上屡战屡胜，为起义军所忌惮，他兵败身死，一时之间令明军士气大衰。

在陕西连败明军之后，起义军开始主动向东挺进。这时的明军由于受到接连战败的打击，士气极为低落。在河南，左良玉、祖宽两军与起义军相隔 70 里，却只敢“遥望山头，不敢邀击”。面对这个困难局势，崇祯皇帝再次想到了卢象升。

崇祯八年六月十四日，吏部会推卢象升为都察院右副都御使，巡抚湖广等处地方，兼提督军务。刚刚上任不过 3 个月，卢象升又接到兵部的命令，让他以巡抚职衔总理直隶、河南、山东、四川、湖广军务，后来又加督山西、陕西军务，并赐予尚方宝剑。明廷还规定卢象升督剿东南，洪承畴督剿西北。

卢象升接到这个命令后，并无丝毫兴奋，而是竭力推辞，因为他知道现在的局势异常棘手。当时整个湖广郧阳地区一共有主客兵 18000 人，但是郧阳抚治已经要走了 9000 人用于防守郧阳，而承天祖陵的防卫又用了 3000 人，另外扼守要隘也要用去 3000 士兵；分来分去，到了最后，卢象升自己手中能使用的机动兵力就只有 3000 人，极为不足。他刚刚升任湖广巡抚时，就曾向朝廷上奏要求扩军到 24000 人，但这样一来，一年的粮饷就将达到 37 万两之多，这对明朝糟糕的财政状况来说，是根本不能接受的。卢象升为了争取朝廷的支持，特地为内阁的大臣们算了一笔账：如果在边关养 24000 人的军队，一年就需要白银六七十万两之多，而在湖广练兵却只需要 37 万两；朝廷每年都要从边关往内地调兵，同样需要花钱，还不如就近编练方便。但这时的局

▲ 万历年间的明军形象，节选自仇英的《倭寇图卷》

势已经不允许卢象升停下步伐，与朝廷就练兵一事争论了：起义军已经开始向河南奔来，兵锋指向信阳、真阳之间。

卢象升见局势紧张，立刻就带了自己所能指挥的 3000 士兵于九月十六日北上增援。卢象升一边率军赶路，一边从南方调兵北上，并命令各地官员据守城池等待增援。这时起义军声势浩大，人数多达数十万之众。

卢象升忙着料理军务的同时，还不忘对湖广的驿政系统进行整顿。在九月二十六日的奏疏中，他还特地向崇祯皇帝说，整顿后每年湖广的驿政可以省下 3000 两白银，并请求再拨给 5000 两白银发送军前买马，这样就能凑齐 800 名骑兵。前文提及，卢象升在郧阳做抚治的时候，靠整顿政务获得的 3600 两白银的盈余，组建了 300 名骑兵。这次出任湖广巡抚，他并未将所有骑兵全部带走，而是带了 200 骑上任，给新任郧阳巡抚留下了 100 骑。由此可以看出，卢象升对骑兵的重视非同一般。

作为即将成为总理七省军务的大员，卢象升极为明智地向朝廷要求派遣监军。从这一点来说，卢象升是很有政治智慧的，他很清楚崇祯多疑的性格，所以预先做了打算。

这时局势也在渐渐向有利于明军的方向偏转。在陕西方向，屡屡受挫的明军总算开始渐渐扭转战局：曹文诏死后，曹变蛟收拢残兵，与起义军叛将高杰一起先后在关山镇、官亭两战中击败高迎祥；洪承畴也在渭南、灵潼两战中击败李自成。虽然明军在西北的围剿行动取得了阶段性的胜利，但起义军在西北失败后即向东转移，反倒又增加了卢象升的负担。

高迎祥与张献忠、李自成会合后，立刻转向河南，洪承畴遂命令总兵张全昌前去追击。追击的明军在沈丘与起义军蝎子块部撞上，起义军在河南吸收新的力量后实力大增，而明军这边却是人困马乏、断粮多日。在交战中张全昌兵败被俘，但当时蝎子块却想接受招安，于是通过张全昌致信卢象升，表达自己欲受招安的心思。卢象升觉得起义军兵多而自己兵少，实力太过悬殊，即便起义军是真投降也很难招安，因此当即指责张全昌丧师辱国，并对起义军说："果欲降，可灭其党示信。"（《卢象升疏牍》）蝎子块看到卢象升这个态度，便拒绝接受招安。卢象升就用这样一个简单的办法，验证了起义军是真投降还是假投降。

在这里，要解释一下起义军为什么要请求接受招安。在战场上，明军与起义军的战略态势变化异常迅速。起义军在陕西屡破明军，但随着洪承畴与曹变蛟的几场胜仗，明军在陕西又占据了上风。在河南战场上同样是这样，张全昌被起义军击败以致全军覆没，但没过多久左良玉就在广阳山击败起义军，斩首 127 级；几天后，明军又取得大捷，左良玉在郾城斩首 180 级，游击将军赵柱在叶县斩首 140 级。蝎子块看到这种局势，肯定想休整实力，不想在这一轮的混战中被当成首要目标对待，所以他试图通过假意接受招安来躲避明军的追剿，使自己能在合适的时机再次造反。但他错误地估计了卢象升，卢象升与起义军打了那么久的仗，对起义军那些套路一清二楚，更不用说蝎子块这个在畿南时的老熟人。

卢象升刚到河南就立即与起义军展开大战，而选择的第一个目标正是蝎子块。当然蝎子块自身实力也不差，被称为“贼中最狡且强者”，手下有 3 万多人。卢象升为了打好这一战，命令秦翼明从东面遏制；祖宽、李重镇从汝宁方向南下，从北面进行挤压；他本人则亲自带领杨世恩的 2500 人从南面追击。卢象升为了不让起义军从手中溜走，连续追击四昼夜，总算在河南与湖广交界的青泥湾追上起义军。湖广按察使余应桂也很积极地从府库中搜罗出 3000 两白银，送到军前用于犒赏军队。得到犒赏的明军士气高涨，奋勇冲杀。在关键时候，作为监军的张大经也亲自提刀上前，在这样的情况下，起义军大败，明军斩首 243 级。这一战之后，蝎子块军实力大损。

在击败蝎子块后，卢象升与祖宽所率骑兵会合。崇祯八年十月二十日，明军在汝西击败起义军，斩首 900 余级。之后，八大王、闯王等率起义军包围了汝城。起义军声势极大，有部众 30 余万人，连营百里。卢象升在二十八日接到塘报后，立刻整顿兵马准备增援汝城。然而，祖宽在孤家庙击败八大王后就领兵向西增援去了，左良玉也在西线，这两人所率领的军队是明军中最为精锐的两支军队，所以卢象升可以带去驰援汝宁的只有李重镇、雷时声的两营人马，共 5000 名步兵、500 名骑兵。

汝城告急是在十一月十八日。两天后，收到消息的卢象升立刻从襄阳出发，仅用了 7 天时间就赶完了 1400 里路到达汝城。起义军看到明军前来增援，就抢先向明军发起攻击，首先出战的是闯王高迎祥的部队。

高迎祥军是起义军中战斗力极高的一支军队，特点是骑兵多。卢象升命令士兵用强弩、火枪来攻击起义军，于是起义军靠近时，明军万箭齐发，射杀了千余人。看到起义军的攻势出现停滞，卢象升亲自率骑兵发起冲锋，大破起义军。但起义军人数极多，在高迎祥军失败后其他起义军也加入战团，卢象升率领明军连战两日，总算将起义军击退。这时祖宽也在洛阳屡战屡胜，斩首上千。

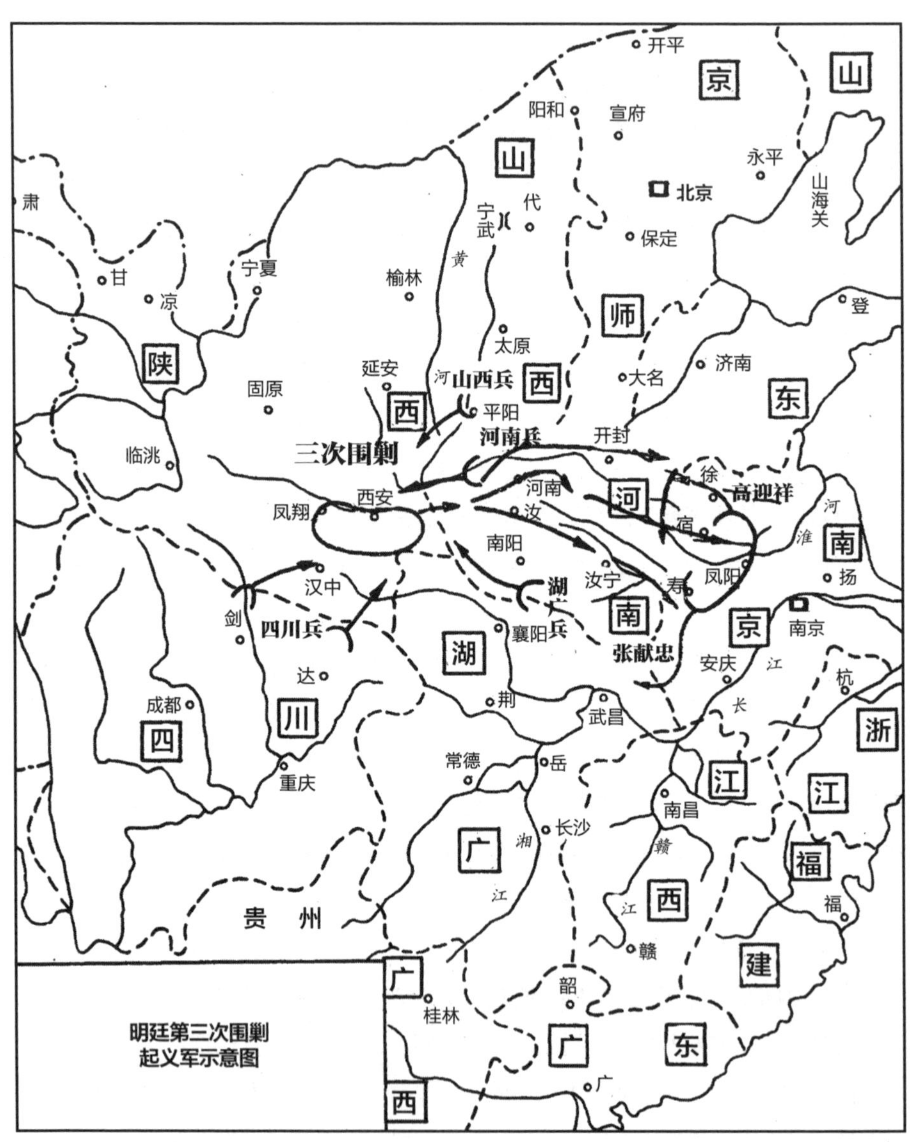

▲ *崇祯十年左右的第三次农民起义形势图*

通过这几战，卢象升扭转了河南的战局，但他并没有因为现阶段取得了一些成绩就飘飘然，而是在战后总结了经验教训。他认为这样分兵作战是不得其法的，明军兵力本来就少，如果分散就更少了，于是决定将所有兵力集中起来统一作战。当时，卢象升管辖的军队有援剿总兵左良玉所率领的兵丁 7000 人、游击陈永福的河南主兵 3000 人，但这些士卒并不是机动兵力，于是卢象升命令这 1 万人“视贼缓急而御之”；他自己则率总兵祖宽、副将李重镇的7000人和杨世恩的湖广兵5000人，作为机动兵力，“视贼分合而击之”。除这两支军队外，还有罗岱、刘肇基的马步兵 1300 人可供使用，这就是卢象升所能指挥的所有战兵。

总体而言，明军的情况依旧很糟糕。卢象升总结出明军有以下几个困难：

首先，明军兵力不足。起义军人数在 20 万人以上，明军五省全部军队加起来才 10 万人上下，而需要防守的地区却多达五省，划分到每一个省的就只有 17000 多人。

其次，明军在机动能力上明显不及起义军。卢象升形容起义军“贼骑如云，每至则漫山遍野”（《卢象升疏牍》），连妇孺都有马骡；而明军的情况是“十不一马”。若是转移逃跑，起义军的速度还能更快，因为他们可以将裹挟的难民全部抛弃，而明军却不能。明军兵力本来就少，断不敢轻易放弃一兵一卒，所以卢象升说：“纵令人人精锐，追贼三日，未有不跛足颠连者。”

再次，就是边军水土不服。卢象升手上的明军大多是骁勇的边关主力，比如祖宽手上的就是从辽东前线抽调的精锐，只是这些边军存在水土不服、疫病丛生、思乡心切的问题。宣府总兵尤世威在卢氏山被张献忠击败，就是因为来自宣府的边军在中原腹地水土不服，军中发生瘟疫导致战斗力急剧下降。

最后，中原内地的明军战斗力极差。内地承平日久，士兵无训练，将领无储备，一切都需要从头开始。明军每个地方的训练周期也都不同：同样是新兵，孙传庭在陕西只需要训练百日就能使之成为精锐，而卢象升在内地招募的士兵却要经过一年的训练才能正常使用。这并不是说卢象升的练兵才能比孙传庭差，要知道卢象升在崇祯初年就因为练兵有功而受到朝廷的嘉奖，这是因为内地的兵员素质远远不能和边地的边民相比。而明军所要面对的起义军，其核心就是来自陕西的边民、边军。除了兵员素质问题，将领的素质同样成问题。卢象升对崇祯说：“今之大小将领，则皆有生之气，无死之心。”甚至当时作为明军高级武官的总兵同样很糟糕，“肯出死力为朝廷报效，能秉虚心听督抚调度者，几人哉？”（《卢象升疏牍》）

卢象升遇到的更棘手的问题则是军队粮饷不足。一名骑兵一天需要支出一钱二分，一名步兵一天需要花费六分；明军的编制是马三步七，卢象升直属的10万人一个月就需要饷银26万两。这还没算上粮食。当时大米每石二两五钱，小米每石二两一钱，马吃的大豆每石一两七钱，草料每束也要三分。算上这些粮草，明军一个月需要的军费简直是天文数字。

针对粮饷不足的问题，卢象升列向朝廷建议：五省每个官员不论在朝在邑（回乡的官员），都得实行“十输其一”，所谓“十输其一”就是在原先的税银上再征收十分之一的税，原先要交纳一两银子现在就得交纳一两一钱；至于民间的士绅，则规定收入不满十两的不需要多交税赋，满了十两的超出部分每两交纳一钱，这就相当于明朝的个人所得税，以十两起征。作为总理五省军务的卢象升，家中有田产二十多顷，对此他表示自己愿意交双倍的税。

特别有勇气的是，卢象升认为，要解决财政问题还得从皇帝身上下手。卢象升对崇祯说：“据《万历会记录》，每年财政收入有1100万两，除了400万两给户部之外，其他的都供给了内库。请将内库年收入的三分之一拨付军用。”但崇祯最后只同意了前一个建议，丝毫没有拿出内库的银钱来补贴军用的意思。

总的来说，实行了这一项“个人所得税”之后，明朝的财政状况有了一定的改善。卢象升除了对税法进行改革之外，还努力提高官员的行政效率。他将官员的考核分为优秀的三等和低劣的三等。

“制器修城，练兵御寇，广备刍粮，诸事有呼必应”，这样的官员为优秀的第一等，应给予表扬并叙功提升。第二等为“城池坚完，乡兵团聚，刍粮无误，每事一意力行”，这样的官员给予记功并在事平之后一体论功。第三等为“虽无表表之绩，若能黾勉任事，年力可以驱驰”，这样的官员就仅仅是给予勉励提携。

不称职的官员也分为三种。第一种“事机委顿，提掇不前”，这样的官员责令其戴罪管事。第二种为“有意玩违，多所失误”，这样的官员给

▲ *明军铠甲*

予降职处分。最严重的是“藐玩功令，百务废弛，所为不公不法”，这样的官员会直接将其官印摘除，上书弹劾。

针对武将，卢象升采取了不同的方式。卢象升虽然身为文官，又是总理大员，但丝毫没有架子，对所有的武官都推诚折节，丝毫不轻慢他人。但光有和蔼亲近的态度是不行的，卢象升手上还有尚方宝剑，凡是副将以下不听命者，都能先斩后奏。不过，他在总理五省军务时根本没有使用过这一项权力，因为他在军中威望极高，不但与将官关系亲密，与普通士卒同样关系亲密。当明军遭遇了一连串败仗，士气极为低落时，卢象升就亲自到军中鼓舞士气；军中断粮，卢象升与就士卒一起不吃饭；加上卢象升文武双全，作战时喜欢身先士卒，所有士兵都很佩服他。因此卢象升所带领的军队士气极高，在战场上的表现也异常出色。

在具体的战法上，卢象升认为光靠军队来镇压起义军是远远不够的。卢象升将其在畿南、郧阳的成功经验进行复制推广，继续实行坚壁清野、设寨并村之法。除了这些办法，他还命令各县都招募一百到数百敢死之人，携带闷棍、板斧、长短枪、单刀这些兵器，白天埋伏于高山密林，侦察起义军的动向，晚上则对起义军营地进行破坏。要是起义军人数多，他们就躲避；人数少就攻击，专门痛打落单的起义军。这样就能很好地防止起义军扩大势力，也能在战场之外增加起义军的伤亡。在具体的战略上，卢象升主张“战”，认为应该集结两三万人为一军，跟起义军的主力找准机会就打一仗，以不断的作战来削弱起义军的实力，而不是消极防守，等起义军来打。从这一点来看，卢象升确实是明军所有将领中最有主动精神的一人。

当时张献忠对祖宽屡败起义军极为恼火，就在洛阳城下设伏企图消灭祖宽的辽兵。祖宽与起义军在龙门遭遇，起义军将军队分为数军，不断后撤以吸引祖宽部跟进。当祖宽部进入伏击圈时，起义军突然出击将之冲成两段。祖宽见状亲自断后，率领身边的军队向起义军反扑，而明军看到祖宽身先士卒，也勇敢地向起义军发起反击。两军从早晨一直打到了傍晚，最后起义军支持不住，向其他方向败退。这一战后，卢象升又率祖宽在确山击败高迎祥和李自成军，斩首 564 级。起义军只好分成两股，一支向西准备回到陕西，另外一支向东南逃窜。

崇祯九年正月，卢象升大会诸将于凤阳，商讨下一步的具体走向。最后朝廷决定宁、甘、固之兵归洪承畴指挥，蓟、辽、关、宁之兵调归卢象升指挥，以明确两人的指挥权限。明廷规定两人每人配属马步战兵 3 万，以马三步七的比例来配置。这时起义军却是一路向南，兵锋甚至指向了南京的门户浦口，但浦口防守严密，他们不得不选择撤退。之后，起义军主力调转方向，朝滁州涌去。

数十万起义军在高迎祥的率领下包围了滁州。起义军声势浩大，连营百余里，滁州知州刘大巩、南京太仆寺卿李觉斯一面拼死抵抗，一面向卢象升请求增援。卢象升接到滁州被围的消息后，迅速集结兵力前去增援。明军以祖宽部为前锋，游击罗岱的三营火器兵为后劲，而卢象升的 300 骑兵则居中策应。

当明军赶到时，起义军正在攻城。祖宽抓住战机，率军向起义军发起猛击，卢象升也亲自上前督战。倍受鼓舞的明军士卒无不以一当十，大破起义军。游击罗岱斩杀起义军头目摇天动，并夺其战马。看到起义军首领被斩于阵前，明军士气大振，从城东的五里桥连追 30 里至朱龙桥，杀得起义军尸横遍野，连滁水都为之断流。这一战之后，起义军向北转移，但又在寿州和颍州连连受挫。他们在归德与明军交战，被永宁总兵官祖大乐击败；向北企图进攻开封，却又在朱仙镇被陈永福击败。

起义军因处处碰壁，再次分成两股：一股向裕州攻击，一股向南阳攻击。卢象升盯上了起义军的主力——李自成军，他亲自带兵与祖宽、祖大乐、罗岱从叶县向裕州追击，在七顶山逮住了李自成军。两军相遇，李自成军明显不是卢象升所率明军的对手，被打得大败。一战下来，李自成的精锐损失殆尽。

针对南阳方面的起义军，卢象升同样做了安排：他传令湖广巡抚王梦尹、郧阳抚治宋祖舜，“贼疲矣，东西邀击，前阻汉江，可一战歼也”。但是两人并没有按照卢象升的命令挡住起义军，起义军从光化进入了郧阳。卢象升只好重新部署，他派遣总兵秦翼明、副将雷时声由南漳、谷城入山，进攻起义军。针对郧阳山地地形，卢象升特地派川军和筸军进入均州，围剿起义军。之后，起义军逃进了秦、楚、蜀三省交界的交万山之中。然而，这时由于粮饷问题，明军王进忠所部出现了哗变，罗岱、刘肇基军中也多有逃兵现象。因此，情况对明军来说并不乐观。

此时起义军中最强的是高迎祥军，于是卢象升与洪承畴开始制定围歼高迎祥军的作战计划。在东南战场明军虽屡屡告捷，但在陕西地区却起色不大：在罗家山，明军被进入陕西的李自成军击败；在安定，延绥总兵俞冲霄先胜后败，被李自成斩杀，基于这种情况，卢象升认为应该先增强陕西的军力。他与洪承畴商议说，边军多骑兵不利于进山，但利于在关中这种平旷的地形施展。最后，卢象升将祖宽、李重镇二军调入关中，归洪承畴指挥。

当时，卢象升将主力集中在豫西一带，封锁住了起义军逃向中原的通道；而在南边，有秦翼明的川军，还有卢象升亲手训练的筸军，所以东面、南面的封锁已经稳当了。况且陕西军队通过整顿训练战斗力也得到了提高，所以明军的胜算大大增加。加之关辽边军的增援，陕西明军在兵力上也变得充裕起来。之后，在陕北，贺人龙击败了李自成，局面暂时稳住了。于是，陕西明军开始集中力量围歼高迎祥军。

崇祯九年七月十五日，高迎祥在盩厔县黑水峪出现。洪承畴、孙传庭连忙带着军队前去围剿，两军分别在十六日和十七日抵达盩厔。高迎祥是起义军中战斗力最强的一支，卢象升在一封信件中这样说道：“闯王之贼有七万余，妇女可一二万，丁壮可一二万，精骑可三四万。”卢象升估计，高迎祥军在前两战中共损失 2 万人左右——包括被斩杀者及伤逃者，所以现在还剩下 5 万人上下。

在第一天的交战中，明军被起义军击败，但孙传庭的军队赶到后，明军又占据了上风。当时的情况是极为微妙的：明军无法在短时间内消灭起义军，起义军亦逃不出明军的包围圈。这时明军的内应起作用了，起义军中的乾公鸡张二、一斗谷黄龙，私下与贺人龙有过接触，准备投降。其实，明军能在短短两天之内就赶到盩厔，已经证明起义军的行动都在明军的掌握之中，但高迎祥却没有这种觉悟。在马召原的战斗中，趁高迎祥下马射敌，张二、黄龙两人利用大雾将高迎祥的军队和高迎祥的坐骑悄悄拉走了。在明末的起义中，起义军首领往往走在队列的最前方，也喜欢孤身一人去侦察敌情（后来张献忠就是这么阵亡的）。高迎祥万万没想到会出现这种情况，等他反应过来的时候已经来不及了，他就这样被明军俘虏了。

不过关于高迎祥的死，还有另一种说法：高迎祥是被祖宽部斩杀的，卢象升考虑到洪承畴处境困难，于是将这个功劳送给了他。这个说法见于《郧县志》《信阳府志》和《荆溪卢司马殉忠实录》。考虑到高迎祥是被明军押解到京城处死的，并有崇祯的朱批谕旨，因此这个说法并不可靠，但从中也可以看出，卢象升在这次大捷中扮演了不可或缺的角色。

正当卢象升在中原战场上屡屡奏捷之时，当年七月，清军再次入关，兵临北京城下。这时作为帝国支柱的卢象升被崇祯急令带兵勤王。

总督宣云

崇祯九年（1636 年），关外的后金政权发生了质的变化：四月十一日，皇太极祭告天地，正式称帝，并将国号改为“大清”。但在这期间却发生了一件令他极为难堪的事：当所有的使者都向皇太极行跪拜之礼时，唯独朝鲜使者罗德宪、李科不跪。皇太极极为生气，但事后并没有惩罚两名朝鲜使者。皇太极断定朝鲜使者的行为绝非个人主张，而是受到朝鲜当局的指示，于是决定当年就讨伐朝鲜，以便彻底使朝鲜屈服。他还判断朝鲜此举是受到明朝这个宗主国的影响，认为将明朝击败才能免除自己的西顾之忧，所以准备在征讨朝鲜之前首先进攻明朝。

这次皇太极选择的统兵将领是以勇猛善战著称的阿济格。六月二十七日，阿济格率八旗军分三路从独石口附近入关，兵锋直指京畿地区。七月五日，清军在庆州会师，短短两天之内连续击败明军 7 次，俘获人畜达 15230 之多。八月十二日，皇太极为了增强此次作战的胜算，特地率军进攻山海关以减轻阿济格军的负担。大明王朝的边防线一时烽烟四起。

崇祯皇帝在得知清军入关的消息后，于七月三日宣布京师戒严。但崇祯却将清军的主攻方向搞错了，他认为清军会从山西而来，于是派遣宦官李国辅防守紫荆关、许进忠防守倒马关、张元亨防守龙泉关、崔良防守固关，以求巩固京西防御。可清军却从延庆进入居庸关，直趋昌平。面对来势汹汹的清军，崇祯立刻命张元佐为兵部右侍郎负责昌平防务，派司礼监太监魏国征防守天寿山。作为内臣的魏国征在受命当天就出发了，而作为兵部侍郎的张元佐却迟迟未动。对此，崇祯讽刺地说："内臣即日就道，而侍郎三日未出，何怪朕之用内臣耶？"

另一方面，崇祯又命令各镇率兵勤王。大同总兵王朴的 5000 人首先到达京畿，并在七月十一日在居庸关与清军大战。明军此战大获全胜，斩杀清军 1104 人，还俘获了 143 人。这一战可以说是此次清军入塞中损失最大的一战，但清军的主力依旧是完整的。另一路清军已经在七月七日攻占了昌平，焚毁了熹宗皇帝的德陵。当时兵部调遣的援兵有：山东总兵刘泽清的 5000 人，宣大总督梁廷栋所率山西总兵王忠、猛如虎的 4000 人及大同总兵王朴的 5000 人，保定总兵董永文的 5000 人，祖大寿军 15000 人，以及关、宁、蓟、辽各总兵的 17000 人。此次作战，明军的总指挥是兵部尚书张凤翼。

可张凤翼并不想出外领兵，直到清军攻陷了昌平之后他才勉强前去督师，但明军的战果依旧不佳。七月十五日，清军包围宝坻，斩杀知县赵国鼎。七月二十一日，清军攻克定兴，之后又西下攻陷了房山。这时的明军主力集中于涿州，总算在涿州顶住了清军的攻击，王朴率军出击斩杀清军 200 余人。

七月二十八日，崇祯加快了对卢象升的催促，卢象升随即撤离剿寇战场，率领马步兵 1600 余人入援。卢象升抵达京畿后，清军已经北去，但卢象升豪气万丈，带着自己的人马主动追击，在长城口外与清军激战一场，夺回1万多名百姓。这个行动无疑是此次清军入塞之战中，明军内部少见的亮点。

由于作为督师的张凤翼和宣大总督梁廷栋双双病死在军中，崇祯就命卢象升为兵部侍郎，总督天下援军；同时，将宣大、山西的防务都交由卢象升负责。九月二十八日，明廷正式下达命令，授予卢象升兵部右侍郎兼都察院右佥都御史、总督宣大山西等地方军务，并兼理粮草。十月一日，卢象升在居庸关前线正式就职宣大总督。

宣大为京师左臂，战略地位十分重要，但自崇祯以来宣大屡屡遭受战祸。从崇祯七年开始，清军就多次进攻宣大，使宣大军在抗击清军的过程中损失极大。到了崇祯九年，清军入塞进入京畿地区，宣大军作为勤王的主力军，又在这次战争中遭受了一定的损失。卢象升在接到命令后，并没有直接去宣大总督的驻地阳和，而是花了二十多天的时间沿着宣大防线走了一圈。卢象升一路走一路拜会各地官员，在柳沟时他拜访了怀隆道参议胡福宏，过云州时拜会了赤城道佥事李仙风，到宣府时会见了口北道参议贺鼎，抵达阳和后又与兵备副使窦可进、蓟北道参议聂明楷、朔州道佥事朱家仕见了面。卢象升这样不辞辛苦地与各地官员进行会晤，并不是走过场，而是为了切实地了解宣大的具体情况。

当时宣大的情况真是糟糕透了，卢象升在向崇祯汇报的奏疏中这样描述军备情况："边墙毫无足恃，军马处处单虚，应设烽台墩堡十无二三，寥寥戍卒防兵，鹑衣百结。"士兵的情况则更惨，"观其武艺，无非花法死套，及令纵马驰骤，且多仆地跌伤"；看士兵的甲胄则是"色号参差不一"；看士兵演练阵法又是"部伍混乱不齐"。马匹方面，明军亦是惨不忍睹，"一路将营马不过百匹，一操守而战马不过十余匹"，并且"羸瘦不堪，加鞭即倒"，而这一切都是由军饷不足造成的。

明军当时的军饷标准是十多年前订立的，那时物价很低，每升豆不过四五厘，普通士卒每个月发放马料钱八钱银子，每天就有二分七厘。到崇祯年间，物价却是豆每升二分银子，这样一匹马每天最多只能得一升豆，而明军战马的正常配置是一天需要草一束、豆三升。也就是说，每天的马料钱只能买不到三分之一的粮草，这样喂养的战马怎么可能有战斗力？普通士卒每个月的军饷是八九钱，但当时宣大的物价是每石米需要白银三两上下。这样微薄的军饷别说是养家了，连自己吃都不够。重要的是，就算这样微薄的饷银，明军也不能按时发放，很多士兵一年有四五个月都领不到军饷。究其主要原因，倒不是将领克扣，而是明朝糟糕的财政无法正常拨给军饷。这就造成了军队战场纪律涣散，卢象升由此发出了“以故败于溃逃者十七，败于血战者十三”的感慨。所以这些普通士卒是完全无法投入战场使用的。

明军中待遇最好的是总督、总兵直接管辖的标兵，但卢象升发现这里面也有问题：总督的标军，骑兵一月的军饷大致为一两五六钱，步兵一月的军饷在一两到一两四之间，而宣大两镇总兵的骑兵除每个月会发一两八的军饷外，还会额外补贴粮食钱四钱，这样每个骑兵一个月就有二两二钱，但前任总督留下的旧标兵却没有达到这个标准，老的标军骑兵每个月一两三钱，步兵一两一钱。卢象升看到这个情况之后，立刻向朝廷上奏，要求对军饷标准进行调整，将总督标军骑兵每个月的军饷提高到一两八钱，再补贴二三钱不等，步卒以一两五钱为标准。在巡视完宣大之后，卢象升认为只有靠自己的标军才能承担好宣大的防务。宣大总督原有标军 5000 人，但卢象升认为兵力不足，应该迅速扩军，建议将总督标军扩充到 1 万人。他想以总督标军为榜样，带动总兵标军进行练兵，将军队的战斗力切实地提高上去。

针对宣大物价高、粮饷不足的问题，卢象升则提出屯田之法。卢象升认为，只有将屯田搞上去，宣大的情况才能变好，足兵先足食。在决定屯田之后，卢象升立刻对土地进行清查，发现抛荒的土地多达 16260 余顷。当时宣府的情况是有地无人，即便是有人也缺乏耕牛，所以卢象升认为，首先要解决劳动力和耕牛这两个问题。

卢象升的办法是实行军屯，以 10 顷地为一小屯，用兵 20 名，发给官牛 10 头；100 顷地为一大屯，用兵 200 名，发给官牛 100 头。这些参与屯田的士兵在军饷上会少给一些，每个月就给四钱五分。他对普通民众也进行扶持，每一顷给银六两，用于买种子、租耕牛。这六两银子是官方借给百姓的，到了岁末除了归还本金之外，还要加还 20% 的利息；但即便是这样高的利息，对老百姓而言仍然是有利的。卢象升算了一笔账，即便是保守估计，每年屯田所得的粮食都能达到 25 万石之巨。一年之后的崇祯十年，卢象升真的取得了 20 万石的成绩，还收得利息 4 万石之多。可以说，卢象升的屯田之法是完全可行的，崇祯看后也很高兴，下令九边效仿。

在解决完屯田的问题之后，卢象升将自己的工作重点放在训练标军上。在得到崇祯的同意之后，他开始大力扩充军队。卢象升选择用募兵的方法来选拔兵员，当时宣大地广人稀，难以招够合格的兵员，卢象升就派人到山、陕、关、宁去招募。卢象升对兵员的素质要求极高，下令市井无赖不要，老兵油子不要，年龄不到 20 岁的不要，年龄超过 40 岁的不要，肥胖臃肿的不要，面目无神者不要。招募这

5000标军，卢象升足足花了3个月时间，最后本地新兵只占新募士卒的十分之三，来自山、陕、关、宁的占了十分之七。

新标军的编制为左、中、右三营为冲锋马兵，前、后两营为火攻步兵。具体编制为每营2000人，分为2部，每部又分为前、后、左、右4个哨，外设塘拨千总1员、冲锋材官60员。每个营除了管营将领，还设立坐营守备1人。每个千总管理1000人，把总管理500人，百总管理100人。骑兵以25人一队，步兵以50人一队。步兵以火器为主，每队有大炮手8人，使用鸟枪、三眼铳的共16人，使用长短枪、闷棍的共24人，另外2人分别担任队长和副队长。两个步兵营共有灭寇、威远、毒虎等炮288尊、挨牌360面、三眼铳3000件。马兵除了使用标配的弓矢、腰刀之外，还要根据个人情况各习三眼铳、闷棍、八尺长枪。为了强调纪律，卢象升特地对士兵的军服进行了改革，各兵的号衣甲胄，俱用白布一条，上书某营某部某哨第几队兵丁某人；大帽之上用铁片，上书某营某部某哨第几队，并在军中实行连坐法。

▲ 明代刻本中的明军形象

在将旗上，卢象升规定，中营为黄心黄边带，左营为蓝心蓝边带，右营为白心白边带，前营为红心红边带，后营为黑心黑边带。而护具方面，骑兵穿铁甲，步兵穿棉甲。整支军队有帐房2000顶、铁锅2000口、掀撅1000把、拒马鹿角360架、铁蒺藜10万个、营灯400盏；辎重车50辆、水袋800个、下营口袋4000个、皮链576条、盛火药小口袋8640个、盛铅子小口袋8640个。

在确立了编制之后，卢象升开

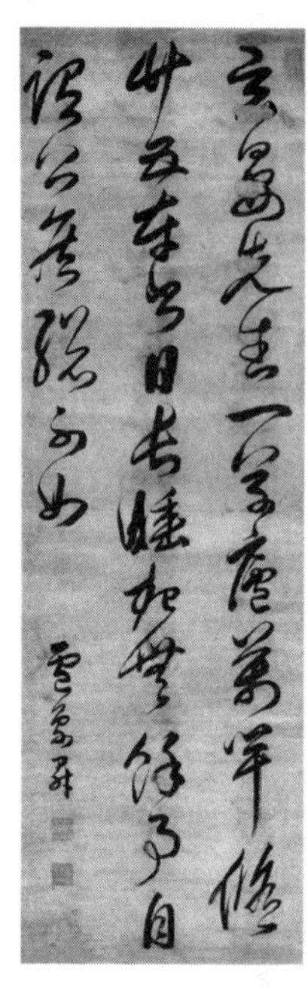
▲ *卢象升书法*

始对士兵进行训练。弓箭手步射，用草把五大束，每束高6尺，围6尺，相距3丈，以60步距离练习；每5人射一把，25人齐射，挨次站立，听旗号为令才可发射，不允许先后参齐。火器手50人为一队，共列4队（前后4排），听掌号齐射，第一队放毕后立即退后变为第四队，第二队上前，4队轮番射击。

在战略上，卢象升表现出了一股锐意进取的精神。他刚到宣大就向朝廷提出了一个大胆的主张：恢复大宁、开平！

当时，清军连年入侵，而宣大防线长达2300余里，如果要守，明军兵力是远远不够的。而明清的态势也已经发生了变化，清军吞并了林丹汗的察哈尔部，使自己的势力范围扩展到东至鸭绿江西至贺兰山，东西跨度达5000里。卢象升认为，与其将无数的金钱花在修建堡垒上，不如恢复开平。开平在独石以外250里外，如果明军防守开平，宣大的边防压力将大大减轻。卢象升还指出：首先，守卫开平可以为宣大提供充足的预警时间；其次，开平处于清军入塞的前沿，清军若要进攻宣大，就不能绕过开平，必然要在开平与明军作战。如果清军以一部分军队进攻开平，以其他军队进攻宣大，那么清军就将面临兵力分散的问题，也就达到了分散清军兵力的作用。如果清军全力进攻开平，宣大的明军便可以乘机出击。至于出兵规模，卢象升提出需3万人，具体方案为宣府镇总兵官出兵5000人，宣府巡抚出兵1000人，宣府其他军发兵9000人，卢象升自己直属标军出兵4000人，大同镇出兵3000人，这样就能有22000人；另外的8000人由蓟镇、昌平两镇凑发。关于后勤，卢象升也算了一笔账：3万人，每人每天需要银三分，一年需要324000两；马骡1万匹，每匹每天也需要银三分，一年需要银108000两。这样算下来，一年就需要432000两。这是个什么概念呢？明朝每年给蒙古部落的赏赐都不止这个数，可见实际花费并不是特别大。在后续事宜上，卢象升提出以开中法、通马市、立屯田这些办法来保证开平军队的后勤补给。但崇祯并没有批准这个方案，因为这个方案对当时的明朝来说实在是太冒险了，一旦失利，就意味着整个华北的精锐将被一扫而空。

这个方案无法实行后，卢象升又开始从别的方面入手。

当时宣府所面临的最大危机并不是辽东的满洲人，而是近在眼前的卜失兔。卜失兔是俺答汗的正统后裔，但其部在被林丹汗击败后实力大损，他本人也在明清之间的区域徘徊。对于卜失兔，明廷内部有的主张“抚”，有的主张“战”。但卢象升认为，一味地“抚”是不明智的，会使卜失兔贪得无厌；但“战”也不是好办法，容易将卜失兔逼向清军。最后卢象升提出，可以与卜失兔进行互市，这样一方面可以获得明军需要的战马；一方面可以将卜失兔变成明军的哨探，侦察清军动向。

为了加强明军的侦察能力，卢象升又对明军的哨探进行了改革，将哨丁和探役混合使用，增强明军的侦察力度。此外，为了增强明军的士气，卢象升还叫全军士卒写军令状。在平时，卢象升则深入将领中间与他们交谈。可以说，在卢象升就任宣大总督后，宣大的形势有了明显的好转。而检验这一切的，就是皇太极在崇祯十一年的西征。

明崇祯十一年，也就是清崇德三年，正月，喀尔喀部查萨克图汗带兵进攻已经归附清政权的归化城，奉皇太极命令驻守归化城的土默特部落立刻向皇太极求援。皇太极收到消息后决定再次西征，以保护清朝的利益不受损。二月一日，皇太极率清军主力从盛京（沈阳）出发，此次随行的将领有豫亲王多铎、武英郡王阿济格、多罗郡王阿达礼和多罗贝勒岳托，负责留守的为礼亲王代善、郑亲王济尔哈朗、睿亲王多尔衮、贝勒杜度及贝勒阿巴泰。可以说，此次清军动员了几乎一半的兵力进行西征，但这次规模浩大的远征却并没有遭遇激战：喀尔喀部落在皇太极率大军到来后，要么投降，要么撤离。可以说，这场浩大的远征变成了一场纯粹的武装游行。据《清太宗实录》记载，皇太极几乎一路都在打猎宴饮。

不过，皇太极率这么多兵来到宣大口外，要说没有入塞的野心那是不可能的。但是宣大防线在卢象升的建设下已经是今非昔比了。卢象升在得到清军来到口外的消息之后，立刻命令全军进入战备状态。值得一提的是，卢象升绝非是消极防御：在使用常规手段进行防御的同时，他还下令在每百人中精选一两名作战勇敢、身手矫捷、擅长登高涉险的士卒组成奇兵，专事劫营。整个三关可以选拔出1500名奇兵。这些奇兵在战时被召集起来用于突袭，在平时还是留在原单位进行训练。在选练奇兵后不久，卢象升又向崇祯上奏：从宣大总督标兵和宣府总兵标兵中选出5000人直捣皇太极中军，以大同镇4000精骑扼其前，以蓟镇、昌平两镇7000精骑袭其侧后，这样就可以让清军处处受挫，处处挨打。

但这个方案，又被崇祯皇帝一票否决，理由是实在太过大胆了。而正当卢象升斗志昂扬地要与清军决战之时，皇太极却率领清军在四月一日撤离了宣大边境。一场兵灾化于无形，这是宣大自崇祯七年之后首次在边境线以外挡住了清军的进攻。

虽然两军没爆发激战，但皇太极没有进攻宣大与卢象升的周密准备是分不开的。

这时明廷的内部风向发生了变化，中枢当权者开始考虑与清议和！

崇祯十一年四月四日，一个叫周元忠的算命先生走进了关外清廷的心腹重地沈阳，作为镇守山海关的太监高起潜的使者，周元忠的主要任务就是去试探清廷方面对议和的态度。虽然没有见到清廷的最高统治者皇太极，但他也拿回了清廷方面的致书。在朝中主持与清军议和的就是兵部尚书杨嗣昌。在是战是和这个问题上，卢象升一直是朝中坚决的主战派。在这之前，卢象升与杨嗣昌的关系极为亲密：卢象升在奏折中不忘反复提及杨嗣昌的功劳；在朝中，杨嗣昌也不吝对卢象升的赞誉，甚至卢象升在确立标军的编制时都不忘与杨嗣昌商议。但这件事之后，两人的关系出现了不可挽回的裂痕。这时，一封来自南方的家书让卢象升的人生轨迹发生了变化。崇祯十一年四月，卢象升的父亲在回乡途中病逝。按规定，官员的直系亲属去世，他必须返乡服丧丁忧，但崇祯却并未让卢象升离任，而是让其继续担任宣大总督。作为孝子的卢象升守孝心切，连续向崇祯上了七道奏折，请求回乡丁忧，崇祯最终只得接受了他的请求，但要他等新任总督陈新甲到任后才能离开，可一场新的战争又将卢象升拉进了历史的漩涡。

壮烈殉国

崇祯十一年八月二十三日，皇太极命睿亲王多尔衮为奉命大将军，统左翼军；贝勒岳托为扬武大将军、贝勒杜度为副手，统右翼军，南下征明。除了这两路大军之外，皇太极亲自带兵出击辽西，以策应入关清军。

从这个人员安排可以看出，清军并不是完全为了抢掠财物而来，而是有更深层次的用意。首先，多尔衮是清皇室中极有战略头脑和政治手腕的一个人，任命他为指挥官，有利于在需要的时候与明廷议和。其次，皇太极很谨慎，自己并不带兵入关，而是与大军保持一段距离，在辽西负责牵制，这样他的安全有了一定保障。

最先进军的是岳托率领的清军右翼军。该部于八月二十七日从沈阳出发，九月二十二日到达密云的墙子岭。此地形势险要，山高路险，有“一夫当关，万夫莫开”之势，但清军在此却未遭遇多少抵抗。因为恰逢镇守太监邓希诏过生日，明蓟辽总督吴阿衡、总兵吴国俊都去参加生日宴会了，所以明军的防备极为松懈。当清军破关而入时，吴国俊才仓促而回，与清军短暂交锋之后，败走密云。吴国俊到达密云后，惊魂未定之下又带兵跑到了石匣。对前线战局并不了解的吴阿衡只带了 3000 标军就赶到密云，结果一到密云就被清军包围了。

听到清军入寇的消息，明廷内部慌了神，急忙命令蓟镇中协（遵化）、东协（建昌）的军队救援西协（密云）。这中协虽有战兵 20000 人，东协也有战兵 24000 人，但没有任何人督促，以致进展十分缓慢，总督在墙子岭被包围了 5 天，两协总兵硬是没有前进一步。明廷一边派遣职方清吏司少卿赵光忭前去督军；一面加大赏额，规定只要割下清军首级来献者赏银 100 两，但还是无法激起明军的战心。在墙子岭苦望援军的吴阿衡支持不住了，在清军的猛烈攻势下力战被俘。

关于吴阿衡的死，《明史纪事本末拾遗》里说是在清军的攻势下当场毙命，而根据杨嗣昌的奏折和后面明军不断组织军队救援墙子岭的情况来看，更可能是吴阿衡在失去援兵的情况下力战被擒，最后被清军俘杀。

在右翼军将明军主力缠在密云一线时，清军的另一支部队左翼军也入关了。

清军左翼军于九月四日从沈阳出发，九月二十八日抵达青山关。青山关守军已经被调去堵截墙子岭的清军，结果多尔衮的左翼军毫不费力地冲入了关内，并一路南下。此后，左翼清军与前来救援的明辽东副总兵丁志祥、窦浚部爆发激战，结果被辽东军斩首 19 级。小败之后，清军稍稍后退，但不多时又迅速转向南边，在通州与早已入关的右翼军会师。

面对来势汹汹的清军，崇祯皇帝和杨嗣昌都慌了神。杨嗣昌这时仍旧向崇祯推荐卢象升率部勤王。之前，杨嗣昌对自己这位亲密的战友，在议和问题上，能与自己站在同一战线上是很有信心的。然而，事实却是卢象升在这个问题上与杨嗣昌的观点截然不同。卢象升在军中屏帷上大书文天祥的《正气歌》，在卧里也挂着关公像，从未想过议和之事。

见卢象升主战态度坚决，杨嗣昌开始对他不再信任了。九月二十四日，杨嗣昌主管的兵部给卢象升的调令是让其赴保定，卢象升看到这份奇怪的命令也只得执行。从这一细节就可以看出，杨嗣昌确实有借清军兵临城下之机来达到议和的企图。崇祯对卢象升也很信任，九月二十五日就任命卢象升为兵部尚书兼都察院右副都御史，总督各镇援兵。同时，崇祯又从辽东征调祖大寿入援，从陕西征调刚刚剿灭农民军的洪承畴、孙传庭部勤王。

卢象升身着麻衣草履（守丧之服），率领总兵杨国柱、虎大威、王朴前来救援，他一到京师立刻就被崇祯召见。十月四日，崇祯在平台召见卢象升，询问战守方略，

▲ 明甲士示意图

也顺带询问他对“战”与“和”的看法。结果卢象升直截了当地对崇祯皇帝说：“任命臣作为督师，臣的意见是主战。”听到这个回答，崇祯性格中偏激和顾忌清誉的部分又开始作祟了，他的脸色马上阴沉下来，不快地说：“朝廷并未说要抚，外面的议论怎么能乱信呢？”卢象升这时向崇祯说明：“现在清军攻势很急，主动权都在清军手上，清军可以随时转换目标，向南可以切断我军粮道，向西可以劫掠我朝陵寝，还能集中兵力进攻京师。我军的状态是，如果集中在一起就无法寻求与清军决战，如果分兵又会遭到清军攻击。”但崇祯听到最后，并未做出什么明确的指示，仅仅是对他抗清的勇气表示赞许。崇祯只是对卢象升说要慎重用兵，并提到卢象升在围剿“流寇”作战中多次身先士卒，但清军不比“流寇”，要卢象升慎重对待。卢象升听到这句嘱托后感动万分，但其实崇祯只是畏惧清军，这是卢象升当下绝对想不到的。在具体的行动上，崇祯让他与杨嗣昌商议。

商议的时候，高起潜、杨嗣昌、曹化淳都来了，而卢象升却只是稍稍谦辞就坐居主位。这个行为是很不合规矩的，当时都是让大珰（当权的宦官）坐主位的，但卢象升骨子里的那股骄傲，让他并没有按照通行的规矩做事而是按照规定做事，这就让高起潜和曹化淳有些不高兴了。在会议上，卢象升大谈主战言论，结果其他人的反应都很冷淡，只有曹化淳不冷不热地说了一句：“卢老先生说的是正论。”这个会议一直开到入夜时分还是没有商量出办法。

针对清军的攻势，卢象升的策略是自己率领主力进行机动作战，“各镇兵马，画疆策应”，“务使北骑进不能深入内地，退不能回犯宣疆”。但是这个方案由于杨嗣昌的阻挠而未能实施，卢象升只好退而求其次，打算率领自己的3万兵马，在昌平扼守要冲。卢象升回到昌平的第二天，崇祯就下发白银4万两用于犒赏三军，翌日又赏赐卢象升部御马100匹、太仆马1000匹、银铁鞭500根。这些赏赐让卢象升认为崇祯还是主战的，因此卢象升更坚定了主战的想法。他还用赏银打了一个酒杯，上面刻着“胸藏武库游戎马，手制金瓯奠圣朝”。

次日，卢象升向崇祯辞行时，杨嗣昌又在朝房中对卢象升说：“勿浪战。”军中将领听到这个消息都额手称庆说：“督师主战几坠人胆，中枢戒勿浪战，且上言外廷议抚。我辈可作勿浪死歌矣。”（许德士《戎车日记》）由此可以看出明军士气之低下。后来孙传庭也说道：“各镇之兵，望风胆落，必不能趋之使战。”但卢象升依旧坚定地主战。

这时密云被清军包围，卢象升提出与高起潜两路进军恢复密云，但是明军的后勤却出了问题，进攻密云的主张只得作罢。在这之后，卢象升针对清军锋芒过盛、明军士气衰落的局面，准备在十月十五日夜袭清军。他召集众将，规定“刃必见血、人必带伤、马必喘汗，违者斩”。这个计划同样遭到高起潜的反对，他认为卢象升这是轻敌浪战，表示不予配合。高起潜手中掌握着精锐的关宁军队，他不配合，整个计划根本就无法实施。高起潜不但不予配合，还命令三屯营的军队向后撤退，一下子使明军的战线出现了重大隐患。卢象升只得向朝廷建议分兵。

分兵之后，卢象升军前只有杨国柱、王朴、李重镇三部共 19000 人；明廷拨了保定总兵刘光祚的 3500 人给他，但这 3500 人中半数都是新兵；另外，他还有来自虎大威的 5000 士兵在赴援途中，这样卢象升手下就只有不到 30000 人。而高起潜却有关宁军 23000 人，加上增援的 16000 人，一共多达 39000 人之众。

这时，战场上又发生了一起意外事件。曹化淳为了表示要配合卢象升进兵，特地选了 2000 京营兵给卢象升。卢象升带着这 2000 京营兵来到孙堠时，突然遇到 100 多名清军骑兵。卢象升看到清军骑兵后，并不惊慌，对众人说：“这是清军的侦骑，当奋勇冲杀歼灭他们。”但京营士卒却吓得魂飞魄散，纷纷向后跑。战场上转眼之间就只剩卢象升和他的十几个亲兵。卢象升看到这个情况，就带着十多个亲兵向上百清军骑兵发起冲锋，一边冲一边对往后跑的明军喊道：“一退走无一人得生，恐后有大队相逼。”看到卢象升身先士卒、勇猛作战，一些勇敢的京营士卒也调转过来和卢象升会合。卢象升集合京营官兵向清军发起猛击，这支实力本就有限的清军侦骑自然抵挡不住，向后败退。卢象升也不敢发动追击，他知道京营士卒战斗力脆弱，根本不能打硬仗，一旦再遇到清军，后果不堪设想。

卢象升这时派遣杨国柱在顺义与清军大战一场，斩得敌首数十级。清军被明军击败后，密云之围被解，而卢象升为了获得曹化淳的支持，特地将斩获功劳分了一些给京营，由此可见卢象升的良苦用心。但这一战后，卢象升和杨嗣昌的矛盾再次加剧。十月十七日，杨嗣昌来到卢象升军中，卢象升很直白地对杨嗣昌说：“文弱，你现在议和，难道想做城下之盟的事，成为历史的罪人吗？这北京城口舌如锋，你难道想成为第二个袁崇焕吗？”杨嗣昌被激得面红耳赤、全身颤抖，急忙辩解说：“你错怪我了，谁说我赞成‘抚’了？”结果，卢象升直接将他获知的关于周元忠的消息一并说出，而杨嗣昌则坚决不承认。闹到最后，杨嗣昌说：“如果你真的不相信，就用你的尚方宝剑将我军前正法！”卢象升只好说：“我现在既不能奔丧，又不能战，被这宝剑斩首的只能是我啊！我哪里还敢斩别人？”两人就这样不欢而散。二人的矛盾在此后的战事中被迅速扩大，成为导致卢象升悲剧结局的重要因素。

十九日，明军将领再次召开会议决定战守事宜。卢象升依旧主张合兵拼死大战一场，将清军彻底驱逐出去，高起潜却说："恐野战非我所长。"友军持这样的态度，卢象升很难取得更大的战果了。

总之，卢象升主张以野战挫败清军，阻挡其继续深入，而杨嗣昌和高起潜却主张据点防守。这时清军突然从顺义南下。十月二十三日，清军进攻东直门，卢象升带领官兵与清军大战一天，最终挫败清军攻势。十月二十七日，清军再次对京师发起进攻，卢象升亲自上前督战。战况十分激烈，卢象升带着精骑左右驰援，结果坐骑都被清军射杀了。清军连续进攻三天都未能取得任何战果；与之相反，卢象升所率明军却是战果颇丰，宣府总兵杨国柱还缴获了蟒甲银盔。十一月二日，明军又在阵前设伏攻击清军，打死打伤了许多士卒。虽然清军也对明军发起了猛烈的攻击，但连攻 5 次均被明军击退。清军再也扛不住了，准备撤围，但他们没有向北撤退而是向南转移。由于崇祯和杨嗣昌限制卢象升出击，实际上清军伤亡并不大。卢象升手上兵力有限，即便击败清军也没有办法扩大战果，所以在京师脚下打的这十多天，实际上都是消极的防御战。

此时卢象升决定追击清军。他请求让高起潜的关辽精兵与自己一同参与追击，但崇祯却犹豫再三，直到两天后才同意了他的请求，而这时清军已经离开很远了。

这时杨嗣昌又准备起用陈新甲来代替卢象升。他任命陈新甲为兵部侍郎，还准备以陈新甲来分卢象升的兵。明廷内部也显得躁动异常，编修杨廷麟上疏言："南仲在内，李纲无功；潜善秉成，宗泽殒恨。国有若人，非封疆福。"显然将杨嗣昌比作误国的奸臣。杨嗣昌大怒，将杨廷麟改任兵部主事，派到卢象升军中。

此后，崇祯皇帝又因卢象升顿兵不前、不与清军交战，罢免了他兵部尚书一职，改任侍郎，并任命大学士刘宇亮辅臣督师。可当时的实际情况是，卢象升由于兵力有限，想与高起潜合兵一处，但高起潜态度暧昧，所以进展十分缓慢。

之后，卢象升由涿州进据保定，十一月十一日命诸将分道出击。当天，王朴与清军大战，于泾阳斩首 20 级；第二天，卢象升率主力与清军战于庆都，卢象升小胜一局，斩首清军 115 级；此后双方又再次交战，总兵杨国柱、虎大威与清军野战，双方死伤相当。

等明军兵力全部集中在京师附近之后，清军获得了更多的战场主动权。十一月初，清军进攻定州；十一月九日，包围高阳城。此时原兵部尚书、东阁大学士、辽

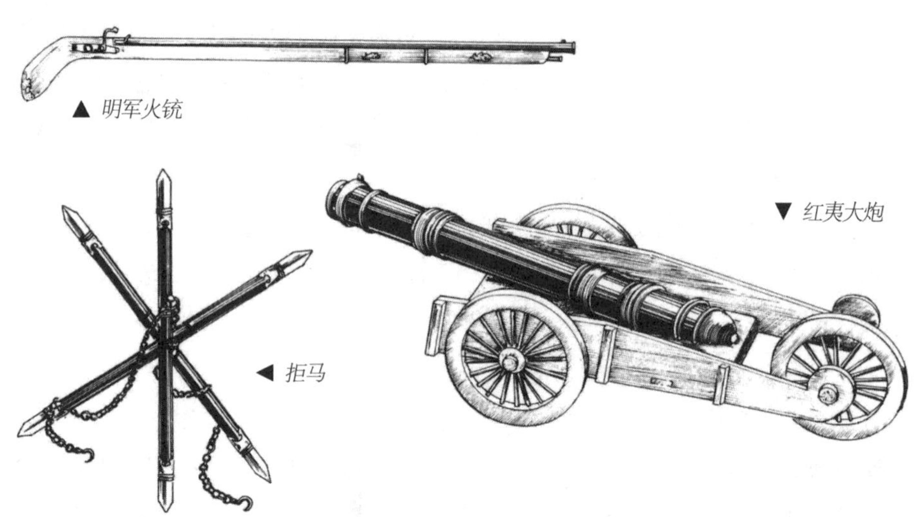
▲ 明军火铳

◀ 拒马

▼ 红夷大炮

东督师孙承宗正在高阳城家中养老，获知清军进攻家乡的消息之后，他以 76 岁的高龄率全家守卫城池。三天之后，高阳城被清军攻破，孙承宗被俘，拒不降清，被清军勒死，其子孙 19 人也力战而死。接着，清军又连下衡水、武邑、枣强、鸡泽、文安、霸州、阜城等地。之后，清军兵分三路南下：一路由涞水攻易州，一路由新城攻雄县，一路由定兴攻安肃。获悉孙承宗殉国后，崇祯皇帝极为悲痛，对卢象升的意见更大了，想用孙传庭代替卢象升。

但这个决定被杨嗣昌拦了下来，杨嗣昌认为："易帅恐缓期，不若留象升责其后效。"但这只是表面上的理由，杨嗣昌的真正目的其实是要逼死卢象升！杨嗣昌清楚崇祯皇帝多疑、极端的性格，而作为兵部尚书的他更知道，以当时的局势，如果卢象升继续这样行事，等待卢象升的只有斩于军前。

当时卢象升虽然没有被免去职务，但是崇祯已经在十一月二十三日任命孙传庭为兵部左侍郎，为替代卢象升做好了准备。这时山西又接到有清军入侵的消息。杨嗣昌命令卢象升出关，但卢象升却拒绝了这个命令，选择留在前线，而大同总兵王朴却擅自带兵离开前线返回了山西。

之后，卢象升来到他初次为官的畿南地区。畿南的百姓看到卢象升这种窘况，就赴卢象升的军门叩见说："现在天下大乱已经十年了，明公初到为官不计生死，凡事为天下先。现在奸臣在内，三军士卒都想西归，大同总兵王朴已经跑了，而军中已经是弹尽粮绝。明公不如撤到广德，召集义师。我们畿南子弟都乐意为公效死，只要到达畿南，‘一呼而裹粮从者可十万人’，何必处此死局？”卢象升听后大为感动，说：“我与贼大小上百战，从未有过失败。现在分了 5000 人去西边，以阻敌西冲，援兵又被隔绝，做事屡屡受到掣肘。现在军中的情况已经是‘食尽力枯，旦夕死矣’，即便撤到广德，也是给父老添麻烦。”畿南的百姓听到卢象升这样一番言辞都号啕痛哭，回家之后拿出自己床头的存粮接济卢象升部，由此可以看出卢象升与畿南百姓感情之深。但卢象升已经没有选择了，他知道自己只有战死沙场这一条路可走了。

十二月十一日，卢象升进师至钜鹿、贾庄。高起潜率关宁军来到距贾庄 50 里的鸡泽防守。这时卢象升的全部军队只有 5000 士卒，而且这支军队已经断粮多日，众皆困顿。于是卢象升派遣杨廷麟向高起潜乞援，但高起潜置之不理。无奈之下，卢象升走出大营，四面环拜众将士说：“吾与尔辈并受国恩，患不得死，勿患不得生。”所有将士都失声痛哭，表示愿意与清军决一死战。于是卢象升决定主动出击，于十二日拔营出贾庄进攻清军。

当时清军正在布置对卢象升部的合围，猝不及防之下被明军的快速突击暂时打退。卢象升对将士说：“今天虽然小胜一局，但清军一定会集中兵力再来进攻我军，我们要小心防备。”第二天，清军果然集中主力进攻卢象升部，数万清军将贾庄围了整整三层。

清军首先以蒙古兵作为包围圈的第一层，以精锐的护军巴牙喇为第二层，然后派汉军架设火炮进行炮击。当时参战的清军有满洲 4 个旗、蒙古 4 个旗，在兵力上远远超过明军。卢象升自己为中军，以虎大威为左翼、杨国柱为右翼，与清军对抗。双方大战 6 个多小时后，明军炮尽矢穷。

卢象升感到最后的时刻到了，决定发起最后一次冲锋。虎大威拉住他的马，对他说现在突围还有机会，不必玉碎于此。卢象升厉声说：“我不死在疆场，难道要死在西市（明朝处决犯人的场所）吗？”言毕向清军冲去。在作战中，卢象升连杀数十名清军，自己也身负重伤，身中二矢二刃，仍然呼号奋战。最终，卢象升因马蹶而坠马，身中四矢三刃而死，时年 39 岁。他的部下杨陆凯为了保护他的尸体，扑在他身上，用自己的身体为他遮挡弓箭，结果身中二十四矢而死。此战，卢象升部几乎全军覆没，只有虎大威、杨国柱在最后关头溃围而出。根据清军的战报显示，他们这次斩杀了明军副将 3 人、参将 5 人、游击 3 人、都事 3 人，缴获战马 2776 匹、骆驼 10 峰。这一战，卢象升与自己那支苦心经营的标军一起全军殉国于此。

在明末这种乱世中，罕见地出现了卢象升这种德才兼备的人物，但这样的人才却最终含冤战死，无怪乎清代文人方苞会这样评述：“明之亡，始于孙高阳之退休，成于卢忠烈之死败。”而大明王朝真的在卢象升死后短短六年就土崩瓦解了。

参考文献

[1] 顾诚 . 明末农民战争史 [M]. 北京 : 光明日报出版社 ,2012.

[2] 李治亭 . 明清战争史略 [M]. 南京 : 江苏教育出版社 ,2005.

[3] 谷应泰 . 明史纪事本末 [M]. 北京 : 中华书局 ,1977.

[4] 张廷玉 . 明史 [M]. 北京 : 中华书局 ,1974.

[5] 夏燮 . 明通鉴 [M]. 北京 : 中华书局 ,2009.

[6] 谈迁 . 国榷 [M]. 北京 : 中华书局 ,1958.

[7] 卢象升 . 卢象升疏牍 [M]. 杭州 : 浙江古籍出版社 ,1985.

[8] 杨嗣昌 . 杨嗣昌集 [M]. 长沙 : 岳麓书社 ,2005.

[9] 彭孙贻 . 流寇志 [M]. 杭州 : 浙江古籍出版社 ,1984.

[10] 孙传庭 . 孙传庭疏牍 [M]. 杭州 : 浙江古籍出版社 ,1983.

[11] 吴甡 . 柴庵疏集 忆记 [M]. 杭州 : 浙江古籍出版社 ,1989.

[12] 黄卫平 . 大顺军史稿 [M]. 西安 : 三秦出版社 ,2010.

[13] 北京图书馆 . 北京图书馆藏珍本年谱丛刊 [M]. 北京 : 北京图书馆出版社 ,1999.

[14] 陈湖逸士 . 荆驼逸史 [M]. 民国石印版 . 上海 : 锦章书局 .

[15] 计六奇 . 明季北略 [M]. 北京 : 中华书局 ,1984.

[16] 陈子龙 . 明经世文编 [M]. 北京 : 中华书局 ,1997.

[17] 台湾研究院历史语文研究所 . 明实录 [M]. 中华书局有限公司 ,1984.

[18] 中国第一历史档案馆 . 中国明朝档案总汇 [M]. 桂林 : 广西人民出版社 ,2001.

[19] 辽宁大学历史系 . 清太宗实录稿本 [M]. 沈阳 : 辽宁大学出版社 ,1978.

[20] 中国第一历史档案馆 . 清代历史档案丛编 [M]. 北京 : 中华书局 ,1990.

创作团队简介

指文烽火工作室：由众多资深历史、战史作家组成，从事古今历史、中外战争的研究、写作与翻译工作，致力于通过严谨的考证、精美的图片、优美的文字、独到的视角为读者理清历史的脉络。目前已经出版军事历史类图书四十余本，其中包括《战争事典》《战场决胜者》《透过镜头看历史》《信史》四款 MOOK 系列丛书，以及《中国古代实战兵器图鉴》《倭寇战争全史》《明帝国边防史》《拿破仑战记》《秘密战三千年》《帝国强军：欧洲八大古战精锐》《帝国强军：中国八大古战精锐》等专题性图书。

原廓：现任指文烽火工作室和自媒体公众号“冷兵器研究所”主编，资深记者，电视纪录片策划及撰稿人，音速及北朝论坛古战版块资深版主，长期致力于军事历史研究及相关图书的策划、编审、出版工作，努力打造专业军事图书和自媒体平台，致力于专业的古代与近代军备评测，普及中外军事历史知识，讲述不为人所知的战争故事。

刘萌：毕业于中国石油大学（北京），石油工程、信息管理双学士学位，对航空史和兵器战术史有浓厚的兴趣，译有《现代空中武力》一书，并发表多篇军事历史类文章。

明忆：军事历史爱好者，平日对各种历史类外文书刊略有涉及，致力于欧美近代历史题材文章的翻译和写作工作。

曹变蛟：爱好研究明末袁毛公案、农民军史和部分南明史相关，以及太平天国史和第二次鸦片战争相关史。

佑陵：九零后历史爱好者，居于巴山蜀水间，热衷于明史与古代战争史的学习研究，喜欢挖掘历史中少有人留意的细节，对汉、明两朝历史有较多涉猎。

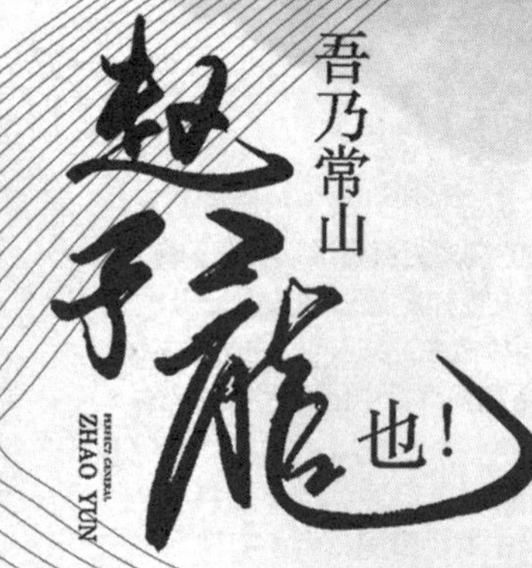

古来冲阵扶危主，只有常山赵子龙。
浑身是胆、浑身是智、浑身是义。
流传了1800年的豪气云天的传奇人生故事。

条分缕析！详细考证《三国志》中的赵云。
旁征博引！深入解读《三国演义》中的赵云。
图文并茂！展现评书、京剧、影视、游戏、漫画中的赵云形象。

赵春阳 著

完美武将

赵云

ZHAO YUN

"吾乃常山赵子龙也！"

三国"完人"赵云，和他流传了1800年的故事
浑身是胆、浑身是智、浑身是义

国史 005

完美武将：赵云

赵春阳 著

“战争事典”系列书目参考

战争事典 001
征服罗马——1453 年君士坦丁堡围城战
焚身以火——妖童天草四郎与岛原之乱
名将的真相——揭开战神陈庆之的真面目
通向帝国毁灭之路——日本“二·二六”兵变
莽苍——西风漫卷篇

战争事典 002
枪尖上的骑士——勃艮第战争详解
三十八年终还乡——郑成功平台之役
海上霸权的末路悲歌——郑清澎湖海战始末
初伸的魔爪——1874 年日本征台之役
罗马苍穹下——忒拉蒙之战解析
大炮开兮轰他娘——张宗昌和他的白俄军
砥柱东南——记南宋最后的将星孟珙

战争事典 003
东国之关原——庆长出羽合战探本
“日不落帝国”的雏音——布伦海姆会战浅析
点爆世界的“火药桶”——“一战”前的巴尔干战火
“一战”在中国——记 1914 年日德青岛之战
太平军之末路杀劫（战争文学）

战争事典 004
维多利亚的秘密——英国王室一战秘史
进击海洋——沙皇俄国海上力量发展史
被遗忘的战争——记一战中的意大利战场
晚清将帅志
大唐西域之高昌绝唱（战争文学）

战争事典 005
英法百年战争
决胜江淮——唐末江淮藩镇战争
猛鹰长啸猎头鱼——金太祖完颜阿骨打

战争事典 006
海上马车夫与西欧海盗的较量——第一次英荷之战
李定国“两蹶名王”——南明桂川湘大反攻
岛津袭来——1609 年庆长琉球之役始末
从开始到未来——因弗戈登兵变前后的“胡德”号
齐柏林的天空
斩颜良诛文丑过五关斩六将之关羽

战争事典 007
辗转关东武开秦——细述秦赵争霸中的军事地理学
战神的竞技场——拜占庭统军帝王传
罗马的噩梦——汉尼拔

战争事典 008
巨蟹座的逆袭——亚历山大大帝
大象与古代战争
甲申遗恨——崇祯十七年元旦纪事
挑战宿命——后唐灭后梁之战复盘
胡马败古城——南北朝宋魏盱眙攻防战记
沉寂——殷民东渡记

战争事典 009
日不落帝国崛起的先声——1588—1667 年英国海军战术演进
天崩地裂扭乾坤——侯景之乱与南北朝格局之变
骏河侵攻——武田家谋攻的顶点
孙膑的奇谋决断——全新解析桂陵、马陵之战
由扎马至比提尼亚——汉尼拔与阿非利加那·西庇阿的后半生

战争事典 010
将军大旆扫狂童——唐武宗平定昭义刘稹之战
孤独的枪骑兵——拿破仑时代的波兰流亡英雄
大洋彼岸的白鹰——美国独立战争中的波兰将领小传
魁星云集护武川——见证宇文氏兴起与陨落的北周名臣良将
独冠三军武周公——南齐朝将军周盘龙小传
鏖战低地——法王腓力四世统治时期的佛兰德斯战争

战争事典 011
苦战瓦夫尔——格鲁希元帅视角下的滑铁卢战役
于盛世中见衰容——由露布浅述开元东北国防乱象
“三吏三别”之前的故事——灵宝惨败与潼关陷落
黑火药时代的最后狂想——19 世纪过渡时期的步枪简史
关东出阵——后北条氏和长尾氏的崛起与较量

战争事典 012
喋血伊比利亚——法国元帅古维翁·圣西尔的加泰罗尼亚战纪
两晋南北朝中原遗脉专题
仓皇北顾——刘宋第一次元嘉北伐回眸
男儿西北有神州——五胡十六国之前凉世家

战争事典 013
冰与火之歌——爱尔兰独立战争
马其顿王朝最后的荣光——拜占庭统军帝王传（终结篇）
中国古代战车、火器、车营简史
雾月政变——无血的权力之战
诺曼征服史

战争事典 014
君士坦丁堡的第一次陷落——西欧人对拜占庭帝国的反戈一击
餐桌论输赢——南北战争中的美军伙食
地中海三国演义——法兰西、奥斯曼与哈布斯堡
陆法和：不败的魔术师

战争事典 015
三征麓川——明帝国英宗朝的西南攻略
从约柜到哭墙——圣殿时代的“圣城”耶路撒冷史
苏丹之刃——土耳其新军简史
太阳神的崛起——古希腊罗德岛攻防战

战争事典 016
克复安南——明成祖朱棣的惩越战争
赵匡胤开国第一战——兵临泽潞平李筠
拿破仑的闪电战——1806 年耶拿—奥尔施塔特双重会战
以上帝之名的征伐——西班牙再征服运动简史

战争事典 017
华盛顿的将略——扭转美国独立战争危局的特伦顿之战
第二波斯帝国——萨珊王朝兴亡简史
自毁长城之乱——南朝刘宋景平宫变考略
秦王玄甲破阵乐——定鼎李唐江山的虎牢关之战
战场背后的口舌——战国时代的纵横家

战争事典 018
宋金太原血战——靖康之耻的前奏
马克沁机枪的第一次杀戮——马塔贝莱兰征服战争
五驾马车的崩溃——南朝宋孝武帝与前废帝更替之际的顾命大臣
太阳王的利剑与荣耀——路易十四时代的王权、军队与战争

战争事典 019
千年俄土恩怨——黑海与近东地区的地缘纷争
风帆战列线的血与火——第二次英荷海战简史
勃艮第公爵的野心——阿金库尔血战后的法国内乱
昙花一现的东方霸业——罗马皇帝图拉真的帕提亚战争
将星北斗照幽燕——历史上的杨六郎与杨家将

战争事典 020
崛起与繁荣——丝绸之路上的帝国兴衰
远帆与财富——南宋海上丝绸之路的崛起
大迁徙与大征服——日耳曼人与阿拉伯人的扩张及征服
战乱与流散——欧洲历次战后难民潮
炮火与霸权——近代军事改革后的瑞典帝国时代
专业与联合——美军特种部队改革启示录

战争事典 021
争夺蛮荒——欧洲列强在北美的殖民扩张与七年战争较量
刘备家的人——蜀汉群臣小传
艺术到技术——拿破仑、普奥、普法战争中的普鲁士总参谋部改革史
皇权与天下的对抗——南齐朝“检籍”与唐寓之起义

战争事典 022
从罗马的利剑到诺曼的铁蹄——不列颠被征服简史
铁铸公侯——威灵顿公爵的人生传奇
八千里路云和月——岳飞与岳家军抗金战史

战争事典 023
日不落的光辉岁月——大不列颠崛起和祸乱欧洲史
屡败屡战的不屈斗将——立花道雪战记
热兵器时代的先锋——中世纪晚期的欧洲火门枪
突袭红盐池——明帝国中期边防史与文官名将王越传略
燕山胡骑鸣啾啾——《木兰辞》背后的鲜卑汉化与柔然战争

战争事典 024
浴血的双头鹰——哈布斯堡王朝的近代兴衰与七年战争
黄金家族的血腥内斗——从蒙古帝国分裂到元帝国两都之战
倒幕第一强藩——岛津氏萨摩藩维新简史
铠如连锁，射不可入——中国传统山纹、锁子、连环铠辨析考

战争事典 025
辽东雪、铭军血——甲午陆战之缸瓦寨战斗
凡尔登英雄的双面人生——法国元帅亨利·菲利普·贝当沉浮记
眼中战国成争鹿——北齐高氏的开国之路
以铁十字之名——条顿骑士团兴衰简史

战争事典 026
龙与熊的较量——17 世纪黑龙江畔的中俄战争
五败十字军骑士的车堡——胡斯战争与 15 世纪捷克宗教改革简史
白高初兴傲宋辽——党项人的西夏立国记

战争事典 027
高飞长剑下楼兰——清末阿古柏之乱和左宗棠收复新疆之役
东进的巨熊——沙皇俄国远东征服简史
一只鸡导致的王朝覆灭？——明末吴桥兵变与孔有德之乱始末
吞金巨兽的竞赛——希腊化时代的巨型桨帆战舰兴衰史
“血流漂杵”的真相——探秘周人克殷与牧野之战

战争事典 028
星条旗的“江河密探”——美国长江巡逻队的装备和历史
“狮心王”与萨拉丁的争锋——第三次十字军东征记
大明帝国的黄昏——从清军第四次入寇到明末中原大战
怒海截杀——1797，“不倦”号 VS“人权”号
争霸北陆——上杉谦信的战争史考证

战争事典 029
17 世纪东亚海上霸权之争——明荷战争与台湾郑氏家族的崛起
向神圣进发的“巴巴罗萨”——神圣罗马帝国皇帝腓特烈一世传记
唐帝国的“坎尼会战”——大非川之战与唐蕃博弈
拯救欧洲的惨败——1444 年东欧诸国抵御奥斯曼的瓦尔纳战役
西楚霸王的兵锋——楚汉战争彭城之战再解析

战争事典 030
双雄的第一次碰撞——唐帝国与阿拉伯帝国的怛罗斯之战
塞人的最后荣光—印度——斯基泰和印度—帕提亚王国

兴衰史
大将扬威捕鱼儿海——明帝国与北元之战及名将蓝玉的沉浮人生
七入地中海的巨熊——俄国海军对南方出海口的千年情结
复盘宋魏清口战役——从实证角度尝试复原中国古代战役
埃德萨的征服者——枭雄赞吉

战争事典 031
贵阳围城始末——明末奢安之乱中最惨烈的一役
1612 动乱年代——沙俄内乱与罗曼诺夫王朝的崛起
“八王之乱”，何止八王！——西晋淮南王司马允集团的野心与盲动
攻者利器，皆莫如砲——中国杠杆式抛石机的发展历程

战争事典 032
最后的拜占庭帝国——1461 年奥斯曼征服特拉布宗始末
争夺辽东的铁蹄——秋山好古与日俄战争中的日本骑兵部队
龙与狼的最后较量——17 到 18 世纪的清朝准噶尔战争简史
唐刀的真容——从复刻绘制窦皦墓出土唐代环首刀说起

战争事典 033
打开潘多拉魔盒——一战早期毒气战的装备和战术（1914—1916）
钳制巨熊的英日联盟——沙皇尼古拉二世的远东惨败
荡然无存的“天朝”颜面——第二次鸦片战争始末
大厦将倾，独臂难支——明末军事危局与卢象升传略

战争事典 034
后亚历山大时代的希腊争霸——克里奥门尼斯战争
廓清漠北——朱棣五次远征蒙古之役
尼德兰上空的橙色旗——荷兰立国记和八十年战争简史

战争事典 035
东欧的第一位沙皇与霸主——保加利亚帝国西美昂一世征战史
大清“裱糊匠”的崛起——李鸿章筹练淮军与“天京之役”
名将不等于名帅——趣说姜维在《三国志》与《三国演义》里的不同形象

战争事典 036
匈奴的崛起与汉帝国的征服者时代
托勒密王朝首任女法老阿西诺二世传奇
详解中法战争之镇南关大捷
关原合战前东西军的明争暗斗
谈谈古代战场军人防护要素
说说大明帝国嘉靖朝的悍勇武人

战争事典 037
清军已南下，明廷仍党争——南明弘光政权覆亡之悲剧
哥萨克的火与剑——乌克兰赫梅利尼茨基大起义始末
秦帝国的崩溃——从沙丘之变到刘邦入主关中
契丹灭亡之祸首——辽末奸臣萧奉先传

战争事典 038
阿尔巴尼亚的亚历山大大帝——与奥斯曼帝国鏖战 25 次的斯坎德培
万历三大征之荡平播州——七百年杨氏土司覆灭记
对马海峡上的国运豪赌——东乡平八郎与日俄大海战

战争事典 039
腰斩盛唐的安史之乱——唐皇权柄衰弱与藩镇割据之始
被血洗的秘鲁——印加帝国覆灭记
普鲁士海军军官佩剑史 1657—1870（上）

战争事典 040
八年征战平河东——伊阙大捷后的秦国东进之路
1798 年尼罗河口战役——纳尔逊时代的英国海军和风帆海战
英国海军刀剑——从实战兵器到身份象征
普鲁士海军军官佩剑史 1657—1870（下）

战争事典 041
结束美国内战的最后一役——从彼得斯堡到阿波马托克斯
明末西南边界冲突——东吁王朝崛起与万历明缅战争
英国武装入侵印度之始——卡纳提克战争
挣脱“鞑靼桎梏”——库利科沃之战

战争事典 042
奥丁与基督之战——维京人的英格兰征服史
雪域猛虎的怒吼——唐代吐蕃王朝简史
太建北伐预演——南陈平定江州豪强叛乱
南亚次大陆的命运转折点——莫卧儿皇位继承战争

战争事典 043
一代强藩的崩塌——唐宪宗平定淄青李师道之役始末
大视野下的意大利战争——查理五世和他的地中海时代
血色金秋——1862 年马里兰会战
三腿的美杜莎——迦太基和罗马的西西里争夺战
外强中干，华而不实——清朝旧式战船、水师与海防

战争事典 044
杀人魔术——一战后期毒气战的装备和战术（1917—1918）
平叛战争——理论与实践（上）
命运奏鸣曲——关原合战
武田信玄西上作战的疑点

战争事典 045
碧蹄馆大战——明朝骑兵和日本战国武士的较量
清初三藩之乱
平叛战争——理论与实践（下）

战争事典 046
瑞典帝国的衰落——斯堪尼亚战争
法国强权的开端——阿尔比十字军战争
北宋军事制度变迁
三国归晋的序幕——淮南三叛
本都与罗马之战——第一次米特拉达梯战争（上）

战争事典 047
第二次意大利独立战争：催生红十字会的 1859 年苏法利诺战役

吞武里王朝战史——泰国华裔国王郑信之武功
少林，少林！——少林功夫的历史传承与明代僧兵江南抗倭记
本都与罗马之战——第一次米特拉达梯战争（下）

战争事典 048
睡梦中的胜利——1813 年春季战役之吕岑会战
虚弱的战国日本——实力不对称的万历朝鲜战争
夹杂着惨败的尴尬平局—清朝对缅战争始末

战争事典 049
明代建州女真与朝鲜的纷争
征服阿兹特克
美国早期荒野探险装备

战争事典 050
大唐西域战事
　经略龟兹——从西汉设西域都护到唐两征龟兹
　西域与唐代骑兵——铠甲、战马与战术、战例分析
　独横长剑向河源——河陇之争与归义军的兴亡
奠基者的传奇——马其顿的腓力二世

战争事典 051
1866 年普奥战争
　1866 年的 7 个星期——普奥战争全记录
　1860—1867 年的普鲁士军队——武器、战略以及战术
尼罗河畔的战争——19 世纪末英帝国征服埃及与苏丹

战争事典 052
布尔战争
　跌落神坛的不列颠尼亚——布尔战争简史
棋局上的僵持——卡莱战后罗马共和国与帕提亚的西亚激斗
横扫千军——“波斯拿破仑”的征战简史

战争事典 053
秦国将相铁三角
　秦昭王麾下的一相二将——魏冉、司马错、白起
　兵神初现诸侯惊——打破战国列强均势的伊阙之战
　将相铁三角的巅峰之作——秦楚五年战争
希腊化时代的开端——继业者战争
格兰特 VS 李——1864 年陆路战役

战争事典 054
古代远东战船
　艨艟巨舰的传说——古代远东战船发展史
北欧共主——玛格丽特与卡尔马联盟的建立
加特林机枪——从诞生到衰落
广州湾租借地法国武装力量史（1900—1945 年）
古斯塔夫·曼纳海姆传

战争事典 055
欧洲经典要塞
　罗得岛战记
　喋血马耳他
　幽灵战士：狙击手传奇

战争事典 056
通往权力之路
　英荷争霸之四日海战
　俄国射击军的最后时代
　宋初统一战争

战争事典 057
中国甲胄史图鉴

战争事典 058
莱特湾海战：史上最大规模海战，最后的巨舰对决

战争事典 059
击沉一切：太平洋舰队潜艇部队司令对日作战回忆录